교회와 함께 살아가는 가정

교회와 함께
살아가는 가정

교회와 가정이 동행하는 믿음의 여정,
생애주기 단계별 신앙 지도(FaithMap)를 따라가다!

저자 김기억

꿈미
꿈이 있는

서 론

산업화 시기, 주일학교는 믿음의 다음세대를 키웠다. 전문적인 목회자와 헌신적인 교사들이 함께 수많은 영혼을 그리스도께 인도했다. 말씀의 권위에 순종하는 것을 미덕으로 여겼다. 공동체를 위해 희생하고, 모이기에 힘쓰는 것이 당연했다. 젊은이들은 교회에 모여 밝은 미래를 꿈꾸며 예배했다. 교회는 날로 부흥하며 문화를 선도했다.

그런데 세상이 변했다. 삶의 방식에 큰 변화가 일어났다. 현실을 인정하고 대안을 찾아야 한다. 현실이 무엇인가? 기존의 방식으로는 안 된다는 것이다. 그동안 노력하지 않아서 다음세대가 감소한 것이 아니기 때문이다. 한국교회는 언제나 다음세대를 중요하게 여겼다. 다양한 단체가 양질의 프로그램들을 만들어 냈다. 그럼에도 다음세대 위기가 발생했다면, 이제는 전략을 바꿔야 한다.

새로운 세상에는 새로운 전략이 필요하다. 실상을 보라. 지금 한국교회는 좋은 건물과 시설을 가지고 있지만, 그곳에서 자녀세대를 품지 못하고 있다. 많은 재정을 투입해도 이제는 아이들의 높아진 기대치를 충족시키기 어려워졌다. '개별화'라는 명목 하에 각 개인에게 딱 맞는 서비스를 제공하지 않으면 살아남을 수 없는 세상이 되었다. 더군다나 부모 세대의 가르침은 '꼰대'라는 단어로 거부되고 있다. 이제는 '무엇을 잘못한 것일까?', '무엇을 할 수 있을까?'를 질문해야 한다. 쉴 새 없이 변화하는 세상은 새로운 패러다임을 요구하고 있다.

아이들은 더 이상 집단 교육을 받아들이지 않는다. 인터넷의 등장과 소셜 네트워크(SNS)의 발달은 이전과는 비교할 수 없는 정보를 유통시키기 시작했다. 자연스레 아이들의 학습은 전인적 체험으로 전환되었다. 귀로만 듣는 강의 방식의 교육은 힘을 잃은 지 오래다. 온라인이 제공해 주는 알고리즘은 초개인화된 정보를 제공하고 있다. 지금 우리가 사는 세상은 '개별화'가 당연해진 세상이다.

신앙의 영역에서도 동일하다. 이제는 하나님을 경험하기 위한 '개별화된 체험적 신앙 교육'이 필요해졌다. '정보'가 아닌, '느낌'과 '감각'으로 접근하고 가르치는 것이다. 이전과 같은 일방적 교육은 진부할 뿐이다. 사람과 사람 사이에 발생하는 감정적 요소가 중요해지고 있다. 예수께서 제자들과 인격적 관계를 맺으셨던 것처럼, 이제는 제자가 제자를 키우는 방식으로 회귀해야 한다.

그래서일까? 요즘 한국교회 안에는 '가정'을 강조하는 목소리가 크다. 매우 긍정적인 변화다. 신앙 교육에서 가정의 역할은 매우 중요하다. 부모가 가정에서도 제자로 살아야 자녀를 제자로 키울 수 있다. 자녀의 신앙 형성에서 부모는 일차적인 책임을 가진다. 이제는 가정에서 적극적으로 신앙 교육을 감당해야 한다.

하지만 가정이 모든 책임을 감당해야 하는 것은 아니다. 그렇게 할 수도 없다. 그렇기에 교회의 역할이 중요하다. 하나님께서 교회와 가정을 모두 창조하신 이유는 분명하다. 신앙 전수에 대한 목회자의 책임은 부모와 같다. 목회자는 모든 세대가 함께 신앙을 이어 가도록 교회 공동체를 목양해야 한다. 신앙 전수는 자녀를 키우고 있는 부모의 책임이 아닌, 교회 공동체 전체의 책임이다.

그래서 교회는 가족이 되어야 한다. 모든 세대가 어우러져 공동체가 되어야 한다. 신앙 교육도 자녀를 키우는 일부 세대의 문제로 여기면 안 된다. 자녀를 다 키운 어른 세대도, 아직 결혼하지 않은 청년 세대도 모두 교회 공동체가 되어 신앙을 이어 가야 한다. 신앙 전수는 모든 세대가 함께 감당해야 하는 거룩한 사명이다. '생애주기 신앙 지도'는 그 사명을 이루는 하나의 방법이다.

　이제 '생애주기 신앙 지도'에 대한 이야기를 시작해 보려 한다. 시작은 'Why'(왜)라는 질문이다. 생애주기 신앙 지도가 필요한 이유에 관해 생각해 보는 파트다. 다음은 'What'(무엇을)으로, 생애주기 신앙 지도가 무엇인지 소개하고, 각 생애주기에 우리가 무엇을 해야 하는지 방향을 제시할 것이다. 아무리 좋은 이론도 구체적인 적용이 없으면 아무 소용이 없기에 'How'(어떻게)를 통해 단계별 특징과 핵심 과제, 실천을 위한 가이드를 제공한다. 그리고 'Where'(어디서)을 살펴보는데, 여기서는 지역 교회에 적용하기 위해 어디서부터 시작해야 하는지를 소개할 것이다. 마지막은 'When'(언제)이다. 이 질문의 답은 간단하다. '지금부터'다! 바로 지금, 생애주기 신앙 지도를 마주한 이 순간이 변화의 기회다.

'가정과 교회, 어느 곳이 더 중요한가?' 이분법적인 접근은 건
강한 질문이 아닙니다. 그동안 한국교회 안에서 '가정'은 빠져 있
었습니다. 교회를 위해 가정은 희생하는 분위기였습니다. 그러
나 가정을 무시하고 건강한 교회를 세우기란 불가능합니다. 그
렇다고 가정만 강조되고 교회가 빠져 버린다면 어떨까요? 역시
건강한 구조가 될 수 없습니다. 가정과 교회는 상호가 협력해야
만 합니다. 신앙 교육의 일차적인 책임은 가정에 있다 하더라도,
교회 공동체의 역할을 빼놓을 수 없습니다. 이 책은 이와 관련한
대단히 중요한 이슈들을 다루고 있습니다. 저자는 한국교회가
안고 있는 이슈를 생애주기 신앙 지도와 함께 실제적인 로드맵
으로 친절하게 소개해 줍니다. 다음세대의 신앙과 건강한 성장
에 대한 고민을 안고 있는 가정과 교회에 구체적인 대안과 해답
을 제시하는 좋은 책을 소개할 수 있어 정말 기쁩니다.

이규현 목사 수영로교회 담임

그간 수많은 전문가가 다음세대의 신앙이 위급하다며 경종을 울렸습니다. 교회와 성도 역시 문제에 공감하며 열심을 내어 섬겼습니다. 노력을 안 한 것이 아닙니다. 그러나 세상은 생각보다도 더 빠르게 변했습니다. 부모와 자녀는 같은 집에 살고 있지만, 전혀 다른 세상을 살아가게 되었습니다. 그러나 분명한 것은 교회와 가정이 하나님께서 직접 세우신 공동체라는 사실입니다. 즉, 부모의 신앙이 자녀에게 전수되고 믿음이 올바르게 성장하기 위해선 교회와 가정이 함께 노력해야 합니다. 하지만 안타까운 것은, 교회와 가정이 어떻게 합력해야 할지 모르는 경우가 많다는 것입니다. 이에 이 책의 저자는 모든 세대가 이 거룩한 일에 함께할 수 있도록 '생애주기 신앙 지도'를 제시해 주고 있습니다. 이 책을 통해 생애주기에 맞는, 때에 따라 도우시는 하나님의 은혜를 경험하시길 소망합니다.

주경훈 목사 오륜교회 담임

본서를 읽으면서 신선한 충격을 받았습니다. 그 이유는 단순합니다. 우리가 잘 알고 있는 단어들을 사용하지만, 용법과 정의를 달리 표현하기 때문입니다. 교회, 공동체, 다음세대, 지도, 신앙 전수, 부모, 생애주기 등은 분명 우리에게 익숙한 용어입니다. 저자는 그 용어들을 사용하여 다음세대를 비롯한 모든 세대 신앙 전수를 위한 교회 공동체의 절절한 책임과 구체적 방법을 제시해 줍니다. 이 책은 매우 구체적이면서도 실용적이며, 동시에 학술적입니다. 결코 어렵지 않습니다. 그래서 더 가치가 있습니다. 과거에는 신앙 교육의 실패를 목사나 교사가 책임져야 한다는 인식이 컸습니다. 최근에는 부모에게 돌리는 경향도 있었습니다. 반면, 저자는 새로운 시각을 제시합니다. 신앙 교육과 전수의 책임이 '교회 공동체 전체'에 있다고 주장하는 것입니다. 저자는 교회 공동체가 어떻게 모든 세대에게 신앙을 전수할 수 있는지를 인간의 생애주기를 토대로 제시합니다. 저자의 궁극적 관심은 다음세대지만, 그들에게만 초점을 두고 있지 않습니다. 저자는 인간의 생애주기를 12단계로 나누어 그것을 지도(Map)로 삼아, 지도를 따라가는 신앙 전수를 강조합니다. 소위 말해 맞춤형 신앙 전수가 필요하다는 점을 강조한 것입니다. 저자의 접근에는 신선함과 설득력이 있습니다. 담임목사를 비롯하여 부모, 그리고 주일학교 교육에 관심 있는 분들이 꼭 한번 읽어 보기를 추천합니다.

양현표 교수 총신대학교 신학대학원 실천신학

하나님의 말씀과 이천 년 교회사를 돌아보면, 믿음의 다음세대가 힘 있게 일어났던 시대마다 믿음의 부모가 함께 있었습니다. 그들은 중요한 생애주기와 선택의 자리마다 오직 하나님의 말씀만을 이정표로 삼아 걸어 나갔으며, 이를 가정에서 자녀들에게 뒷모습으로 직접 가르쳤습니다. 그렇게 하나님의 말씀과 일하심은 세대에서 세대로 전수되었습니다. 우리는 이것을 '믿음의 유산'이라고 부릅니다. 김기억 목사님의 이 책은 바로 그 걸

음을 걸어 내려는 교회와 가정, 그리고 부모에게 친절하고도 유
익한 신앙 길잡이가 되리라 기대하며 확신합니다.

신형섭 교수 장로회신학대학교 기독교교육학

　나이는 숫자에 불과합니다. 하나님께서는 자녀 세대만 귀하게
여기시고, 부모, 조부모 세대는 가볍게 여기는 분이 아니십니다.
모두가 하나님 앞에서 귀한 영혼입니다. 천하보다 귀한 존재이
며, 하나님의 형상을 닮은 세대입니다. 그러나 한국교회는 그동
안 모든 세대를 위한 전방위적 신앙 교육과 통전적 돌봄에 미흡
했습니다. 특정 세대의 회복과 부흥을 위해 시간과 물질을 투자
해 왔습니다. 자연스레 기독교 신앙 전수의 연결고리인 세대 간
신앙 전수가 끊어졌습니다. 그뿐만 아니라 교회 안 세대별 신앙
교육의 양극화도 초래하였습니다. 이 책은 이와 같은 세대 간 신
앙 전수 회복과 신앙 교육 양극화 해결을 위한 최신의 처방전입
니다. 또한, 연령별 필요에 따른 가장 성경적이면서도 복음적인

접근과 해법을 제공하는 신앙 교육 필독서입니다. 무엇보다 생애주기 신앙 교육 여정이 처음인 교회나 지도자들을 위한 최고의 내비게이션입니다. 신앙 교육 패러다임의 갱신과 회복을 기대하는 분들이라면, 또한 코로나 시국 이후 교회의 회복을 기도하는 분들이라면, 이 책을 읽어 보시길 적극 추천합니다.

강현석 목사 가정의 힘 생애주기 연구소장

CONTENTS

서론 _4

추천사 _8

1

WHY
우리는 신앙을 전수하고 있는가?

1. 쉐마, 신앙 전수를 위한 하나님의 디자인 _20

2. 믿음은 형성(Forming)되는 것 _26

3. 신앙을 전하는 문화 만들기 _30

4. 지도(Map)가 필요하다 _34

2

1. 복음의 공동체가 만드는 지도 _42
   1) 함께 자녀를 키우는 교회
   2) 부모 세대가 함께 그리는 신앙 지도
   3) 생애지도와 신앙 지도: How to
   4) 같은 전략으로 같은 일을 하는 공동체

2. 신앙 지도 사용안내 _67
   1) 신앙 지도의 유익
   2) 신앙 지도의 주의점

3. 먼저 그려진 지도 살펴보기: 미국 교회의 사례 _82
   1) 베이아레아 교회
   2) 노스포인트 커뮤니티 교회
   3) 라그랜지 침례 교회
   4) 더 빌리지 교회
   5) 레이크포인트 교회

4. 신앙 지도가 필요하다! _102

3

HOW
어떻게 할 수 있는가?
생애주기 신앙 지도(FaithMap) 1-12단계

1. 신혼 _108

2. 임신 _126

3. 출산·육아 _145

4. 유아세례 _165

5. 초등학교 입학 _181

6. 성장기(사춘기) _199

7. 입교(세례) _215

8. 성인식 _229

9. 독립 전 청년기 _243

10. 자녀 독립기(제2의 신혼기) _256

11. 순금기(Pure Gold Ages) _269

12. 피니시 웰(Finish Well) _279

4

WHERE
어디서부터 시작해야 하는가?
신앙 지도를 그리기 위한 9단계

1. 가정예배로 토양을 만든다 _292

2. 성도의 상황을 살피며 단계를 구분한다 _294

3. 단계별 사역을 이끌 적임자를 선정한다 _295

4. 단계별로 하나씩 축복 사역을 설정한다 _296

5. 축복 이후 교육의 방법을 발견한다 _297

6. 단계별 명단을 만든다 _298

7. 사역을 진행하며 소그룹을 만든다 _299

8. 소그룹 모임을 정례화하고 다음 단계로 연결한다 _300

9. 사역을 구체적으로 평가하고 다음 사역을 기획한다 _301

5

WHEN
지금, 소망은 있다!

1. 살아날 수 있을까? _304

2. 주여, 살려 주시옵소서 _310

3. 그리스도와 함께 걷기 _316

다음 세대가 위중하다. 사실 이는 하루 이틀의 문제가 아니다. 부모 세대가 부단한 노력을 기울이며 눈물의 기도를 드리고 있지만, 상황은 여전히 심각하다. 다양한 프로그램을 도입했는데도 역부족이다. 이제는 코로나 팬데믹 영향까지 더해져 나아질 기미가 보이지 않는다. 아픈 마음에 이런 질문을 하게 된다. '우리는 신앙을 전수하고 있는가?', '무엇을 어떻게 해야 하는가?'

1
WHY

우리는 신앙을
전수하고 있는가?

쉐마,
신앙 전수를 위한
하나님의 디자인

    신앙 전수는 사명이다. 인간은 생육하고 번성하는 것으로 만족할 수 없다. 하나님의 형상을 낳고 길러야 한다. 그래서 하나님은 태초부터 가정을 창조하셨다. 영적 가족인 교회도 마찬가지다. 그리스도인은 그리스도인을 낳고 가르칠 책임이 있다. 구약부터 신약까지 신앙 전수의 중요성은 강조되지 않은 적이 없다. 지금도 마찬가지다. '쉐마 이스라엘'은 여전히 중요하다. 쉐마의 말씀을 살펴보자.

    이스라엘아 들으라 우리 하나님 여호와는 오직 유일한 여호와이시니 너는 마음을 다하고 뜻을 다하고 힘을 다하여 네 하나님 여호와를 사랑하라 오늘 내가 네게 명하는 이 말씀을 너는 마음에 새기고 네 자녀에게 부지런히 가르치며 집에 앉았을 때에든지 길을 갈 때에든지 누워 있을 때에든지 일어날 때에든지 이 말씀을 강론할 것이며 너는 또 그것을 네 손목에 매어 기호를 삼으며 네

미간에 붙여 표로 삼고 또 네 집 문설주와 바깥 문에 기록할지니라 신 6:4-9

신명기 6장 4-9절은 두 부분으로 나뉜다. 전반부인 4절부터 6절까지는 부모를 향한다. 부모가 먼저 하나님을 사랑하며 말씀을 마음에 새기라고 명한다. 그래야 후반부인 7절부터 9절이 강조하는 자녀 신앙 교육이 가능하기 때문이다.

쉐마의 순서는 매우 중요하다. 하나님 사랑이 자녀 교육보다 먼저다. 선후 관계가 바뀌면 안 된다. 부모의 최우선 책임은 하나님을 사랑하는 것이다. 그 사랑 위에서 자녀를 가르치는 책임을 감당해야 한다. 그렇지 않으면 율법적으로 치우치기 쉽다. 부모의 책임이 매우 무겁다.

현실을 보자. 많은 부모가 율법적 방법으로 자녀를 키우고 있다. 주일 출석, 교회 봉사, 헌금 생활, 수련회 참석, 성경 암송 등 종교적 행위로 신앙을 평가한다. 물론 이런 것들은 모두 유익하다. 어느 하나 잘못된 것은 없다. 신앙 교육에서 장려해야 하는 것들이다. 하지만 행위가 믿음의 기준이 되어서는 안 된다. 하나님은 중심을 보신다(삼상 16:7). 율법적 행위를 강조하다 보면, 자칫 신앙생활을 체크 리스트를 완성하기 위한 의무적 종교 행위로 착각할 수 있다. 그러면 율법적 신앙이 세워지고, 복음이 들어갈 자리가 사라진다.

복음은 복음으로만 가르칠 수 있다. 복음으로 자녀를 대해야 한다. 쉽지는 않다. 죄의 영향력은 강하다. 교회를 다녀도 자책감에 시달리게 만든다. 거룩하게 살고 싶은데 내 마음, 내 행동이 뜻대로 안 된다. 때론 신앙생활이 버겁게 느껴진다. 자녀를 키우다 보면 더하다. 자녀는 내 마음대로 안 된다. 세상의 악한 영향력은 막강하다. 그 사이 아이는 세상의 문화를 흡수해 버린다. 그래서 부모는 초조해진다. 사랑으로 품어 줄 여유를 잃어버린다. 어느 날 돌아보면 사랑이라는 이름으로 눈에 보이는 종교적 의무를 강요하고 있다. 복음보다는 율법이 더 효과적으로 느껴진다. 자연스럽게 종교 행위를 강조하고 있다. 물론 행함은 중요하다. 행함이 없는 믿음은 그 자체가 죽은 것이다(약 2:17). 믿음은 행동으로 증명되고 강화되어야 한다. 하지만 믿음이 없는 행함은 위선일 뿐이다(눅 20:46-47). 믿음이 행함보다 먼저다(롬 4:16-22). 자녀 교육에도 믿음이 먼저가 되어야 한다. 우선순위가 바뀌면 안 된다.

물론 신앙 교육에 어느 정도의 의무감은 필요하다. 아이들 역시 본질상 죄인으로 태어났기 때문이다. 아이들에게 좋은 신앙 습관을 형성해 줘야 한다. 그러나 신앙생활에서 '익숙함'과 '믿음'은 다르다. 자녀를 종교 생활에 능숙한 형식적 그리스도인으로 키우면 안 된다. 자칫 위선이 익숙해지면 신앙 형성에 매우 부정적인 영향이 일어난다. 위선적인 종교적 열심은 남을 속이고 스스로를 속이게 만들기 때문이다. 그러다 보면 기독교가 행위 종교로 변질된다. '말 잘 듣는 착한 아이'가 되어 의무적으로 교회에 출석한다. 봉사까지 하다 보면 믿음이 좋다고 착각하게 된다. 때론 하나님이 아닌, 부모를 위해 교회에 가고 열심히 봉사하는 '믿음이 좋아 보이는' 아이로 키울 수도 있다. 그러면 '껍데기 신앙인'이 된다. 복음은 전혀 다르다. 복음은 사랑이다. 자발적인 헌신이다. 부모는 자녀가 직접 복음을 경험하도록 기회를 제공해야 한다. 어떻게 이것이 가능할까? 부모가 먼저 하나님을 사랑하는 것이다. 부모가 먼저 사랑으로 무장해야 복음을 보여 줄 수 있다.

그래서 신앙 교육에서 부모의 책임은 자녀가 하나님을 전심으로 사랑하고, 말씀을 마음에 새기도록 돕는 것이다. 부모의 시선은 자녀를 향하기 전에 먼저 하나님을 향해야 한다. 그리고 자신의 내면을 향해야 한다. 그 안에 사랑이 가득 차 흘러넘치게 만드는 것이 핵심이다. 그렇지 않으면 신명기 6장 7-9절의 말씀에 순종할 수 없다. 믿음은 자연스레 흘러 자녀에게 전해지는 것이다. 하나님을 속일 수 없고, 자녀를 속일 수 없다. 신앙은 교육이 아니다. 전수하는 것이다. 인위적인 교육과 훈련이 아닌, 함께하는 삶을 통해 흘러가야 한다.

이런 관점에서 신명기 6장 7-9절의 말씀을 다시 봐야 한다. 하나님은 왜 자녀를 부지런히 가르치라고 명령하셨을까? 부모에게 부담감을 주기 위해서였을까? 특정한 자녀 신앙 교육 방법론을 말하는 것일까? 그렇지 않다. 쉐마는 율법이 아닌 복음이다. 자녀 세대에게 복음을 전하기 위한 하나님의 디자인이다.

이유가 무엇일까? 쉐마의 핵심은 '관계'이기 때문이다. 쉐마를 오해하면 안 된다. 생각해 보라. 관계가 깨지면 자녀에게 부지런히 가르칠 수 없다. 소통이 이루어지지 않으면 가르칠 수 없다. 공허한 잔소리가 될 뿐이다. '부지런히 가르치라'라는 명령은 잔소리가 아니다. 삶을 공유하는 인격적인 가르침이다.

'강론하라'라는 명령도 마찬가지다. 집에 앉았을 때, 길을 갈 때, 누워 있을 때, 일어날 때 부모가 자녀의 곁에 있어야 강론이 가능하다. 일상의 동행을 의미한다. 그리고 소통하는 관계도 필요하다. 일방적인 지식 전달이나 훈련이 아니다. 7절은 부모와 자녀가 살아가는 일상의 다양한 순간에 서로의 마음과 생각을 나누라는 명령이다. 인격과 인격이 만나는 일상이다. 부모와 자녀는 말씀 안에서 서로의 일상을 공유하는 관계가 되어야 한다.

그래서 쉐마는 '하나님을 전심으로 사랑하며 자녀와 일상에서 사랑의 관계를 맺으라는 명령'으로 받아들여야 한다.[1] 부모의 노력이 아닌, 하나님께서 자녀를 사랑으로 만지실 기회를 만드는 것이다. 8절과 9절도 이런 관점으로 해석해야 한다. 유대인처럼 해야 한다는 말이 아니다. 손목과 미간에 말씀을 새기듯, 말씀을 품고 살아가라는 것이다. 문설주와 바깥 문으로 표현한 집이라는 공간에 말씀을 채우라는 것이다. 이것은 문화에 대한 명령이다. 하나님의 말씀에 깨어 있는 '가정 문화'를 만들라는 의미다.

---

1   Chris Shirley, *Family Ministry and The Church: A Leader's Guide for Ministry Through Families* (Nashville: Randall House, 2018), 174.

핵심은 '사랑'이다. 신앙 전수에는 사랑이 가장 중요하다. 사랑이 없으면 모든 것이 헛될 뿐이다(고전 13:1-3). 사랑이 의무감의 이유가 되어야 한다. 억지로 감당하는 책임감은 오히려 역효과를 만든다. 부모에게는 순수한 사랑이 필요하다. 사랑이 있어야 자녀를 '자신과 동등한 하나님의 자녀로 여기며' 복음으로 대할 수 있다. 부모는 사랑하는 사람이 되어야 한다.

이런 의미에서 쉐마는 '사랑하라는 명령'이다. 신앙은 사랑으로 전해지기 때문이다. 그래서 하나님은 독생자를 보내셨다. 그는 아버지를 사랑하셔서 죽기까지 순종하셨다(빌 2:6-8). 죄인들을 사랑하셔서 십자가 고통에 목숨을 내어 주셨다(롬 5:6-8). 그리고 제자들에게 명령하셨다.

> 새 계명을 너희에게 주노니 서로 사랑하라 내가 너희를 사랑한 것 같이 너희도 서로 사랑하라 너희가 서로 사랑하면 이로써 모든 사람이 너희가 내 제자인 줄 알리라 요 13:34-35

하나님은 사랑이시다(요일 4:9). 구약에서도, 신약에서도 사랑이시다. 예수님은 사랑으로 율법을 완성하셨다(롬 13:10). 쉐마도, 십자가도 사랑으로 가득하다. 사람은 사랑으로만 변화된다. 사랑이 없으면 모든 것이 헛되다. 사랑이 그리스도인의 능력이다. 사랑이 자녀를 살린다.

2

믿음은
형성(Forming)되는 것

자녀 양육에서 사랑을 강조하면 이런 질문들을 받는다. '정말 사랑으로 되나요?', '아이가 말을 안 들어도 사랑해야 하나요?', '얼마나 참고 용서해야 하나요?', '성경은 채찍으로 때려도 된다고 하지 않나요?'

이런 질문이 생기면 부모는 내면을 점검해야 한다. '나는 하나님을 신뢰하고 있는가?' 아니면 '내 힘과 지식으로 자녀를 키우려고 하는가?' 물론 부모는 자녀를 '주의 교훈과 훈계로' 양육해야 한다. 그러나 전제 조건이 있다. "자녀를 노엽게 하지 말고"다(엡 6:4).

여기서 '노엽게 하다'는 '분노하게 만들다'라는 뜻이다. 이것은 자녀를 존중하지 않는 태도에서 나온다. 부모의 소유물이나 훈육의 대상으로 여기는 것이다. 자녀의 존재 가치를 인정하고 사랑하는 마음이 아닌, 자녀의 행동에 대한 분노와 답답함이 들어 있다. 당장 행동을 교정하려는 욕심도 있다. 그런 마음에서 나오는 훈육은 자녀를 노엽게 한다.

자녀를 키우다 보면 매를 들어야 할 때가 있다. 아이를 단호하게 훈육해야 할 때도 있다. 성경은 "네 자식을 징계하라"(잠 29:17)

라고 명령한다. 아버지가 자녀를 징계하는 것은 당연하다고 말한다(히 12:8). 그렇다. 정당한 훈계는 양약이 된다(잠 13:18). 그래서 부모는 자녀에게 마땅히 행할 길을 가르쳐야 한다(잠 22:6). 그러나 여기에는 반드시 '사랑의 동기'가 필요하다. 정말 하나님을 위해서 사랑으로 하는 징계인지 자신에게 질문해야 한다.

그래서 징계는 어렵다. 징계 행위가 아닌, 부모의 정직이 어렵다. 부모 내면에는 사실 사랑만큼 조급함도 많기 때문이다. 아니, 사랑하기에 조급하다고 해야겠다. 하나님께서 다루실 때까지 기다리기가 힘들다. 지금 당장 문제 행동이 고쳐졌으면 좋겠다. 그러다 보면 '일곱 번을 일흔 번이라도 용서하라'(마 18:22)라는 예수님의 말씀에 불순종하게 된다. 용서하기보다는 부모의 권위로 자녀를 누르고 싶어 한다. 그게 더 쉬워 보인다.

이런 마음이라면 자녀를 징계하면 안 된다. '주의 교훈과 훈계'는 분노가 아니다. 감정적인 대응이 아니다. 주의 교훈은 오히려 사랑의 모범이다. 훈계는 하나님의 말씀을 가르치는 것이다. 감정적으로, 또는 율법적으로 자녀의 행동을 통제하는 게 아니다. 그래서 부모는 먼저 하나님 앞에서 마음의 동기를 정직하게 다뤄야 한다. 순전한 사랑이 있는지 점검하는 것이다. 그 사랑이 있어야 주의 교훈과 훈계로 양육할 수 있기 때문이다.

이렇게 보면 사랑이 더 쉽다. 그렇다고 방관적인 사랑을 말하는 건 아니다. 사랑은 정의를 동반한다. '지금 그 행동은 잘못된 거야!' 죄는 분명히 지적해야 한다. 하지만, 정의는 사랑으로 연결되어야 한다. 용서해 주는 사랑이다. 여기에는 '기대감'이 포함된다. 실수와 연약함을 품고 다시 도전하도록 여전히 기대하는 용서다. '실수할 수 있어. 괜찮아. 다시 해 보자!' 복음은 죄인을 일으켜 의인으로 살게 한다.

요한복음 8장에 나오는 간음하다 잡혀 온 여인 이야기를 보자. 예수님은 여인을 용서하는 데 그치지 않으셨다. 여인에게 새로운 삶을 허락하시고 기대하셨다.

> 대답하되 주여 없나이다 예수께서 이르시되 나도 너를 정죄하지 아니하노니 가서 다시는 죄를 범하지 말라 하시니라 요 8:11

복음은 불쌍해서 용서해 주는 게 아니다. 복음의 용서는 풍성하다. 죄인을 향한 기대감까지 포함한다. 여기에 복음의 위대함이 있다. 방금까지 간음했던 여인, 다시 간음할 가능성이 높은 죄인에게 다시는 죄를 범하지 말라고 말하는 것이 복음이다. 상투적인 표현이 아니다. 질책도 아니다. 예수님은 여인이 새로운 삶을 살 수 있다고 믿어 주셨다. 이것이 복음이다. 사랑은 허다한 죄를 덮는다(벧전 4:8).

자녀도 이런 복음을 경험해야 한다. 어디서 경험할 수 있는가? 가정이다. 세상에서는 불가능하다. 학교나 친구 관계는 조건적 관계다. 교회에서는 어느 정도 가능할지 모른다. 그러나 쉽지 않다. 무조건적인 사랑이 가능한 곳은 가정뿐이다. 아니, 복음을 경험하도록 디자인된 가장 원초적인 관계가 가정이다. 가정의 역할은 무엇도 대신할 수 없다.

부모는 자녀를 무한히 사랑해 줄 수 있는 존재다. 부모이기에 대가를 바라지 않는다. 실수한 자녀를 용서할 수 있다. 믿어 주고 격려할 수 있다. 다시 해 보자고 일으켜 세워 줄 수 있다. 세상의 경쟁 논리, 주고받는 계산적 관계에서 완전히 자유할 수 있는 곳은 가정뿐이다. 그래서 복음은 가정을 통해 흘러간다.

가족의 일상에 복음을 채워야 한다. 사랑으로 서로를 대하는 것이다. 그러다 보면 삶의 작은 순간에 복음을 경험할 수 있다. 그 경험이 축적되면 믿음이 된다. 마치 오랜 시간 지층이 쌓여 멋진 협곡을 만드는 것과 같다. 수천 년의 시간을 견뎌 낸 지층은 예술품이 된다. 믿음도 그렇다. 믿음은 일시적 감정이 아닌, 복음에 대한 경험의 축적이다. 오랜 시간 경험한 소소한 사랑이 모여 견고한 믿음이 된다.

신앙 전수에서 '경험의 축적'은 매우 중요하다. 믿음은 오랜 시간을 거쳐 '형성(Forming)되는 것'이라는 인식을 항상 가져야 한다. 그래야 조급함을 버릴 수 있다. 숙성의 시간은 필수다. 속성 믿음은 위험하다. 부모는 멀리 봐야 한다. 하나님을 믿고 여유를 가져야 한다. 자녀는 하나님의 섭리 속에 있다.[2] 근심과 걱정, 조급함을 내려놓고 일상에 복음을 심어야 한다.

---

2   조엘 비키, 『하나님의 약속을 따르는 자녀 양육』, 조계광 역(서울: 지평서원, 2012), 33-34.

3

신앙을 전하는
문화 만들기

'문화'(Culture)는 공기와 같다. 보이지 않지만 언제나 있다. 인식하지 않아도 삶에 깊은 영향을 준다. 우리가 알게 모르게 미세먼지 농도에 영향을 받듯, 어떤 문화를 접하며 살아가느냐에 따라 가치관과 인격이 형성되며 삶의 모습이 달라진다. 그래서 문화는 매우 중요하다. 부모는 자녀의 주변에 좋은 문화를 만들어 주어야 한다.

그러려면 좋은 신앙 공동체가 필요하다. 바로 가정과 교회다.[3] 가정과 교회에 복음적 문화를 만들어 함께 자녀를 키우는 복음적 공동체를 세우는 것이다. 여기에는 '신앙 전수는 공동체적 사명이라는 인식'이 필수다. 부모 세대가 함께 믿음 안에서 아이를 키우는 것이다.

이것은 새로운 개념이 아니다. 쉐마 이스라엘의 시작 부분을 보라. '부모들아 들으라'가 아닌, "이스라엘아 들으라"다(신 6:4). 이유가 무엇인가? 신앙 전수는 각 가정이나 부모의 사명도 아닌,

---

3   H. B. London and Neil B. Wiseman, *It Takes A Church Within A Village: God's Grand Design for Building Values and Character in Our Children* (Nashville: T. Nelson, 1996), 85.

부모 세대 전체의 사명이기 때문이다. 어린 자녀가 있는 부모도, 자녀를 다 출가시킨 노년의 부모도 신앙 전수에 동참해야 한다.

그러려면 내 아이의 신앙에만 몰두하면 안 된다. 믿음은 경쟁이 아니다. 부모 세대는 경쟁심을 버려야 한다. 싸움의 대상은 공동체 외부에 있다(엡 6:12). 우리끼리 싸울 이유도, 여력도 없다. 그리스도인은 영적 가족이 되어 함께 자녀를 키워야 한다. 아담과 하와의 존재 목적이 '생육과 번성'이었던 것처럼(창 1:28), 교회의 존재 목적도 자녀 세대를 하나님의 사람으로 키우는 데 있다.

이런 관점으로 "사람이 혼자 사는 것이 좋지 아니하니"(창 2:18)라는 말씀을 생각해 봐야 한다. 하나님은 왜 이 말씀을 하셨을까? 부부를 만드는 목적만 있었을까? 아니다. 부부 관계는 일차적인 연합이지만, 사람은 부부를 넘어 더 많은 사람과 더불어 살아야 한다. 그래서 바울은 교회를 '함께 지어져 가는 관계'로 표현했다(엡 2:21-22). 가정도, 교회도, 함께 살아가는 데 목적이 있다.

이유가 무엇일까? 인간은 삼위일체 하나님의 형상대로 창조되었기 때문이다. 그래서 진정한 행복은 '관계'를 통해 주어진다. 혼자 경험하는 행복은 일시적이다. 남편과 아내의 관계, 부모와 자녀의 관계, 이웃과의 관계, 그리고 가장 중요한 하나님과의 관계에서 인간은 자신의 가치를 발견한다. 인생의 진정한 의미도 관계를 통해 발견한다. 타인이 없다면 나도 없다. 인간은 타인과 공명할 때 행복을 느낀다.

특별히 가정은 가장 본질적인 행복을 경험할 수 있는 곳이다.

사랑으로 하나 된 부부는 누구보다 행복하다. 연애할 때 느끼는 짜릿한 감정보다 더 깊고 풍성한 사랑이 결혼을 통해 일어난다. 생명을 잉태하고 출산하는 그 감격은 무엇보다 값지다. 해산의 고통을 잊게 만드는 생명의 기쁨이 있다. 자녀의 성장을 바라볼 때 풍성한 기쁨이 흘러넘친다. 부모는 본능적으로 자녀를 사랑하고, 자녀 역시 무조건적으로 부모를 사랑한다. 그 사랑의 관계에 참 행복이 있다. 여기에 신앙을 전수하는 힘이 있다.

오늘날 세상은 결혼과 출산을 부정적으로 이야기한다. 수많은 젊은이가 비혼주의와 출산 거부를 외치고 있다. 젊은 세대에게 결혼과 출산에 관한 부정적인 인식이 너무 강하다. 산업화 시기를 거치며 만들어진 가정에서 받은 상처가 깊다. 시대의 아픔이 가정에 쌓여 있다.

그러나 경험해 본 사람들은 안다. 독처할 때는 알 수 없는 진정한 행복이 가정을 통해 흘러나온다. 세상이 말하는 육체적인 행복, 말초적인 쾌락과 비교할 수 없다. 하나님의 형상을 따라 창조된 인간은 '우리'가 될 때 참된 기쁨을 누리도록 디자인되어 있다(창 1:26). 가정은 행복한 곳이다. 이 시대는 가정의 행복을 회복해야 한다.

이를 위해 필요한 것이 교회 공동체다. 가정의 행복은 교회를 통해 확장된다. 교회는 '영적 가족'이기 때문이다. 형식적인 교회 생활을 말하는 게 아니다. 진정한 그리스도인은 서로의 삶에 기꺼이 동참하며 그리스도의 한 몸이 된다. 결혼과 임신, 출산을 교회 공동체의 기쁨으로 여긴다. 한 아이의 성장 과정을 '내 가족의 일'로 여기고 관심을 가지며 축복한다. 함께 '교회 공동체의 자녀들'을 키우며 하나님께서 이루시는 성화의 과정에 동행하는 것이다.

그래서 교회는 그리스도의 한 몸으로 부름받은 '생명 공동체'다. 종교 기관이 아니다. 이 공동체는 끊임없이 새로운 생명을 출산해야 한다. 그리고 성숙한 그리스도인이 되도록 함께 양육해야 한다. 이것은 과정(Process)이다. 충분한 시간을 요구한다. 짧은 여행(Trip)이 아니다. 몇 번의 이벤트나 프로그램으로는 불가능하다. 성화는 평생에 걸쳐 일어나는 성령의 역사이기 때문이다. 부모가 자녀를 품고 키우듯, 부모 세대는 함께 자녀 세대를 품고 키워야 한다. '신앙을 전수하는 복음적 문화'를 만드는 것이다.

그렇다면 어떻게 복음적 문화를 만들 수 있을까? '자녀와 일상을 동행하며 말씀을 경험하는 공동체를 만드는 것'이다. 신앙지도(FaithMap)라는 이름의 '교회 공동체가 함께하는 자녀 양육 프로세스'다. 이것은 교회와 가정이 같은 전략으로 같이 자녀를 키우는 실제적인 지침을 제공한다.[4] 단편적인 가족 친화적 프로그램들(Family-Friendly Programs)의 나열이 아니다. 요람에서 무덤까지 한 사람의 인생 전체에 교회 공동체가 동행하는 인생의 여정(Life-Long Journey)을 지도(Map)로 그리는 것이다.

---

4   Reggie Joiner, *Think Orange: Imagine the Impact When Church and Family Collide* (Colorado Springs: David C. Cook, 2009), 26.

4

지도(Map)가
필요하다

　그리스도인은 순례자다. 천성을 향해 긴 인생길을 걷는다. 그 길 위에는 기쁨과 슬픔이 공존한다. 즐거운 콧노래를 흥얼거릴 때도 있지만, 죄로 망가진 세상에는 어둠의 터널을 지날 때가 더 많다. 혼자 걷기에는 버거운 길이다. 그래서 하나님은 교회를 세우셨다.

　교회는 믿는 자들의 모임이다. 같은 시대를 살아가며 함께 울고 함께 웃는다. 그래서 부모는 동역자다. 경쟁 관계가 아니다. 서로 돌아보아 사랑과 선행을 격려하며(히 10:24) 살아가는 공동체가 되어야 한다. 그리스도인은 홀로 살지 않는다. 하나님은 믿음의 공동체를 통해 순례자의 길을 인도하신다.

　존 번연(John Bunyan)은 그 길을 『천로역정』(The Pilgrim's Progress)으로 그려 냈다. 1부에 등장하는 주인공 크리스천은 천국을 향한 순례를 떠난다. 그 길은 어렵다. 다양한 시련을 만난다. 큰 절망에 빠지기도 한다. 그러나 멈추지 않는다. 때를 따라 돕는 손길을 만났기 때문이다(히 4:16). 보이지 않지만, 하나님은 크리스천의 순례길에 동행하셨다. 그리고 마침내 천국에 이르게 하셨다. 지금도 하나님은 그의 자녀를 고아와 같이 버려두지 않으신다(요 14:18). 세밀한 손길로 그의 자녀를 보호하신다. 이를 위해 교회와 가정을 세우셨다. 그리고 믿음의 형제자매들이 함께 살아가는 일상을 통해 역사하신다. 교회와 가정을 통해 전도서 4장 12절 말씀을 이루시는 것이다.

> 한 사람이면 패하겠거니와 두 사람이면 맞설 수 있나니 세 겹 줄은 쉽게 끊어지지 아니하느니라 전 4:12

세상은 갈수록 악해지고 있다. 반성경적 물결이 힘을 얻고 있다. 아니, 이미 거대한 파도가 되어 우리를 덮치고 있다. 이런 현실에 어떻게 맞설 수 있을까? 어떻게 우리 자녀들에게 믿음을 물려줄 수 있을까? 답은 명확하다. 복음으로 하나 된 믿음의 세 겹 줄, '신앙 공동체'를 세우는 것이다. 그러려면 교회와 가정이 함께 순례의 길을 걸어가야 한다.

그래서 부모 세대의 사명은 '자녀에게 믿음의 본을 보이는 것'이다. 그것이 다음세대의 '신앙 지도'가 된다. 존 번연은 이것을 천로역정 2부에서 다뤘다. 크리스천의 아내인 '크리스티애너와 네 자녀'의 여정이다. 그들은 크리스천의 길을 따라간다. 그 길에는 순례의 흔적들이 가득하다. 시험과 유혹에도 멈추지 않은 아버지의 흔적들이다. 이들은 앞선 발자취를 따라간다. 그리고 위기를 만날 때마다 이겨 낸다. 남겨진 흔적들을 통해 포기하지 않는 힘, 가야 할 길을 알게 되기 때문이다. 결국 크리스천의 가족은 모두 순례를 완주한다.

지금 우리도 순례의 길 위에 있다. 자녀들은 그 길을 따라올 것이다. 지금 잠시 방황하고 있더라도 소망은 있다. 자녀도 부모가 되고 늙어 가다 보면 부모가 먼저 걸어간 순례의 흔적을 보게 되기 때문이다. 하나님은 부모의 삶을 통해 자녀에게 복음을 전하신다. 남의 이야기가 아닌, '부모의 이야기'는 강력하다.

따라서 부모는 믿음으로 살아가기 위해 집중해야 한다. '신앙 유산'은 종교적 건물이나 의식이 아닌, 앞선 세대의 삶이다. 자녀에게 물려줄 믿음의 흔적을 남겨야 한다. 그런데 이 일은 혼자 감당할 수 없다. 세상은 우리를 거세게 공격한다. 함께 믿음의 길을 걸어갈 동역자가 필요하다. 그래서 부모 세대는 힘을 모아야 한다. 함께 '신앙 지도'를 그리며 이 길이 옳다고 증언해야 한다.

여기에는 긴 시간이 필요하다. 오랜 시간, 세상과 타협하지 않는 눈물과 헌신이 요구된다. 그러면서도 때론 자녀가 잘못되지 않을까, 내가 나쁜 영향을 주지는 않을까, 잘못된 길은 아닐까 하는 불안한 마음과 싸워야 한다. 쉽지 않은 여정이다. 그러나 신앙 지도를 그리는 부모의 삶은 값지다. 헛된 고난이 아니다. 사라지는 헌신도 아니다. 고난이 만든 부모의 눈물은 땅에 심긴 값진 보석이 된다. 그 보석은 고난이 깊을수록 더 가치가 올라간다.

하나님은 눈물 흘리며 씨를 뿌려야 거둔다고 말씀하신다. 그 눈물은 반드시 기쁨의 곡식단으로 돌아올 것이다(시 126:5-6). 하나님의 때에 자녀는 부모가 흘린 눈물의 보석을 발견할 것이다. 하나님은 '밭에 감추인 보화'를 발견한 사람을 통해 기도의 자녀를 세우신다.

> 천국은 마치 밭에 감추인 보화와 같으니 사람이 이를 발견한 후 숨겨 두고 기뻐하며 돌아가서 자기의 소유를 다 팔아 그 밭을 사느니라 마 13:44

한 사람이 밭에 감추인 보물을 발견했다. 어떻게 발견했을까? 본문에 '발견한 후 숨겨 두고'라는 표현을 보면, 이 사람은 땅을 경작하다 보화를 발견한 것으로 보인다. 일상의 어느 순간, 하나님이 발견하게 하신 사건이었다. 우연을 가장한 필연이다(마 10:29).

이 본문을 자녀의 신앙에 적용할 수 있다. 하나님께서 의도하신 어느 순간, 자녀도 '밭에 감추인 보화'를 만날 수 있다. 보화란 무엇인가? 바로 '천국 복음'이다. 보화를 발견하면 누가 시키지 않아도 기쁨으로 자신의 모든 것을 팔아 그 밭을 산다. 하나님의 구원은 하나님의 때에 일어난다. 그런데 중요한 사실이 있다. 하나님은 자녀를 구원하기 위해 '부모의 삶'을 사용하신다. 부모의 삶이 보화 같았다면, 자녀는 언젠가 그 귀중함을 깨닫는다. 부모의 삶이 얼마나 가치 있었는지, 무엇을 위해 그렇게 살고, 그렇게 죽었는지 알게 된다. 그러면 모든 것이 변한다. 부모가 집중해야 하는 것은 일상을 보석 같은 믿음으로 채우는 것이다.

시간은 흐른다. 자녀도 언젠가 부모가 된다. 나이가 들고 연약해진다. 그러면 먼저 걸어간 부모의 모습이 생각난다. 여자는 아이를 낳으면 엄마 생각이 난다. 남자는 퇴직을 하면, 인생의 무게를 느끼면, 아빠 생각이 난다. 죽음의 문턱에 이를 때도 동일하다. 죽음을 마주한 인간은 부모의 마지막 모습을 생각한다. 비록 수십 년 전이라고 할지라도 죽음 앞에 섰던 부모의 믿음은 감춘 보화가 된다.

그래서 부모는 '하나님으로만 해석되는 인생'을 살아야 한다. 언젠가 성령께서 역사하실 때, 자녀는 부모의 삶에 감추인 보화를 발견하게 되기 때문이다. 이것이 부모가 물려주는 신앙 지도다. 손해를 보면서도 믿음을 지키는 삶, 주일마다 예배하며 교회를 섬기는 삶, 이웃을 사랑하며 섬기고 여름마다 선교에 헌신하는 삶의 흔적을 남기는 것이다. 자녀는 그렇게 살아 낸 부모의 뒤를 따른다. 그 길에서 곳곳에 숨겨진 보화를 발견할 수 있다. 그래서 부모는 삶에 부지런히 보화를 채워 넣어야 한다. 신앙 지도를 그리는 삶이다. 이런 의미에서 '신앙 지도'(FaithMap)[5]는 '보물 지도'(Treasure Map)다. 하나님께서 부모의 평생을 통해 보석을 빚어낸 순례의 여정이 담겨 있기 때문이다. 어렵더라도 믿음을 지켜 낸 삶을 지도에 담아야 한다. 언젠가 숨겨진 보화를 발견할 자

---

[5]   '신앙 지도'(FaithMap)라는 명칭은 중요하지 않다. 다른 명칭으로 변경하여 사용해도 무방하다.

녀를 위해 묵묵히 걸어가는 것이다.

감사한 것은 혼자가 아니라는 사실이다. 신앙 지도를 그리는 여정은 믿음의 동역자들과 함께하는 순례길이다. 그래서 외롭지 않다. 즐거운 여정이 가능하다. 막막할 때 함께 기도할 동역자들이 있다. 하나님이 그 길을 동행하신다. 이제 한 걸음을 내디뎌 보자.

하나님은 길을 만드신다. 그래서 길은 언제나 있다. 한 치 앞도 보이지 않는 상황도 문제없다. 믿음이 있으면 물은 갈라진다. 갈라지지 않으면 물 위를 걸어가게 하실 것이다. 성경의 하나님은 엘 샤다이(El Shadai), 전능하신 하나님이다. 그 하나님 앞에서 질문해야 한다. '무엇을 할 수 있는가?' 막막한 현실일수록 더욱 전능자를 바라봐야 한다. 그러면 믿음으로 걸어갈 수 있다. 도전할 수 있다. 전능하신 하나님이 언제나 우리와 함께한다고 약속하셨기 때문이다(마 28:20).

2
WHAT

무엇을 할 수 있는가?
신앙 성장 프로세스:

신앙 지도(FaithMap)

복음의 공동체가
만드는 지도

많은 교회가 성도에게 다양한 메뉴를 제공한다. 성경공부 프로그램, 커뮤니티 그룹, 교양 강좌, 특별 이벤트 등이다. 이런 교회는 "우리가 가진 것들 중에 당신이 원하는 것을 선택하라"는 메시지를 던진다. ... 하지만, 어떤 교회는 지도(Map)를 제시한다. 영적 성숙을 이루기 위해 필요한 길을 교회가 전략적이고 의도적으로 제시하는 것이다. 이런 지도를 제시하는 교회들의 바탕에는 제자훈련 신학과 철학이 있다.[1]

주일 아침 11시, 여느 때처럼 300여 명의 성도가 깨끗하게 정돈된 예배당에 모였다. 은혜로운 찬양과 기도 후, 목사님이 상기된 목소리로 교회 소식을 전한다.

"오늘 우리 공동체에 기쁜 소식이 있습니다. 지난주 수요

---

1   Eric Geiger and Kevin Peck, *Designed to Lead: The Church and Leadership Development* (Nashville: B&H Publishing Group, 2016), 200-201.

일 오전, 스미스 가정의 첫째 제임스가 생애 첫 발걸음(Big Step)을 뗐습니다! 인생의 첫걸음입니다. 제임스, 어디 있나요? 오, 저기에 있군요! 우리 다 같이 박수로 축복합시다."

생소한 모습일 수 있다. 그러나 가만히 생각해 보라. 교회는 '성도의 모임'이다. 그렇다면 교회 소식도 '성도의 소식'이 되어야 하지 않을까?

하나님은 각 사람의 인생에 동행하신다. 그냥 옆에 있어 주시는 정도가 아니다. 하나님은 하늘에서 굽어보사 모든 인생을 살피신다(시 11:4, 33:13). 그리고 각 사람의 일상에서 일어나는 소소한 이야기(Story)를 통해 하모니(Harmony)를 만드신다. 젊은이의 사랑 노래도, 갓난아기의 울음소리도, 장난치며 떠드는 아이들의 목소리도, 가장의 무거운 한숨도, 엄마의 기도 소리도, 백발 가득한 어르신의 나지막한 신음도, 하나님 안에서 아름다운 노래가 된다. 대단한 간증만 가치 있는 게 아니다. 하나님은 연약한 인생도 사랑하신다. 어느 하나 소중하지 않은 인생은 없다.

그리스도인이 태어나 살아가고 하늘나라로 가기까지의 모든 순간이 소중하다. 교회는 그 모든 순간을 함께한다. 그리스도인은 교회에서 거듭나 교회를 섬기고, 교회의 이름으로 장례를 치른다. 교회는 인생을 담는다. 인생들이 모여 하나님의 이야기(His-story)가 된다.

≡ 1) 함께 자녀를 키우는 교회

교회는 '가족'이다. 함께 살아가는 관계라는 의미다. 각자도생과 같은 비즈니스 관계가 아니다. 교회는 공동체다. 그리스도 안에서 하나로 지어져 가야 한다(엡 2:19-22). 여기에는 수평적 하나 됨을 넘어선, 수직적 하나 됨이 있다. 세대와 세대가 하나 되어 믿음을 전해야 한다. 부모 세대의 사명은 자녀 세대에게 있다.

그런데 부모로 살기는 어렵다. 결혼과 임신, 출산은 부모가 되는 시작점일 뿐이다. 부모가 되면 모든 삶이 변한다. 24시간 365일, 부모에게는 휴가가 없다. 먹고, 자고, 움직이는 모든 것이 아이 중심으로 돌아간다. 밤잠 설치며 아이를 먹이고 재우면 체력이 금세 바닥난다. 신혼 인테리어와 함께 신혼의 로맨스도 사라진다. 바닥에 충격 방지 매트를 깔아도 아랫집 눈치가 보인다. 그럼에도 아이는 가지고 싶은 것, 먹고 싶은 것을 무한정 요구한다. 어린이집, 유치원, 초등학교, 중학교에 올라가면서 정서적인 어려움도 함께 커진다. 아이의 자아가 자랄수록 부모와 부딪히는 빈도도 잦아진다. 그래서 부모는 사명으로 무장해야 한다.

특별히 한국 사회에서 부모가 감당해야 하는 헌신은 막대하다. 수십 년을 키워 결혼시켜도 양육이 끝나지 않는다. 일하는 자녀를 위해 손주를 봐 줘야 한다. 그러면서도 눈치를 보느라 바쁘다. 마음 앓이도 끝나지 않는다. 손익 계산을 한다면 무조건 손해다. 그러나 사랑하기에 손해를 감수한다. 부모는 위대하기 때문이다.

　문제는 자녀가 부모의 사랑을 모른다는 것이다. 부모 마음은 부모가 되어야 깨닫는다. 자녀를 낳은 후에만 깨닫는 사랑이 있다. 그래서 철들기 전에는 부모의 잔소리를 거부한다. '이렇게 해야지!', '그러면 안 돼!' 하루에도 수십, 수백 번 쏟아지는 잔소리에 다툼이 일어난다. 사춘기와 갱년기가 부딪히면 다툼은 배로 심각해진다. 그러다 관계가 멀어지면 마음이 멍든다. 사랑이 사라진 냉랭한 관계가 된다. 서로 아파하며 살아간다. 지금 한국의 수많은 가정이 아픔 속에 있다.

　어떻게 해야 할까? 가정을 사랑의 관계로 회복하는 방법은 무엇일까? 세상에는 답이 없다. 원인을 분석하고 책임을 추궁하는 방식으로는 갈등의 골만 깊어질 뿐이다. 마치 재판정(裁判廷)과 같다. 냉랭한 재판에는 사랑이 없다. 승자와 패자가 나뉘면 판정 후에도 감정은 회복되지 않는다. 오히려 억울함과 상처만 남는다. 이것은 세상의 방식이다. 가정에는 전혀 다른 해결책이 필요하다.

　가정은 사랑하는 곳이지 재판정이 아니다. 법과 원리대로 해결하는 곳이 아니라, 깨어진 마음을 치유하는 곳이 되어야 한다. 치유하는 방법은 오직 복음뿐이다. 복음이 가정에 심겨야 한다. 그러려면 어쩔 수 없다. 더 사랑하는 쪽이 품어야 한다. 그렇기에 부모가 자녀를 품어야 한다. 서로가 죄인임을 인정하며 죄인을 위해 자신을 내어 줘야 한다. 사랑의 관계가 깨지지 않도록, 자녀의 마음이 망가지지 않도록, 참고 인내하며 사랑해 주는 것 외에는 방법이 없다.

부모가 아니면 할 수 없는 사랑이다. 의무감으로 감당할 수 없다. 사명감이 필요하다. 그래서 자녀를 온전히 사랑하려면 부모의 사명을 인식해야 한다. 부모는 사명자가 되어야 한다.

그렇다면 부모의 사명은 무엇일까? 태초에 부모를 창조하신 하나님은 이렇게 명령하셨다.

> 하나님이 그들에게 복을 주시며 하나님이 그들에게 이르시되 생육하고 번성하여 땅에 충만하라, 땅을 정복하라, 바다의 물고기와 하늘의 새와 땅에 움직이는 모든 생물을 다스리라 하시니라 창 1:28

아무리 강조해도 부족한 구절이다. 인류의 첫 부모에게 주어진 사명은 '번성과 다스림'이었다. 이 구절은 창세기 1장 22절과 비교해서 봐야 한다.

> 하나님이 그들에게 복을 주시며 이르시되 생육하고 번성하여 여러 바닷물에 충만하라 새들도 땅에 번성하라 하시니라 창 1:22

22절은 '큰 바다 짐승들과 물에서 번성하여 움직이는 모든 생물' 그리고 '날개 있는 모든 새'에게 주신 명령이다(창 1:21). 인간을 제외한 피조물에게 주신 명령이라는 뜻이다. 사람에게 주신 명령과 어떤 차이가 있을까? 핵심은 '통치권'이다.

하나님은 인간에게만 다스리는 권세를 주셨다. 인간만이 하나님의 형상이기 때문이다. 그래서 인간의 사명은 하나님의 형상으로서 주어진 통치권을 발휘하는 것이다. 부모는 하나님의 대리 통치자로 살며 자녀에게 통치권을 물려줘야 한다.

그래서 부모의 사명은 '자녀를 많이 낳는 것'으로 끝나지 않는다. '하나님의 형상으로 피조 세계를 다스리는 사명'까지 포함한다. 여기서 중요한 부분은 '초점이 부모 세대에게 있다'라는 것이다. 개인적인 믿음을 넘어서서 부모 세대가 연합해야 한다. 함께 사명을 감당해야 한다. 신앙 전수는 각 가정의 일이 아니다. 부모세대가 함께 자녀 세대를 제자로 키워야 한다.

≡ 2) 부모 세대가 함께 그리는 신앙 지도(FaithMap)

'가정 사역'(Family Ministry)에는 세 가지 유형이 있다.

1	**2**	**3**
가족 단위 사역을 진행하는 '가족 기초 사역' (Family-Based Ministry)	부모를 훈련하는 데 집중하는 '가정 훈련 사역' (Family-Equipping Ministry)	주일학교를 없애는 '가족 통합 사역' (Family-Integrated Ministry)

그중 신앙 지도는 두 번째, '가정 훈련 사역'에 해당한다.[2] 교회에서 부모를 훈련하고, 훈련받은 부모가 가정에서 자녀를 양육하는 방식이다.

부모가 신앙 지도를 보며 '지금 우리 가정은 ○단계이니 ○○○이 필요하구나' 하고 깨닫게 하는 것이다. 현재 위치를 확인하고 미래를 준비하도록 돕기 위해서다. 다른 말로 하면 '영적 성숙을 위한 길을 제시하는 사역'이다. 가정과 함께 자녀를 키우는 '가족 같은 교회'가 되는 것이다.

'함께'라는 단어에는 '같은 목적, 같은 방법'이 함축되어 있다. 그러려면 같이 보고 따라야 할 지도가 필요하다. 바로 '신앙 지도'(FaithMap)다. 이것은 '가정과 교회가 자녀의 성장 과정에서 만나는 중요 지점들을 함께 축복하며 성숙을 이뤄 가는 여정'이다. 가정의 탄생부터 새로운 가정의 탄생(자녀의 결혼)까지 가정의 생애주기를 지도로 만들어 교회가 함께 축복(Celebration)하며 각 단계에 맞는 부모 프로그램과 자녀 프로그램을 진행하는 것이다.

새로운 개념이 아니다. 미국의 많은 교회가 이미 다양한 이름으로 적용하고 있다.[3] 그중 브라이언 헤인즈(Brian Haynes), 티모시 폴 존스(Timothy Paul Jones), 그리고 맷 챈들러(Matt Chandler)와 아담 그리핀(Adam Griffin)의 설명은 주목할 만하다.

---

2   티모시 폴 존스, 『가정사역 패러다임 시프트: 가정 사역을 위한 실제적인 사역 모델』, 엄선문, 박정민 역(서울: 생명의말씀사, 2013) 또는 김기억, 『신앙전수 시너지아이즈』(서울: NCD미디어, 2022) 참고.

3   이후에 미국 교회의 사례들을 다룰 것이다.

브라이언 헤인즈(Brian Haynes)
영적 기념비(Legacy Milestones)

신앙 형성 여정이 얼마나 진행되었는지 돕는 표식으로, 한 사람
이 각 기념비(Milestone)에 도달하면 그 성취를 교회가 함께 축복
하며 하나님이 그 사람 안에서 어떻게 역사하셨는지 감사하고
그 길을 계속 걸어가도록 격려하는 것[4]

티모시 폴 존스(Timothy Paul Jones)
신앙의 과정(Faith Process)

부모가 자녀의 영적 성장 과정에 동참하도록 부모들을 독려하
여 그들이 자녀들의 인생의 각 단계에 필요한 특별한 주제를 함
께 해결하도록 훈련하는 계획[5]

맷 챈들러(Matt Chandler)와 아담 그리핀(Adam Griffin)
가족 제자화 기념비(Family Discipleship Milestones)

가족과 자녀의 삶에서 하나님이 이루신 중요한 영적 이정표를 축
하하고 기억하기 위해 특별한 시간을 정하고 함께 기념하는 것[6]

---

4   Brian Haynes, *Shift: What It Takes to Finally Reach Families Today* (Loveland, CO: Group Publishing Inc., 2009), 42. 원문은 다음과 같다: [Legacy Milestones] serve as markers of progression in the spiritual formation journey. ⋯ When a milestone is reached, growth is celebrated as praise for how God is working in the person and as motivation to continue walking the path.

5   Timothy Paul Jones, *Paul JonesFamily Ministry Field Guide: How Your Church Can Equip Parents to Make Disciples*, (Indianapolis: Wesleyan Publishing House, 2011), 166. 원문은 다음과 같다: [Faith Process is] a plan that involves parents in a child's spiritual growth by partnering with parents to address the child's particular needs at each stage of life.

6   Matt Chandler & Adam Griffin, *Family Discipleship: Leading Your Home through Time, Moments, and Milestones* (Wheaton, IL: Crossway, 2020), 134, Kindle. 원문은 다음과 같다: Family Discipleship Milestones: Marking and making occasions to celebrate and commemorate significant spiritual milestones of God's work in the life of the family and child.

이들은 각자의 언어를 사용하여 신앙 지도를 설명했다. 제시하는 사역의 모습도 다르다.[7] 그러나 본질은 같다. 교회가 비슷한 시기를 통과하는 부모들을 연결해 '함께 자녀의 성장을 축복하며 양육하는 의도적인 기회들(Intentional Opportunities)을 제공하는 것'이다. 교회가 부모와 함께 자녀를 키우는 것이다. 한 사람의 성숙은 교회 전체에 영향을 주기 때문이다.

여기에는 '자녀의 제자화'와 함께 '부모의 제자화'가 동시에 이루어진다. 자녀를 키우는 과정을 통해 하나님께서 부모를 제자로 키우시기 때문이다.[8] 자녀만 제자로 성장해야 하는 게 아니다. 부모도 제자로 성장해야 한다. 부모를 통해 제자의 삶을 목격해야 자녀도 제자로 살아갈 수 있다. 그래서 쉐마가 말하는 부모는 '삶으로 하나님을 보여 주는 사람'이다.[9] 미쉘 안토니(Michelle Anthony)의 설명을 보자.

쉐마는 하나님에 대한 배움이 자연스러운 삶의 흐름 속에서 가장 잘 일어난다고 말한다. 하나님이 누구신지 가르치는 것은 자녀들과 같은 자리에 앉아서 "이제 내가 하나님의 위대

---

7   신앙 지도는 다양하다. 브라이언 헤인즈는 7단계의 기념비를 제시하고(참고:https://bayarea.church/milestones/) 티모시 폴 존스는 몇 단계의 기념비 대신, Faith Process Journal을 기록할 것을 제안한다. 맷 챈들러와 아담 그리핀은 여러 단계를 제시하는 동시에 각 가정에서 주도적으로 진행할 수 있는 가이드를 제시한다(참고:https://www.thevillagechurch.net/ministries/milestones).

8   Chandler and Griffin, Family Discipleship, 63, Kindle.

9   Chris Shirley, *Family Ministry and The Church: A Leader's Guide for Ministry Through Families* (Nashville: Randall House, 2018), 113-115, Kindle.

한 신비를 가르쳐 줄게"라고 말해야만 하는 게 아니라는 뜻이다. 물론 우리는 그렇게 해야 하지만, 자녀들이 하나님을 개인적으로 알아 가도록 이끄는 가장 비옥한 토양은 자연스러운 삶의 흐름에서 이루어진다. 우리 삶에서 일어나는 모든 순간은 우리 자녀들이 하나님이 누구신지 발견하는 기회가 된다.[10]

믿음은 삶으로 전해진다. 부모가 먼저 제자로 살아야 한다. 집에 앉았을 때든지, 길을 갈 때든지, 누워 있을 때든지, 일어날 때든지 '말씀과 함께하는 부모'로 사는 것이다. 그렇게 부모가 먼저 제자의 길을 걸어야 자녀에게 그 길을 알려 줄 수 있다. 이런 의미에서 신앙 지도는 부모를 제자로 세워 자녀를 제자로 양육하는, 가족 전체가 제자로 살아가게 만드는 하나님의 방법이다.

그런데 신앙 지도는 여기서 멈추지 않는다. 더 넓은 관점이 있다. 교회의 각 가정이 함께 성숙을 이루며 '한 몸으로 지어져 가는 것'이다(엡 2:21-22). 제자는 공동체의 열매이기 때문이다. 공동체 안에서 서로 영향을 주고받으며 끊임없이 믿음을 연단해야

---

10   Michelle Anthony, *Spiritual Parenting: An Awakening for Today's Families* (Colorado Springs, CO: David C. Cook, 2010), 193. 원문은 다음과 같다:, "The Shema says learning to know God happens best in the natural flow of life. This means that teaching our children who God is does not happen only in the environment of storytelling, when we sit them down and say, "Now I will tell you the great mysteries of God." We need to do that, but the natural flow of their lives offers the most fertile soil for knowing God personally. Every single opportunity, every single hour that we are given in a day, is an opportunity for our children to discover who God is."

영적 성숙이 일어난다. 혼자 열심히 공부한다고 제자가 되는 게 아니다. 제자훈련에는 독학이 없다. 그래서 제자화의 증거는 '타인을 사랑하라'라는 말씀에 순종하는 공동체적 섬김이다.[11] 브라이언 헤인즈는 이렇게 이야기한다.

우리 문화의 사람들은 공동체보다 개인주의를 중요시하지만, 하나님은 우리에게 지역 교회를 선물로 주셨다. 이는 우리가 신앙 유산을 물려주기 위한 길을 걸을 때 Insula(믿음의 공동체)를 우리에게 제공하기 때문이다.[12]

자녀를 제자로 삼는 사명은 부모 세대가 함께 감당해야 한다. '내 자녀 신앙 일등 만들기'는 잘못된 목표다. 부모의 역할을 강조하다 이기적인 가정을 만들면 안 된다. 우리는 공동체다. 함께 성장해야 한다. 교회는 하나의 마을이 되어 제자의 삶을 나타내야 한다. 그 안에서 자녀들이 신앙의 모델을 보고 성장한다. 신앙 지도는 그 길을 걷도록 돕는다.

신앙 지도는 다양하다. 가정마다, 교회마다 서로 다른 문화를 가지기 때문이다. 한 가지로 획일화할 수 없다. 교회마다 각자의

---

11   Aubrey Malphurs, *Strategic Disciple Making: A Practical Tool for Successful Ministry* (Grand Rapids: Baker Books, 2009), 44-45.

12   Brian Haynes, *The Legacy Path: Discover Intentional Spiritual Parenting* (Nashville: Randall House, 2011), 1797, Kindle. He says, too, "We need each other for the journey. Some say it takes a village. I say that it takes a church. Church plus home is a great partnership" (1873, Kindle).

신앙 지도를 만들어야 한다. 그러나 공통된 모습은 있다. 가정의 탄생부터 자녀의 결혼까지 시간의 흐름에 따라 가정이 마주하는 영적 분기점들을 설정하고 그 순간을 어떻게 축복하고 부모와 자녀를 교육할지 표시하는 것이다.

예를 들어 '유아세례'를 중요 순간으로 정할 수 있다. 그러면 유아세례식은 '축복 행사'가 된다. 짧은 시간이라도 성도에게 '공동체의 자녀'로 바라보도록 의미를 부여할 수 있다. 이때 '유아세례 교육'은 부모를 위한 교육이 되고 '자녀 교육'은 없다. 대신, '조부모 교육'을 포함시킬 수 있다. 유아기 아이의 성장 특징은 무엇인지, 어떻게 말씀을 가르치고 양육해야 하는지, 성경적인 방법론을 가르치는 것이다.

만약 '고등학교 입학'을 중요 순간으로 정하면 '교회에서 입학식' 같은 행사를 진행할 수 있다. 따로 시간을 정해 입학 예배를 드리는 것이다. 학부모와 자녀가 함께 예배로 새로운 발걸음을 내디디며 기도하는 시간이다. 이 단계에서 '부모 교육'은 자녀 학업 지도에 관련된 세미나를 열 수 있다. 학업에 매우 민감한 시기이기 때문이다. '자녀 교육'은 정체성에 관련된 세미나 또는 캠프를 진행할 수 있다.

이런 방식으로 성장 단계마다 축복 행사, 부모 교육, 자녀 교육을 기획하는 것이 신앙 지도를 그리는 방법이다. 어떤 사역을 할지는 자유롭다. 교회별로 각 시기 가정의 상황과 필요에 맞는 프로그램을 선정하면 된다. 여기에 각 단계에 도움이 되는 도서

목록까지 추가하면 실제적인 지도가 만들어진다.

글보다는 지도의 기본 골격을 보는 것이 이해하는 데 도움이 된다. 추가로 수영로교회의 2024년 신앙 지도를 첨부한다.

그림에서는 신앙 지도를 열두 단계로 구분했다. 물론 한가지 예시일 뿐이다. 몇 단계로 만들지는 각 교회에서 필요한 대로 설정하면 된다. 한두 단계도 좋고 열 단계가 넘어도 좋다. 시간이 지나며 변경할 수도 있다. 중요한 것은 패러다임의 전환이다. 패러다임은 철학의 문제다. 신앙 전수에 대한 관점(Viewpoint)을 바꾸는 것이다. 겉으로 보기에는 비슷한 사역을 한다고 느낄수 있다. 그러나 근본적인 차이가 있다. 기존에는 각 가정에서 자체적으로 축하하던 아이의 성장 과정을 교회적인 축복으로 바

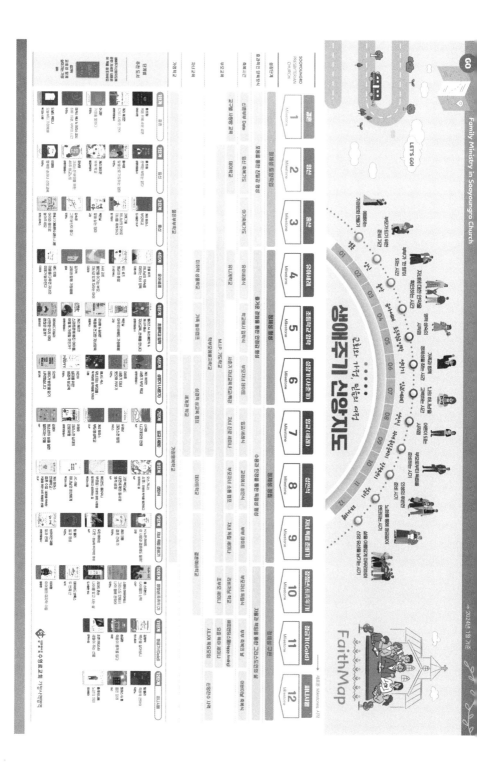

꿔 영적 의미를 부여하는 방식이다. 신앙 교육을 위한 '프로그램'(Program)이 아닌, 신앙 전수를 위한 '프로세스'(Process)를 만드는 것이다.

프로그램과 프로세스는 완전히 다르다. 프로그램이 개별적인 사역(Unit)이라면, 프로세스는 여러 프로그램을 연결한 일련의 체계(Structure)다. 파편적으로 프로그램을 진행하는 것을 넘어 여러 프로그램을 유기적으로 연결해 한 사람의 성장에 대한 생애 주기 단계(Spiritual milestones in a person's life cycle)를 만드는 작업이다. 그러면 같은 일을 해도 다른 일이 된다.

왜 이런 구조가 필요할까? 신앙 전수는 하루아침에 이루어지지 않기 때문이다. 길게 보며 충분히 시간을 투자해야 한다. 당연하지 않은가? 성화의 과정은 전 인생을 요구한다. 하나님은 한 사람의 전 인생을 돌보신다.

시간은 흐른다. 인생은 연속이다. 당연히 신앙 전수도 파편적이고 일시적인 프로그램으로는 안 된다. 인생의 각 단계를 연결해 '한 사람의 전 생애를 제자훈련 과정으로 만드는 것'이 필요하다. 그러려면 교회 공동체가 한 사람의 탄생과 성장에 깊은 관심을 가지고 사랑으로 양육해야 한다. 이런 하나 됨을 통해 가정과 교회가 '함께 자녀 세대를 키우는 영적 가족'으로 지어지는 힘이 만들어진다.

≡ 3) 생애주기와 신앙 지도: How to

최근 한국교회는 가정의 중요성에 집중하고 있다. 부모의 책임과 역할을 회복하려는 움직임도 일어나고 있다. 하지만 책임론은 해법이 아니다. 자칫 신앙의 양극화만 부추길 위험이 크다. 시간 여유가 많아서 교회 내 프로그램에 참석할 수 있는 부모뿐 아니라 치열한 세상 속에서 바쁘게 살아가는 부모들도 품어야 한다. 이제는 책임론을 넘어 '어떻게 할 것인가?'(How to)를 제시해야 한다.

그렇다면 대안은 무엇인가? 어떻게 신앙을 전수할 수 있을까? 대답하기 어려운 질문이다. 하지만, 한 가지 가능성은 제시할 수 있다. 바로 교회와 가정이 함께 자녀 세대를 키우는 '생애주기 신앙 지도'다.

여기서 생애주기(Life Cycle)는 '한 사람의 성장 과정에서 일반적으로 발생하는 큰 변화의 시점을 기준으로 구분한 인생의 여정'이다. 일반적으로 개인의 발달 단계에 따라 영아기, 유아기, 아동기, 청소년기, 성년기, 중년기, 노년기 등으로 구분한다. 이런 연령별 구분은 현대 교육 시스템에 적용되어 있다. 단계마다 요구되는 발달 과업을 파악하고 교육하기에 유용하기 때문이다.

신앙 교육에도 이런 '발달 과정을 고려한 구분'이 필요하다. 단계마다 요구되는 '영적 발달 과업'을 파악하고 그에 따른 '적시성 있는 교육 전략'을 수립하기 위해서다. 현재 교회의 주일학

교 시스템이 여기에 기초한다. 하지만 부족하다. 구조만으로는
안 된다. 움직이기 위한 이론과 적용이 필요하다. 더군다나 한국
교회는 목회의 현실적인 한계로 대부분의 주일학교가 발달 단계
특성을 고려할 만큼 세분되지 못한 상태다. 전혀 다른 단계에 있
는 아이들을 한 부서에 묶어야 하는 경우가 많다. 이런 상황을 교
사의 열정만으로 뛰어넘기는 어렵다.

더군다나 주일학교 시스템은 태생적인 한계가 있다. 세대와 세
대를 분리한 '기초부터 결함이 있는'(Fundamentally Flawed) 구조
이기 때문이다.[13] 시작은 산업화의 영향으로 일어난 '교회와 가
정의 분리'다. 자녀의 학업을 위해 학교에 보내는 것처럼, 신앙
교육을 위해 자녀를 교회에 위탁하게 된 것이다. 본래 가정에
서 이루어지던 신앙 교육이 교회로 이전되면서 '세대와 세대의
분리'가 일어났다. 물론 어쩔 수 없는 이유가 있었다. 부모와 자
녀가 함께하는 물리적 시간이 급감한 것이다. 헨리 코프(Henry
Frederick Cope)는 이미 1915년에 이런 현상을 경고했다.

(산업화가 진행되면서) 가정은 깨어 있는 시간의 3분의 2가 넘
는, 매일 9시간에서 12시간 동안 성인 남성을 잃어버렸다. 이
로 인해 가정에서 이루어지던 훈육(Disciplinary Guidance)의

---

13   Paul Renfro et al., *Perspectives on Family Ministry: 3 Views, ed. Timothy Paul Jones*
(Nashville, TN: B & H Academic, 2009), 13; and Timothy Paul Jones, *Why Every Church
Needs Family Ministry*, in Paul Renfro, Brandon Shields, and Jay Strother,
Perspectives on Family Ministry: Three Views, ed. Timothy Paul Jones (Nashville: B&H
Academic, 2009), 13-14.

상당 부분을 잃어버리고 말았다. 산업화가 성장하면서 대부분의 가정은 아버지를 잃었다.[14]

지금 한국 사회는 어떤가? 훨씬 심각하다. 아버지만 아니라 어머니와 자녀 모두 깨어 있는 시간을 대부분 집 밖에서 보낸다. 각자의 삶이 바쁘다. 바쁘지 않으면 살아남을 수 없는 세상이다. 가족이 함께하는 시간이 절대적으로 부족하다. 그러다 보니 가정에서 자연스레 전해지는 독특한 감정과 정서, 문화와 신앙을 잃어버린 채 살아가고 있다.

그런데 최근에 새로운 기류가 형성되고 있다. 밀레니얼 세대가 사회의 주축이 되면서 주목받은 '가족주의'(Familism)[15]다. 이들은 산업화 시대에 '바쁜 부모의 자녀'로 살아왔다. 내면에 상처와 갈증이 공존한다. 그래서 결혼을 '선택'으로 만들고 '선택에 대한 책임'을 기꺼이 감당하고 있다.[16] 행복한 가정을 이루어 자신의 선택이 잘못되지 않았다고 증명하려는 열망을 표출하고 있다. 가족 여행의 증가와 육아 용품의 고급화, 부모를 넘어 조부모까지 육아에 동참하는 현상 등이 반증이다. 한국 사회만 아니라 교

---

14   Henry Frederick Cope, *Religious Education in The Family* (Chicago: University of Chicago Press, 1915), 9, Kindle. 원문은 다음과 같다: The home lost the male adults for from nine to twelve hours of each day, more than two-thirds of the waking period, and thus it lost a large share of disciplinary guidance. In the rise of the factory system, to a large extent the family lost the father.

15   가족에게 가치를 두고 시간과 물질을 사용하는 현상이다. 이는 남성 중심, 권위 중심의 '유교적 가족주의'와 다르다. 가족과 보내는 시간을 중요하게 여기며 가족을 위한 헌신을 당연한 것으로 여기는 밀레니엄 세대의 가치관을 의미한다.

16   타파크로스, 『빅데이터로 보는 밀레니얼 세대』 (서울: 북투데이, 2017), 232-235.

회에서도 '가정'은 핵심 키워드다.

　이런 현상은 비단 한국 사회에 국한되지 않는다. 로널드 잉글하트(Ronald Inglehart)의 연구에 따르면, 1990년에 이미 전 세계 사람의 83퍼센트가 가족을 가장 중요한 삶의 요소로 선택했다.[17] 톰 레이너(Thom S. Rainer)와 그의 아들 제스 레이너(Jess W. Rainer)도 밀레니얼 세대(Millennials)가 가정을 삶의 최우선 순위로 여긴다고 분석한다.[18] 가정에 헌신하는 세대가 일어나고 있다. 여기에는 하나님의 거대한 이끄심이 있다. 가정을 회복해 교회를 세우고 신앙을 계승하는 것이다. 행복한 가정을 고민하는 세대, 자녀를 바르게 양육할 방법을 찾는 세대에게 복음을 전할 기회는 가정에 있다.

　세상은 변한다. 무작위로 일어나는 우연한 변화가 아니다. 시대의 변화에는 하나님의 섭리가 있다. 교회는 이 변화에 대응해야 한다. 새로운 시대의 새로운 문화에 적합한 '복음을 드러내는 방법'이 있기 때문이다.[19] 지금은 '가정을 통해' 복음을 드러내야 한다. 하나님께서 만드신 신앙 전수의 원형을 회복할 기회다.

　'신앙 지도'가 필요한 이유가 이것이다. 가정에 가치를 두는 세대에게 '가정을 함께 세우는 교회'를 제시하는 것이다. 겉모습

17　Ronald Inglehart, *Modernization and Postmodernization: Cultural, Economic, and Political Change in 43 Societies* (Princeton, NJ: Princeton University Press, 1997), 209.

18　Thom S. Rainer and Jess W. Rainer, *The Millennials: Connecting to America's Largest Generation* (Nashville: B&H Publishing Group, 2011), 104.

19　James Emery White, *The Church in an Age of Crisis: 25 New Realities Facing Christianity* (Grand Rapids: Baker, 2012), 12.

의 변화가 아니다. 단순한 방법론도 아니다. 새로운 패러다임이다.[20] 티모시 폴 존스는 이것을 '부모들이 복음의 관점에서 가족의 우선순위를 다시 생각하도록 문화를 창조하는 것'이라고 설명한다.[21] 교회와 가정을 바라보는 시각을 바꾸어 '본질적인 변화'를 추구하는 것이다. 여기서 세대와 세대의 연결이 일어난다.

'세대와 세대의 연결'은 본질적인 사역이다. 여러 세대가 한자리에 모이는 예배 정도로는 부족하다. 특정한 프로그램으로도 어렵다. 본질은 방법으로 만들 수 없다. 중요한 것은 '문화'다. 세대와 세대가 연결되어 살아가는 가정과 교회의 문화를 만들어야 한다. 그러면 '전 생애주기를 유기적으로 연결하는 사역 전략'이 필요하다. 각 교육 부서별 독자적 예배와 훈련이 아닌, 각 단계가 연계되는 전 교회적 전략을 세우는 것이다. 이런 전략 위에서 각 단계의 발달 과업을 고려한, 각 단계에 적합한 교육을 진행할 수 있다.

이런 전략을 통해 영적 성숙이 일어난다. 신앙이 형성(Formation)되는 과정(Process)을 제공하는 것이다. 생각해 보라. 성화는 평생의 여정이지 않은가? 당연히 교회의 제자훈련도 요람에서 무덤까지 전 생애주기에서 이루어져야 한다. 교회가 한 사람의 성장 과정에 동행하는 것이다. 일정 기간 진행하는 훈련 코

---

20   Timothy Paul Jones, *"Foundations for Family Ministry," in Perspectives on Family Ministry: 3 Views, ed. Timothy Paul Jones* (Nashville: B&H Academic, 2009), 41.

21   Timothy Paul Jones, *Family Ministry Field Guide: How Your Church Can Equip Parents to Make Disciples* (Indianapolis: Wesleyan Publishing House, 2011), 105.

스로는 부족하다. 어려서부터 말씀을 알고 익히도록 훈련하면 성장하는 과정에도 영적 훈련을 지속해야 한다. 생애주기 사역을 통해 '한 사람의 전 생애를 대상으로하는 제자훈련'을 만들어야 한다.

≡ 4) 같은 전략으로 같은 일을 하는 공동체

어찌 보면 신앙 지도는 대단한 사역은 아니다. 큰 변화를 일으켜야 하는 것도 아니다. 그저 기존 교회의 다양한 사역을 정리한 것이다. 그러나 이처럼 신앙 전수를 위한 로드맵(Roadmap for Spiritual Heritage)이 있는 것과 없는 것은 큰 차이를 만든다. 씽크 오렌지(Think Orange)의 창립자인 레지 조이너(Reggie Joiner)가 '가정과 교회의 동기화'(Working in Sync)를 강조하는 이유다.

많은 경우 교회와 가정은 자녀들을 위해 최선을 다하려고 노력한다. 교회는 가족에게 영감을 주는 프로그램들로 가득하며, 많은 가족이 정기적으로 지역 교회에 참여한다. 두 그룹 모두 어린이들의 신앙을 키우기 위해 동시에 열심히 노력하고 있지만, 문제는 그들이 동기화되어 작동하지 않는다는 것이다. 동시에 같은 일을 하는 것은 같은 전략으로 같은 일을 하는 것보다 효과적이지 않다. 창의적으로 두 환경을 동기화

하면 단순한 빨간색 또는 노란색 이상의 결과인 오렌지색을 얻을 수 있다.[22]

교회와 가정은 같은 전략으로 같은 일을 해야 한다. 같은 목적지를 향해 함께 걷는 과정이다. 그러려면 속도와 방향을 맞춰야 한다. 그렇지 않으면 홀로 떨어져 힘든 싸움을 치르게 된다. 파편화된 프로그램들(Fragmented Programs)에 열심을 내다 소진될 뿐이다. 그래서 지도가 필요하다.

물론, 혼자서도 목표 지점에 도착할 수 있다. 그러나 힘들고 외로운 여행이 된다. 수많은 상처가 남는다. 그것은 하나님이 원하시는 방법이 아니다. 하나님의 방법은 '함께하는 삶'이다. 하나님께서 만드신 교회와 가정도 동행을 위해 존재한다.

부모는 그 길을 먼저 걸어간다. 쉬운 길은 아니다. 믿음의 사람은 좁은 문, 좁은 길을 걸어가야 한다(마 7:13-14). 자기 십자가를 지고 그리스도를 따르는 삶이다(마 16:24). 그런 부모의 삶이 자녀에게 이정표가 되며, 이것이 하나님께서 설계하신 자연스러운 신앙 전수 방법이다. 미셸 앤서니(Michelle Anthony)는 이렇게 설명한다.

---

22 Reggie Joiner, *Think Orange: Imagine the Impact When Church and Family Collide* (Colorado Springs: David C. Cook, 2009), 26. 레지 조이너(Reggie Joiner)가 설립한 Think Orange 신앙 지도(Phase Guides)를 제시한다. 자세한 내용은 다음 책을 참조: Reggie Joiner & Kristen Ivy, *It's Just a Phase—So Don't Miss It: Why Every Life Stage of a Kid Matters and at Least 13 Things Your Church Should Do About It* (Orange Books, 2015).

영적 자녀 양육(Spitirual Parenting)은 자녀들이 부모의 영적인 삶을 가정에서 보며 닮아 가도록 환경을 창조하는 것이다. 물론 자녀의 신앙은 성령의 초자연적인 역사를 통해 이루어진다. 하지만, 부모는 그 역사의 한 부분에 포함되어 있다.[23]

부모는 자녀에게 우주적인 존재다. 세월이 아무리 변했어도, 개인주의가 득세한 세상이 되었어도, 지난 수십 년간 자녀에게 있어서 부모의 영향력은 감소하지 않았다.[24] 그래서 부모는 어떤 삶을 물려줄 것인지 두려움으로 고민해야 한다. 자녀보다 앞서 바른길을 걸어야 한다. 흔들리지 않고 믿음으로 살아가는 '평생의 여정'(a Lifelong Journey)을 보여 주는 것이다.[25] 그것이 부모가 줄 수 있는 최고의 헌신이다. 자신의 삶으로 그리는 인생 지도다.

누구나 인생길을 걷는다. 그런데 사람마다 걸음의 질이 다르다. 어떤 이는 홀로 걷다 떠난다. 고군분투 인생을 살지만, 돌아보면 혼자다. 반면, 어떤 이는 함께 걷는다. 때론 티격태격 다투기도 하지만, 돌아보면 추억이 된다. 즐거움이 남는다. 어떤 걸음을 원하는가? 혼자가 편한가? 아니면 동행을 원하는가? 인생의 긴 여정을 어떻게 걷기 원하는가?

---

23   Michelle Anthony, *Spiritual Parenting: An Awakening for Today's Families* (Colorado Springs: David C. Cook, 2010), 34.

24   Vern L. Bengtson, Norella M. Putney, and Susan C. Harris, *Families and Faith: How Religion Is Passed Down across Generations* (New York: Oxford University Press, 2013), 56.

25   Brian Haynes, *Shift*, 42.

인생길은 속도 싸움이 아니다. 중요한 것은 방향과 지속이다. 한 걸음이 쌓여 목적지에 이른다. 바른길을 따라 끝까지 걸어가면 된다. 더군다나 인생은 혼자 걷는 길이 아니다. 동행자가 있다. 뒤따라오는 자녀도 있다. 그들과 함께 걸어야 의미 있는 인생이 된다.

그래서 걷기만 하면 안 된다. 인생에는 낭만이 필요하다. 주위에 펼쳐진 비경을 보는 즐거움을 누려야 한다. 물론 시간은 쏜살같이 지나간다. 잠시 멈춰 쉴 시간은 충분하다. 잠시 멈춰 땀을 닦고 물 한 모금 마시는 시간도 중요하다. 숨을 고르며 서로를 챙겨 줄 여유는 가져야 한다. 그래야 뒤를 돌아볼 수 있다. 그 길을 따르는 누군가에게 손 내밀어 줄 수 있다. 인간의 진짜 식량은 사랑이다. 사랑을 먹어야 산다. 서로 사랑을 주고받아야 한다. 인간됨은 공동체를 통해 완성된다.

그런데 시대가 갈수록 개인주의가 득세하고 있다. 함께하는 삶을 불편하게 느낀다. 이유가 무엇일까? 세상이 주는 모조품(Imitation) 사랑에 지쳤기 때문이다. 감각적인 사랑, 조건적인 사랑, 변질되는 사랑, 통제하지 못하는 사랑, 자기애에 도취된 사랑은 상처만 남긴다. 당연히 사람들은 사랑을 오해하며 거부한다. 상처받지 않으려 갑옷을 입는다.

그러나 단단한 갑옷 안에는 여전히 연약한 인간이 있다. 사랑에 목마른 인간의 본성은 변하지 않았다. 그래서 사도 요한은 사랑을 강권한다.

하나님의 사랑이 우리에게 이렇게 나타난 바 되었으니 하나님이 자기의 독생자를 세상에 보내심은 그로 말미암아 우리를 살리려 하심이라 사랑은 여기 있으니 우리가 하나님을 사랑한 것이 아니요 하나님이 우리를 사랑하사 우리 죄를 속하기 위하여 화목제물로 그 아들을 보내셨음이라 사랑하는 자들아 하나님이 이같이 우리를 사랑하셨은즉 우리도 서로 사랑하는 것이 마땅하도다 요일 4:9-11

그리스도인은 진짜 사랑으로 무장해야 한다. 그 사랑은 "내가 너희를 사랑한 것 같이" 서로 사랑하는 것이다. 어떤 사랑으로 사랑해야 하는가? 죄인을 향한 의지적인 사랑, 무조건적인 사랑, 변하지 않는 사랑이다. 십자가에 자신을 내어 준, 세상과 전혀 다른 차원의 사랑이다. 그런 사랑은 세상을 치유한다. 하나님과 막힌 담을 허문다(엡 2:14-18). 여기에 소망이 있다. 서로 사랑하며 살아가는 가정과 교회는 생명이 흐른다.

2

신앙 지도
사용 안내

신앙 지도는 신앙 전수를 위한 작은 시도다. 완벽한 해답이라고는 할 수 없다. 교회에 적용할 때 유익도 있지만, 주의 사항도 있다. 미리 알아야 한다. 대표적인 유익 세 가지와 주의 사항 세 가지를 살펴보자.

≡ 1) 신앙 지도의 유익

▬ 신앙 지도의 유익(1): 긍정적인 모델이 된다

가정은 축복이다. 자녀는 선물이다. 시편 127편 3절은 "보라 자식들은 여호와의 기업이요 태의 열매는 그의 상급이로다"라고 노래한다. 하나님은 한 사람이 성장해 결혼하고 자녀를 낳고 기르는 모든 과정을 기뻐하신다. 교회도 한 사람의 성장을 축복해야 한다.

그런데 현대 사회는 가정을 축복으로 여기지 않는다. 결혼을 미친 짓이라 부르고 육아를 지옥이라 말한다. 특히 한국의 젊은 세대 사이에 결혼에 대한 부정적 인식은 도를 넘었다. 비혼을 선언한 19세~59세 비율이 61.4%에 달한다는 통계도 있다.[26] 그나마 결혼을 했더라도 출산을 거부하는 부부가 많다. 한국의 출생아 수는 매년 감소하며 2022년 합계 출산율은 0.78명, OECD 부동의 1위를 기록했다.[27] 그런데도 가정에 대한 부정적 인식은 계속 심각해지고 있다.

국가적 차원의 재앙이다. 정치권에서는 매년 다양한 공약을 내걸고 엄청난 예산을 쏟아붓는다. 하지만 무용지물이다. 이유를 파악하는 것도 어려울뿐더러, 이유를 알아도 대책이 없다. 어디부터 어떻게 접근할지 방향도 찾기 어렵다. 암울한 현실이다. 지금 대한민국은 축복을 저주로 여기며 인구 소멸의 길로 달려가는 중이다.

사탄은 끊임없이 가정을 공격한다. 자녀에 대한 부정적 인식을 강화한다. 지금 이 시대가 결과물이다. 위기의식을 가져야 한다. 인구 절벽보다 먼저 신앙 전수 절벽이 온다. 아니, 이미 현실이 되었다. 교회는 이런 상황에 어떻게 대응할 수 있을까? 특정한 프로그램이나 제도를 시행하는 정도는 답이 아니다. 돈이나 시스템은 해법이 아니다. 선교원을 만들고 대안학교를 많이 만

---

26   결혼에 대한 부정적인 인식을 보여 주는 기사는 수없이 많다. 이미 현실이 되어 있다. 본문에서 언급한 통계는 아래 링크 참조: 장혜원, "인구절벽 시대 '비혼주의 세대' … 결혼 안 하나 못 하나" 스카이데일리, 2023. 3. 9. https://www.skyedaily.com/news/news_view.html?ID=184637

27   최저출산율도 이미 만연화된 이야기다. 본문 내용은 아래 기사 참조: 이대희, 반전 없었다…1월 출생아 수 역대 최저 경신 프레시안, 2023. 3. 21. https://www.pressian.com/pages/articles/2023032213544228489

드는 것도 제한적인 대책이다. 교회는 언제나 성경에서 답을 찾아야 한다. 무엇일까? 가정이 얼마나 축복인지 보여 주는 것이다. 자녀를 키우는 것이 얼마나 복된 일인지 증명하는 것이다. 신앙 지도의 각 단계를 따라 교회가 한 아이의 성장을 함께 축복하고 부모들이 연합해 함께 자녀를 양육하는 실제적인 도움을 주는 것이다.

특별히 '축복 행사'(Celebration)는 교회 울타리를 넘어 대사회적인 메시지가 된다. 임신을 실수로, 출산을 고생으로, 사춘기를 갈등으로 정의하는 이 시대에 전혀 다른 시각을 제시할 수 있기 때문이다. 임신을 축복해야 한다. 출산을 기대로 바꿔야 한다. 사춘기를 자아를 찾아가는 여정으로 정의하고 길을 찾도록 도와야 한다. 세상의 거짓말을 성경의 진리로 바꾸어야 한다.

또한, 한 가지 더 교묘한 사탄의 전략이 있다. 가정의 핵심인 '부부 관계'를 공격하는 것이다. 부부가 서로를 불신하게 만든다. 음란을 조장하고 사회의 도덕 기준을 낮춘다. 그러면 '이 정도는 다 하는데, 뭘'이라는 생각이 들어온다. 그 결과가 '내로남불'이다. 죄를 죄가 아니라고 생각하게 유도하는 공격이다.

기준이 흔들리면 안 된다. 이혼은 죄다. 창세기 2장에서 하나님은 "사람이 혼자 사는 것이 좋지 아니하니 … 둘이 한 몸을 이룰지로다"(창 2:18, 24)라고 하셨다. 예수님은 "하나님이 짝지어 주신 것을 사람이 나누지 못할지니라"(마 19:6)라고 말씀하시며 "누구든지 음행한 이유 외에 아내를 버리고 다른 데 장가 드는 자는 간음함이니라"(마 19:9)라고 하셨다. 성경은 명확하게 이혼을 금한다. 죄가 아니라고 말하면 안 된다.

그러나 이혼한 사람을 정죄하면 안 된다. 이혼에 필요한 것은 '복음'이다. 율법이 아니다. 정죄가 아니다. 모든 죄를 용서하시는 사랑으로 이혼이라는 허물을 덮어야 한다(벧전 4:8). 우리에게는 남을 정죄할 권한이 없다. 모두 죄인이다. 죄인이 죄인을 정죄할 수 없다. 그래서 예수님은 "너희 중에 죄 없는 자가 먼저 돌로 치라"(요 8:7)라고 말씀하셨다. 오히려 더욱 사랑하고 이혼의 아픔을 보듬어야 한다. 생각해 보라. 일부러 이혼하는 사람은 없다. 모두 인내하고 노력하며 결혼을 지키려 노력했다. 그럼에도 이혼의 상처를 선택하는 경우가 많다. 얼마나 아팠으면, 얼마나 힘들었으면 이혼을 결심했겠는가?

예수님은 죄인을 향한 하나님의 사랑을 십자가로 증명하셨다(롬 5:8). 그래서 그리스도인은 사랑을 보여 줘야 한다. 십자가를 세상에 끊임없이 증명해야 한다. 가정에 대해서도 마찬가지다. 교회는 부부에 대한, 가정에 대한 긍정적인 모델을 세상에 보여 줘야 한다. '가정이 이렇게 아름다운 것이다'라고 선언하는 것이다. 그러려면 '성경적인 가정 문화'를 만들어야 한다.

그래서 신앙 지도는 축복과 부모, 자녀 교육을 진행한다. 교회가 부부를 축복하고 격려하며 '거룩하게 살자', '가정을 사랑으로 지키자'라는 메시지를 던지는 것이다. 지금 이 시대가 주는 '이 정도는 죄가 아니다'라는 거짓말을 걷어 내기 위한 '문화'(Culture)

를 만드는 것이다. 그리고 각 단계에 맞는 부모 교육, 자녀 교육을 진행한다. '성경적인 이상향'(Biblical Ideal)을 제시하고 그것을 함께 이뤄 가는 동역자들을 연결하는 것이 목적이다. 옳은 길을 함께 걸어가는 '가족 같은 교회'를 세우는 것이다.

결혼 50주년(금혼식)이나 25주년(은혼식)을 교회가 함께 축복하는 것이 한가지 예다.[28] 물론 30년이나 40년으로 정해도 상관없다. 중요한 것은 '건강한 부부 관계를 축복하는 것'이다. 여기에는 당사자를 축복하는 목적도 있지만, 더 중요한 목적이 있다. 젊은 부부들에게 결혼이 얼마나 고귀한 것인지, 지금의 갈등을 견뎌 냈을 때 얼마나 아름다운 부부가 될 수 있는지 보여 주는 것이다. 여기에 각 단계에 필요한 교육과 이벤트를 진행하면 교회 공동체가 결혼의 가치를 함께 느끼고 각자의 삶을 돌아보게 만드는 계기를 제공할 수 있다.

대단한 행사를 개최해야 하는 것은 아니다. 주일예배 광고 시간에 잠시 축복하고 목사님이 기도만 해도 된다. 대신, 본질에 집중하면 충분하다. 한 사람, 한 가정을 진심으로 축복하는 것이다. 그러면 공동체에 진심이 채워진다. 한 영혼을 사랑하시는 하나님 아버지의 마음이 전염된다. 그러면 생명의 역사가 울타리를 넘는다. 작은 축복이 쌓여 이 시대의 어둠을 걷어 내는 빛이 될 수 있다. 바른길을 걸어가는 동역자들이 세상을 변화시키는 마중물이 될 수 있다.

---

28   신앙 지도 단계별 세부 사항은 책의 뒷부분에서 다룬다.

그래서 신앙 지도는 '공동체의 문화'를 만드는 것이다. 믿음의 가정을 함께 세워가는 공동체를 만드는 것이다. 왜 이 부분이 중요할까? 사람들은 몰라서 안 하는 게 아니기 때문이다. 알지만 하기 싫은 죄인의 본성을 무시하면 안 된다. 교육으로 끝나면 금세 원상 복귀다. 계속 함께 걸어가는 공동체가 필요하다. 교회는 길을 잃은 시대에 옳은 길을 알려 주는 이정표가 되어야 한다.

▬ 신앙 지도의 유익(2)

교회의 분위기를 '가족 같은 교회'로 만들 수 있다

신앙 지도의 첫 번째 유익에서 파생되는 두 번째 유익이 있다. 교회의 분위기를 갱신할 수 있다는 것이다. 신앙 지도를 통해 서로를 축복하는 일이 잦아지기 때문이다. 그러면 자연스레 성도가 서로를 바라보게 된다. 인사하는 분위기가 만들어진다. 서로를 알게 되고 서로의 삶에 관심을 가지게 된다. 서로에게 도전받고 격려하는 것이 자연스러워진다.

여기서 인위적으로 만들 수 없는 '연결'(Connection)이 일어난다. 개인과 개인을 넘은 가정과 가정, 세대와 세대의 연결이다. 그러면 교회가 영적 가족이 된다. 서로를 축복하는 것이 교회의 문화가 되기 때문이다.

이런 '축복하는 문화'에서 사랑이 학습된다. 신앙 전수에 매우 중요한 부분이다. 복음은 사랑이기 때문이다. 사랑이 없으면 복음도 없다. 그래서 사랑을 가르쳐야 한다. 어떻게 가르칠 수 있는가? 사랑은 이론 교육이 아니다. 책으로 배울 수 없다. 오직 체험으로만 학습된다. 직접 보고, 듣고, 만지며 느껴야 한다. 그러려면 사랑을 보고 듣고 느껴야 한다. 시작은 교회다. 믿음의 가족이 서로를 축복하는 눈빛, 목소리, 손길이 필요하다. 그 사랑이 가정을 사랑으로 채운다.

성도는 본성적으로 가족 같은 교회를 원한다. 친밀한 인격적 교제를 기대한다. 이유가 무엇일까? 교회는 영적 가족이기 때문이다. 교회만 오가는 것으로는 영적 필요를 채우지 못한다. 지체로 연결되어 한 몸이 되어야 한다(롬 12:4-5, 엡 2:21-22). 이것은 영적 원리다. 신앙은 서로의 삶과 삶이 부딪혀야 성장한다. '공동체성'은 교회의 본질을 회복하는 필수적인 요소다.

그래서 많은 교회가 소그룹을 강조한다. 그런데 문제점이 있다. 소그룹은 교회 전체를 가족으로 만들기는 어렵다. 물론 소그룹은 유익하다. 영적 성숙을 위해 반드시 있어야 한다. 하지만 교회는 대그룹이다. 소그룹을 통해 매주 깊은 나눔을 가질 수는 있지만, 소그룹 안에서만 친밀해진다는 한계는 분명하다. 그래서 '소그룹의 하나 됨'과 '가족 같은 교회가 되는 것'은 다르다. 교회 전체를 위해서는 '짧고 가벼운 교감'(Short and Simple Connections)이 필요하다. 가족들이 매일 잠깐이라도 얼굴을 보고 지나가는 것 같은, 일상에서 일어나는 자연스러운 접촉(Organic Touches)이다.

가족의 실제 모습을 생각해 보라. 그냥 아무 일 없이 각자의 일상을 살아가지 않는가? 매주 깊은 나눔을 가지지 못해도 가족이라는 이름만으로 연결되어 있지 않은가? 가족은 본래 아무 일도 일어나지 않는 관계다. 특별한 이벤트가 없어도 그냥 함께 산다. 조직이 아니기 때문이다. 교회도 동일해야 한다. 성도가 만나 인사하고 축복하는 작고 편안한 시간이 필요하다. 어떤 이벤트나 프로그램을 해야 좋은 가족이 되는 게 아니다.

가족은 일상의 작은 시간이 모여 하나가 된다. 교회도 일상을 함께하는 친밀한 관계가 되어야 한다. 신앙 지도가 방법이다. 짧은 시간이라도 서로 축복하는 경험을 축적하는 것이다. 함께 자녀를 품고 배우며 기도하는 시간을 만드는 것이다. 그렇게 함께한 '영적 경험'에서 변화가 시작된다. 함께 자녀를 키우는 문화가 만들어진다. 그 문화가 '가족 같은 교회'를 세운다.

■ 신앙 지도의 유익(3): 젊은 세대에게 매력적인 사역이다

젊은 세대를 복음으로 이끄는 전략이 될 수 있다는 점도 주목할 만하다. 3040세대 부모들은 '가족 중심적 성향'(Familism)을 가지는데, 이런 특성은 교회에도 변화를 요구한다.[29] 미국의 기독교 작가 낸시 피어시(Nancy Pearcey)가 지적하듯, 새로운 세대의 문화를 버리는 것은 자녀 세대를 버리는 것과 같다.[30] 팀 켈러 목사(Timothy J. Keller)는 '복음의 상황화'(Contextualization)를

29   James Emery White, *The Church in an Age of Crisis: 25 New Realities Facing Christianity* (Grand Rapids: Baker, 2012), 12.

30   Nancy Pearcey, *Total Truth: Liberating Christianity from Its Cultural Captivity, Study Guide ed.* (Wheaton, IL: Crossway Books, 2008), 19.

강조한다.[31] 복음의 진리는 불변하지만, 복음을 전하는 방법은 시대에 따라 변해야만 한다.

그렇다면 어떤 변화가 필요할까? 이 세대의 어떤 부분을 복음과 연결할 수 있을까? 해답은 '가정'이다. 가정은 하나님이 만드신 신앙 전수의 기관이기 때문이다. 교회는 가정을 작은 교회로 세울 수 있다. 동시에 교회를 영적 가정으로 만들 수 있다. 이것은 새로운 변화가 아니다. 성경이 제시하는 본질적인 가정과 교회로 돌아가는 것이다.

지금 젊은 세대는 '가족이 행복해지는 교회', '자녀를 키우기 좋은 교회'를 찾는다. 이들은 결혼과 출산을 '선택'했기 때문이다.[32] 당연히 가정에 더 많은 시간과 노력을 기울인다. 이유는 행복한 가정을 통해 자신의 선택이 옳았다는 것을 증명하기 위해서다.[33] 이것이 나쁜 동기일까? 아니다. 지금 젊은 세대가 스스로의 선택에 대한 책임을 감수하며 가정에 헌신하는 모습은 긍정적이다.

이런 현상은 최근 통계에도 반영되고 있다. 한국의 이혼율이 점차 낮아지고 있는 것이다.[34] 물론 여전히 한국의 이혼율은 높

31   팀 켈러, 『팀 켈러의 센터처치』, 오종향 역(서울: 두란노, 2016), 89-90.

32   타파크로스, 『빅데이터로 보는 밀레니얼 세대』, (서울: 북투데이, 2017), 232-235.

33   타파크로스, 『빅데이터로 보는 밀레니얼 세대』, 142-48.

34   2022년 이혼율은 2021년 대비 8.3%(8천건) 감소했다. 조이혼율도 전년대비 0.2
      건 감소했는데 세부 내용을 보면 전체적으로 이혼율은 2019년 이후 지속적인 감
      소 추세를 보이고 있다. 물론 혼인율의 감소도 뚜렷하지만, 건수가 아닌 비율(%)
      의 감소이기에 유의미하다. 이것은 시대의 분위기가 변화하고 있음을 보여 준
      다. 자세한 통계 수치는 통계청, 〈2022년 혼인·이혼 통계〉 참고

은 수준이지만, 이혼율 감소 추세는 유의미하다. 혼인 건수가 아닌, 비율의 감소이기 때문이다. 특히 젊은 세대의 이혼율이 지속적으로 감소하고 있다는 것을 봐야 한다.[35] 가정을 꾸린 젊은이들이 적극적으로 헌신하기 때문이다. 이전처럼 가부장적인 분위기는 사라진 지 오래다. 자녀를 중심으로 가정이 움직인다. 때로는 이기적으로 자기 가족만 챙긴다. 이것이 젊은 세대의 특징이다.

신앙에서도 같은 현상이 일어나고 있다. 젊은 세대는 교회에 헌신하기보다 가족이 함께 보내는 시간을 원한다.[36] 교회를 섬기더라도 부부가 함께하기를 원하고, 때론 주일 성수보다 가족 여행을 선택한다. 온라인 예배가 일반화되면서는 휴양지에서 예배 드리는 것을 당연하게 생각하는 경우도 많아졌다. 교회도 주일학교 시설과 시스템이 잘 되어 있는, '아이들이 좋아하는 교회'를 선호한다. 언제나 아이가 우선이다. 기존 세대와는 전혀 다른 신앙 형태가 일반화되고 있다.

이런 젊은 세대의 가족 중심성을 어떻게 대해야 할까? 잘못된 현상일까? 아니다. 이들의 '가족중심성'(Familism)은 하나님께서 만드시는 신앙 전수의 기회다. 기존의 가치관과 다르다고 그들을 고치려 하면 안 된다. 현실을 인정하고 오히려 복음을 전하는

---

35   〈2022년 혼인·이혼 통계〉, 통계청, 21-24.

36   Gayle Kaufman, *Superdads: How Fathers Balance Work and Family in the 21st Century* (New York: New York University Press, 2013), 170-71; Thom S. Rainer and Jess W. Rainer, The Millennials: Connecting to America's Largest Generation (Nashville: B&H Publishing Group, 2011), 74-76.

통로로 활용해야 한다. 본래 신앙은 가정을 통해 전수되어야 하기 때문이다. 하나님의 섭리를 바라봐야 한다.

이제는 '가정에 가치를 두는 교회'를 추구해야 한다. 오히려 밀레니엄 세대에게 매력적으로 느껴질 수 있다. 교회 공동체가 함께 가정을 세워간다면, 자녀를 함께 키우는 교회가 된다면, 이들은 긍정적으로 반응한다. 특별히 신앙 지도를 통해 비슷한 시기에 있는 가정에서 체계적인 부모 교육, 자녀 교육을 진행하는 것은 매력적이다. 그들이 교회를 통해 건강한 가정을 세울 수 있도록 돕기 때문이다. 더군다나 밀레니엄 세대는 높은 학력을 가졌다. 이들에게 가시화된 신앙 교육 시스템은 필수다. 각 가정에게 필요한 실제적인 방법(Tool)을 제시할 수 있기 때문이다.

세상은 고도로 전문화되었다. 특히 자녀 교육은 하루가 다르게 발전하고 있다. 이제는 신앙 교육도 열심히 하는 것만으로는 안 된다. 한 사람의 생애주기 전체(a Whole Life-cycle of a Person)를 다루는 시스템이 필요하다. 가정을 이루고 자녀를 키우는 구체적인 방법을 제시하는 것이다. 그러면 젊은 부모들은 동참한다. 적극적으로 자녀를 가르치는 책임을 감당하게 된다.

단순히 부모의 책임론에 호소하는 것으로는 안 된다. 감정으로 책임을 감당할 수 없다. 구체적인 전략이 필요하다. 그래서 신앙 지도가 필요하다. 신앙 지도를 통해 그들에게 성경적인 방향을 제시하고, 젊은 세대가 가진 '좋은 부모가 되고 싶은 갈망'(Needs)에 영적 도전과 방법을 제시해야 한다.

☰ 2) 신앙 지도의 주의점

▬ 신앙 지도의 주의점(1): 한 사람의 성장을 정형화할 수 없다

이제 신앙 지도를 적용할 때의 주의 사항 세 가지를 살펴보자. 첫 번째는 '표준화의 위험'이다. 한 사람의 성장은 몇 단계로 정형화할 수 없기 때문이다. 특별히 획일화된 교육 문화에서 성장한 한국 부모 세대는 이 부분에 주의해야 한다. 각 사람은 각자의 성장 단계가 있다. 속도와 방식이 모두 다르다. 표준은 허구다.[37] 개인의 차이를 인정하고 기다려야 한다.

그래서 신앙 지도는 '유동적으로' 운영해야 한다. 한 번 정한 대로 유지하기보다는 교회 구성원들의 상황에 따라 단계를 조정할 수 있다. 특별히 교회 규모가 작으면 유동성을 발휘하기 쉽다. 각 단계에 해당하는 가정이 더 적어지기 때문이다. 그러면 한 생명의 성장을 보며 시기와 방법을 유연하게 조정할 수 있다.

인생은 다양하다. 신앙 지도도 교회마다, 시기마다 달라야 한다. 획일화는 금물이다. 신앙 지도의 단계에 사람을 맞추면 안 된다. 그러면 주객전도가 된다. 마치 걷는 게 느린 아이에게 첫걸음을 강요하는 것과 같다. 다양성을 인정해야 한다. 유치원이나 초등학교 입학 대신 홈스쿨링을 선택하는 가정도 있고 불신 배우자 때문에 유아세례를 못 받는 경우도 있다. 여러 가지 아픈 사정

---

37   평균의 허구성에 관해서는 다음 책을 참고할 수 있다: 토드 로즈, 『평균의 종말: 평균이라는 허상은 어떻게 교육을 속여왔나』, 정미나 역, 이우일 감수(파주: 21세기북스, 2018).

때문에 고등학교 진학을 포기하거나 결혼 25주년 전에 사별의 아픔을 경험하는 경우도 있다. 그래서 신앙 지도는 '경직성'을 경계해야 한다.

▬ 신앙 지도의 주의점(2):
소외되는 사람이 생기지 않도록 돌봐야 한다

다음 주의 사항은 '사각지대의 위험'이다. 신앙 지도는 교회 전체의 사역이기에 소외되는 사람이 생길 수밖에 없기 때문이다. 출산을 축복하는 모습을 지켜봐야 하는 불임 가정이 있다. 초등학교 입학을 축복하는 공동체에 장애로 아이를 학교에 보내지 못하는 부모도 있다. 모든 공동체에는 다양한 인생의 아픔이 존재한다. 그들을 항상 고려해야 한다. 그렇지 않으면 신앙 지도가 상처를 줄 수 있다.

어떻게 해야 할까? 가장 중요한 부분은 '초점을 하나님께 두는 것'이다. 신앙 지도의 축복 시간은 시상식이 아니다. 개인을 부각할 필요는 전혀 없다. 그저 하나님께서 우리 공동체에 이런 은혜를 주셨다고 이야기하며 함께 하나님을 높여 드리면 된다. 한 아이의 탄생과 성장을 '저 가정의 일'이 아닌 '우리 공동체의 일'로 느끼게 만드는 것이다.

그래서 축복 시간은 이벤트가 되면 안 된다. 남들이 부러워하게 만드는 요소들(비싼 선물이나 특별 이벤트 등)은 제거해야 한다. 등수를 매겨 상을 주는 것도 금물이다. 복음은 경쟁이 아니기에 인간의 열심을 칭찬하면 안 된다. 복음은 누구에게나 공평하게 주어져야 한다. 물론 개인적으로는 마음껏 축복할 수 있다. 따로 시간과 장소를 정해서 해당하는 사람들만 모일 수도 있다. 그러나 그 시간에 참여하지 못하는 '울타리 밖의 사람들'을 생각해야 한다. 축복은 선하지만, 연약한 영혼을 배려하지 않으면 악해질 수 있음을 늘 기억해야 한다.

그럼에도 신앙 지도를 포기할 수 없는 이유는 축복이 하나님의 명령이기 때문이다. 심지어 로마서 12장 14절은 "너희를 박해하는 자를 축복하라 축복하고 저주하지 말라"라고 명령한다. 원수도 사랑하고 축복하는 것이 성경의 가르침이다. 그런데 어찌 공동체의 성도를 축복하지 않을 수 있는가? 그래서 신앙 지도를 통해 연약한 영혼에게 거룩한 도전을 일으켜야 한다. 마음이 아프더라도 '믿음으로 축복하라'라는 메시지를 던지는 것이다. 불임 가정이 출산을 축복하고 몸이 불편한 자녀를 둔 부모가 잘 크는 아이를 축복해야 한다. 그렇게 서로를 축복할 때, 공동체는 은혜로 채워진다. 복음을 배우는 공동체가 된다.

▬ 신앙 지도의 주의점(3): 이벤트가 아닌, 문화가 되어야 한다

마지막 주의 사항은 '이벤트의 위험'이다. 신앙 지도가 자칫 교회의 행사로 변질될 수 있기 때문이다. 그러면 '일'이 된다. 순수한 축복이 아닌 인위적인 감동을 만들면 안 된다. 선물 종류, 입장 동선에 더 많은 신경을 써도 안 된다. 그래야 쉽게, 자주 행사를 반복할 수 있다.

문화는 반복으로 만들어진다. 반복이 중요하다. 반복하기 버거운 거창한 이벤트는 한순간으로 끝이다. 아무리 큰 감동을 줬어도 소용없다. 욕심을 내려놔야 한다. 더 많이, 더 멋지게 하려는 마음은 금물이다. 자기 의를 만들 뿐이다. 쉽고 간단하게 반복할 수 있도록 축복 시간을 간단하게 디자인하는 것이 중요하다.

이 부분에 신앙 지도의 핵심이 있다. '이벤트'가 아닌 '문화'를 만드는 것이다. 신앙은 문화로 전해진다. 오랜 시간 지속적인 반복을 통해 서로를 축복하며 함께 자녀를 키우는 문화를 만들어야 한다. 일상이 되게 만드는 것이다. 그러면 어느새 신앙 지도가 완성된다. 누군가 인위적으로 만드는 것이 아니다. 함께 아이를 키우다 보니 서로를 축복하게 되고 함께 배우게 되는 과정이 신앙 지도라는 이름으로 표현되는 것이다.

먼저 그려진
지도 살펴보기:
미국 교회의 사례

신앙 지도를 적용하고 있는 미국의 교회들이 있다. 이들은 신앙 지도를 이해하고 활용하기 위한 좋은 모델이다. 그중에 특징적인 교회들의 신앙 지도를 간략하게 소개한다. 교회에 대한 소개보다는 신앙 지도 자체에 초점을 뒀다. 다양한 크기와 배경을 가진 다섯 교회를 통해 신앙 지도를 조금 더 입체적으로 이해할 수 있다.

☰ 1) 베이아레아 교회(Bay Area Church in League City, TX)

첫 번째 모델은 휴스턴 남부에 위치한 베이아레아 교회다.[38] 담임목사인 브라이언 헤인스(Brian Haynes)는 일곱 단계로 이루어진 "Legacy Milestones"를 제시하면서 '영성 형성이 얼마나 되었

---

38   베이아레아 교회 홈페이지 https://bayarea.church/milestones/ 참조

는지 보여 주는 표식'이라고 설명한다.[39] 그러면서 '각 개인이 신실하고, 공동체적이고, 균율을 실천하는 선교적 삶을 살도록 훈련하는 것'을 목표로 제시한다.[40] 여기서 중요한 것은 '신앙 성숙을 인생 전체의 과정으로 바라보는 관점'이다. 교회가 함께 자녀를 키우며 선교적 삶을 살아가는 것이다.

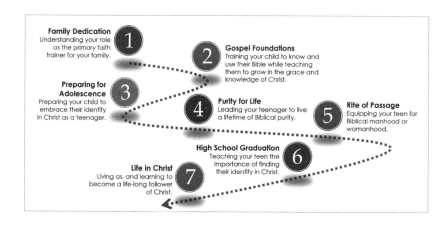

이 교회의 일곱 분기점들(Milestones)에는 각 세미나와 행사가 있다. 대부분의 세미나를 '부모 세미나'로 진행하는 이유는 부모들이 배운 내용을 가정에서 부모가 직접 자녀에게 가르치게 만들기 위해서다.

39   Brian Haynes, *Shift: What It Takes to Finally Reach Families Today* (Loveland, CO: Group Publishing Inc., 2009).

40   Brian Haynes, *Shift*, 104-105.

❶	가족 서약식(Family Dedication): 0~1세 자녀를 둔 부모 교육
부모 세미나	서약식에 대한 이해, 자녀의 발달, 부모의 중요성, 성경적 자녀 축복
이벤트	예배 시간에 진행하는 '서약식 행사'

❷	복음의 기초(Gospel Foundations): 7~11세 자녀의 구원 고백과 세례·침례식
부모 세미나	복음 제시, 자녀의 구원에 대한 이해, 구원에 대한 하나님의 계획, 세례 교육
이벤트	교회에서는 '세례(침례)식', 가정에서는 '영적 생일 축하 파티'

❸	사춘기 준비(Preparing Adolescence): 10~12세 자녀를 둔 부모 교육
부모 세미나	자녀와 관계, 사춘기 자녀와의 갈등, 오늘날 문화 이해, 신앙에 위협을 주는 요소들
이벤트	교회에서는 '4·5학년 수련회'(Retreat), 가정에서는 '자동차 여행'(Road Trip)

❹	순결한 삶(Purity of Life): 고등학생 자녀를 둔 부모에게 진행하는 자녀 성교육
부모 세미나	성경이 말하는 성, 10대의 영성 훈련(부모, 교회 역할), 정체성, 책임과 소통
이벤트	교회에서는 '순결 주일,' 가정에서는 '순결 반지 증정식'

❺	성인 될 준비(Rite of Passage): 16세 자녀를 둔 부모에게 진행하는 성인의 책임과 역할 교육

부모 세미나	성경적 남자와 여자, 10대의 영성 훈련, 부모와 교회의 역할, 그리스도를 따르는 삶
이벤트	성인식 행사

❻	고등학교 졸업(High School Graduation): 16~18세 자녀의 부모를 위한 자녀 독립 준비
부모 세미나	부모 변증, 공동체 생활, 인생에 대한 하나님의 뜻 알기, 결혼과 재정
이벤트	교회에서는 '성인 모임 참여'(Senior Summit), 가정에서는 '축복의 편지'

❼	그리스도 안에서의 삶(Life in Christ): 성인이 된 후 삶을 배우는 시간
세미나	각자가 생각하기에 필요한 교회의 성경공부, 예배 참여
이벤트	성경공부 개설, 성인 예배 참여 독려

여기 등장하는 일곱 단계는 '신앙의 성숙'을 목표로 진행된다. 그렇다고 단계를 거치는 게 목적은 아니다. 모든 단계를 거쳐도 믿음은 각자의 고백이다. 그래서 브라이언 헤인스는 일곱 단계를 진행하는 동시에 영적 대화(Faith Talks)와 영적 깨달음의 순간(God Moments)이 필요하다고 말한다. 부모가 가정에서 끊임없이 자녀와 하나님에 대한 이야기를 나누며 은혜를 구해야 한다는 것이다.

2) 노스포인트 커뮤니티 교회
(Northpoint Community Church in Alpharetta, GA)

애틀랜타에 있는 노스포인트 교회는 시작부터 '가족을 중요하게 여기는 교회'다. 그래서 교회를 설립했을 때부터 앤디 스탠리(Andy Stanley)는 '사람들을 예수 그리스도와 동행하는 관계로 이끄는 것[41]'을 비전으로 제시했다. 그리고 교회의 목회 철학 중심에 '가정'을 뒀다.[42] 부모와 자녀를 연결하고 가정과 가정을 연결하는 교회로 디자인하는 것이다.

지금도 노스포인트는 가정을 세우는 데 집중하고 있다. 실제적인 전략은 '소그룹'이다. 비슷한 인생 단계(Stage)에 있는 가정들을 연결해 함께 살아가는 관계를 형성하는 것이다.[43] 여기에는 생애주기에 대한 인식이 담겨 있다. 단계별로 변하는 자녀 양육의 필요를 교회가 채워 줘야 한다는 철학이다. 그래서 교회는 부모 소그룹과 함께 미취학(Preschoolers), 초등(Elementary schoolers), 중학(Middle schoolers), 그리고 고등학생(High schoolers) 자녀를 둔

---

41 "Church Overview," North Point Community Church, http://northpoint.org/about 참조

42 이 교회에서 태어나고 성장한 사역자들과의 인터뷰에서 정리된 이야기다. Heather Jordan and Lauren Warner, interview by author, Alpharetta, Georgia, September 10, 2018.

43 노스포인트의 소그룹은 '부모들을 돕는 것'이 목적이다. 소그룹을 통해 '같은 지역에 사는 동일한 인생의 단계를 경험하고 있는 어른들'을 연결해 '성경에서 배운 것들을 구현하는 삶을 살도록 서로를 격려하는 관계'로 세우는 것이다. https://northpoint.org/groups 참조

부모를 위한 다양한 자료들을 제공한다.[44] 부모가 가정에서 활용할 수 있는 실제적인 자료들이 필요하기 때문이다.

노스포인트의 가정 사역(Family Ministry)에 토대를 놓은 레지 조이너(Reggie Joiner)는[45] 앞에서 제시한 네 영역 안에 13단계의 '생애주기'(Life Stages)를 제시한다.[46] 아래 그림이 요약하고 있다.

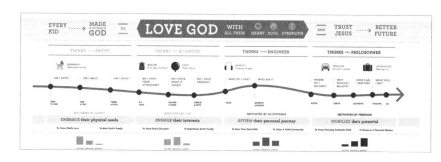

모든 아이가 하나님의 형상으로 창조되었음을 기억하며 마음과 뜻과 힘을 다해 하나님을 사랑하고 예수님을 믿도록 한다. 여기에 교회의 존재 이유가 있다. 교회는 그리스도인을 키우는 곳이다.

이를 위해 아이의 발달 특성을 고려한다.[47] '예술가'(Artist)처럼

---

44   https://northpoint.org/parent 참조

45   레지 조이너는 노스포인트의 공동 설립자인데 가정 사역을 14년간 담당했다. 지금은 Think Orange를 이끌고 있다. 자세한 내용은 웹페이지 링크 "Reggie Joiner," Orange Books, http://orangebooks.com/authors/reggie-joiner 참조

46   Reggie Joiner and Kristen Ivy, It's Just a Phase - So Don't Miss It: Why Every Life Stage of a Kid Matters and at Least 13 Things Your Church Should Do About It (Cumming, GA: Orange Books, 2015).

47   https://thinkorange.com/phase/ 참조

호기심 가득한 미취학 아이는 신체적인 필요를 공급해 줘야 한다. '과학자'(Scientist)처럼 모험심 강한 저학년 아이는 그들의 흥미를 채워 줘야 하고, '기술자'(Engineer)처럼 탐구하는 초등 고학년 아이는 자신의 인생을 스스로 탐구하게 해 줘야 한다. 그리고 '철학자'(Philosopher) 같은 중학교 이상 아이는 가능성을 발휘할 기회를 줘야 한다. 이런 일련의 과정(Process)을 통해 한 사람이 부모의 도움을 벗어나 자립하도록 교회가 가정과 함께 키우는 것이다.

시작은 '헌아식'(Baby Dedication)이다. 이 단계의 키워드는 안정감이다. 아이의 육체적 필요를 공급하며 부모가 주는 보호를 느끼게 하는 것이다. 이를 위해 부모 교육이 필요하다. 갓난아기를 키우며 경험하는 육체적, 정신적 어려움을 미리 알고 준비해야 충분한 사랑을 부어 줄 수 있기 때문이다.

이후 유치원 또는 학교에 '첫 등교'(WISDOM, First day of School)하는 아이를 교회가 함께 축복하며 성장을 기념한다. 이때 교회 성도가 학용품을 담은 책가방을 가져와 아이들에게 선물하는 행사를 진행하는 경우도 있다.[48] 각 가정의 자녀만이 아닌, 교회 공동체의 아이로 여긴다는 의미를 담고 있다. 같은 관점에서 '침례'(FAITH, Trust Jesus)도 공동체적인 축복이다. 예배 시간에 진행되는 침례식을 성도가 함께 환호하며 박수로 축하하는 방식이

---

48   교회의 상황에 따라 유동적이기는 하지만, 많은 교회가 Back to school 행사를 진행한다.

다. 이런 사역들을 통해 교회는 '우리 자녀들'을 인식한다. 그들의 성장을 통해 기쁨과 감사를 느끼며 한 공동체로 지어져 간다. 생애주기를 활용해 전문적이고 실제적인 '가정과의 동역'을 이루는 것이다.

3) 라그랜지 침례 교회
(LaGrange Baptist Church in Louisville, KY)

세 번째 교회는 켄터키 루이빌에 위치한 라그랜지 침례 교회다. 미국 침례교 전통을 따르는 이 교회는 매주 350여 명이 모이는데, 초등학교 이상 아이들은 매주 부모님과 함께 예배를 드린다는 특징이 있다.[49] 예배를 통한 자연스러운 신앙 전수를 위해서다. 동시에 교회를 섬기는 이들의 역량을 부모님과 예배에 참여하기 어려운 미취학 아이들에게 더욱 집중하는 목적도 있다. 중형 교회가 가지는 제한적인 봉사 인력을 미취학 아이들에게 집중하는 대신, 대부분 아이들의 신앙 교육은 부모에게 맡기는 것이다.

여기서 엿보이는 교회의 철학은 '자녀들도 한 명의 성도로 대하는 것'이다. 어리다는 이유로 독립된 예배를 드리기보다는 어

---

49   대신, 아이들의 연령별 모임은 주일 오전 성경공부 시간(L.I.F.E. class)과 수요일 저녁 또래 그룹 모임에서 진행한다.

려서부터 부모와 함께 예배드리고 교회를 섬기는 경험을 제공하는 것이다. 이런 철학 위에서 라그랜지는 'Family Milestones'라는 이름의 일곱 단계 신앙 지도를 제시한다:[50]

❶	부모 되기(Stepping Into Parenting): 출산 후 아이를 하나님께 드리는 서약
부모 세미나	가정의 비전, 서약식의 의미, 부모의 책임, 엄마와 아빠의 역할
이벤트	부모·자녀 서약식

❷	미취학 단계(Stepping into Preschool): 2~4세 아이를 키우는 부모를 위한 교육
부모 세미나	결혼의 우선순위, 자녀 훈육법, 가정예배

❸	취학 단계(Stepping into School): 학교에 들어가는 자녀를 둔 부모를 위한 교육
부모 세미나	자녀를 위한 기도, 자녀와 소통하기, 학교와 관계, 습관 형성&시간 관리

❹	믿음 형성기(Stepping into Faith): 세례(침례) 교육
부모·자녀 세미나	예수 그리스도, 구원, 구원의 확신, 세례(침례), 교회 회원 교육
교회 이벤트	예배 시간에 진행하는 세례(침례)식

---

50   https://www.lagrangebaptist.com/milestones/ 참조

❺	사춘기 단계(Stepping into Adolescence): 사춘기에 들어가는 가정을 위한 교육
부모·자녀 세미나	친구의 의미, 현명한 선택에 대해, 도덕적 순결, 이성과의 관계
특별 이벤트	순결을 위한 여행

❻	성숙 단계(Stepping into Maturity): 고등학교에 다니는 자녀와 부모를 위한 교육
부모·자녀 세미나	성경적 남성·여성, 순결, 인성, 이성교제 등
이벤트	순결 서약을 위한 주말

❼	독립 단계(Stepping into Real World): 독립을 앞둔 자녀와 부모를 위한 교육
부모·자녀 세미나	하나님과 친밀한 삶, 하나님의 부르심, 이성 교제와 결혼, 균형 잡힌 삶
이벤트	4주간 진행되는 예배와 오찬, 부모·자녀가 함께하는 교육 시간

라그랜지의 특징은 '세례(침례)를 받은 자녀는 부모와 함께 세미나에 참여한다'라는 것이다. 부모와 자녀가 함께 배우는 경험을 통해 가정에서의 소통 문화를 만들기 위해서다. 이런 시간을 통해 교회는 부모를 훈련하고, 격려하며, 동행한다. 서로의 성장 과정을 함께한 공동체로 교회 전체를 세우는 것이다.

댈러스 북부에 위치한 더 빌리지 교회는 맷 챈들러(Matt Chandler)가 담임 목회자로 부임한 2002년에 이후 급속한 성장을 경험했다.[51] 이 교회의 가족 목회 담당자(Family Minister)인 맷 맥카울리(Matt McCauley)는 가정을 강조했기 때문에 교회가 성장할 수 있었다고 말한다. 설교와 교육을 통해, 부모가 가정에서 어떻게 자녀를 제자로 키워야 하는지 명확한 이유와 구체적인 방법을 제시했다는 것이다.[52] 바로 부모들을 위한 소그룹(Home Groups)과 가정 제자훈련을 위한 사역들(Family Ministry)이다.

이 두 가지 사역은 연결되어 있다. '비슷한 삶의 단계'에 있는 가정들을 연결하는 데 목적을 두기 때문이다. 교회 홈페이지의 설명이다.

가정 사역(Family Ministry)을 진행하는 우리의 목표는 세대 간 제자훈련의 기회를 제공하면서 비슷한 삶의 단계에 있는 성인들이 서로 연결될 수 있는 환경을 만드는 것입니다. 여러분의 삶의 단계에 따라 제공되는 이벤트와 프로그램을 찾

---

51 교회의 사역자인 Matt McCauley와의 인터뷰에 따르면, 2002년에 800여 명이던 출석 인원이 현재는 7개 캠퍼스에 12,000명 이상으로 성장했다. 교회의 보고서는 아래 링크 참조: "History," The Village Church, accessed October 1, 2018, https://www.thevillagechurch.net/about/history.

52 Matt McCauley, interview by author, Flower Mount, Texas, August 9, 2018.

고 참석하시기를 기도합니다!

'비슷한 삶의 단계'는 매우 중요하다. 같은 관심을 가진 성도를 연결해 적시성 있는 사역을 가능하게 만들기 때문이다. 같은 시기에 같은 필요를 가진 가정들이 함께 자녀를 키우도록 교회가 환경을 제공하는 것이다.[54] 이를 위해 더 빌리지 교회는 열 단계의 생애주기 기념비(Milestones)를 제시한다.[55]

출산 이후부터 5학년까지 기념비(Milestones)

---

❶ 출산 축복 이벤트(Baby·Child Announcement):
아이의 출산을 축복하는 시간
  - 교육: 가정 제자훈련의 기초(Foundations of Family Discipleship)
  - 아이의 출산·입양 소식을 교회에 알리는 축복 예배(Celebration Service) 진행

- -

❷ 첫 번째 그림 성경(First Picture Bible): 첫돌을 축하하는 시간
  - 아이의 첫 생일에 '그림 성경'을 선물하며 이웃과 함께하는 헌아식
  (Baby Dedication) 진행

- -

---

53   https://www.thevillagechurch.net/ministries/family 참조. 원문은 다음과 같다: Our aim within Family Ministry is to create environments where adults in similar life stages can connect with one another while giving opportunities for intergenerational discipleship. We pray that you seek out and attend events and programs offered for your stage of life!

54   The Village Church, "Family Discipleship: Helping Your Household Establish a Sustainable Rhythm of Time, Moments, and Milestones" (The Village Church: Flower Mount, Texas, 2017), 1-2.

55   https://www.thevillagechurch.net/ministries/milestones 참조.

❸ 첫 번째 이야기 성경(First Storybook Bible):
   3세 생일을 축하하는 시간
   - 자녀의 3세 생일을 맞이해 '이야기 성경' 선물

❹ 유치원 졸업 축복 및 어린이 성경(Kindergarten Blessing and Children's Bible):
   영·유아기를 졸업하고 취학하는 아이들을 축복하는 시간
   - 8월 중 주일에 부모님이 자녀들 예배에 가서 축복해 주는 시간을 가지며 '어린이 성경' 선물

❺ 정체성 캠프(ID Retreat):
   5학년 자녀와 부모가 함께 정체성(성교육)을 교육하는 시간
   - 부모와 자녀가 강의와 활동을 통해 정체성, 자아, 성에 대해 배우고 소통하는 캠프 진행

❻ 5학년 졸업 및 중등부 입학 축복(5th Grade Blessing and Mix56):
   중학교에 입학하는 아이들을 축복하고 새로운 부서에서 환영하는 시간
   - 졸업 축하 선물로 스스로 말씀을 읽도록 돕는 묵상 일기장(Devotional Journal)을 받고 다음 주에는 부모가 참여해 축복하며 중등부 환영 행사를 진행

6학년부터 12학년까지 기념비(Milestones)

❼ 정체성 캠프 2.0(ID Retreat 2.0):
   첫 번째 정체성 캠프 2년 후(7학년) 다시 정체성을 교육하는 시간
   - 부모와 자녀가 1박을 함께하며 정체성과 성(Sex and Gender)에 대해 이야기하는 캠프 진행

❽ 낚시 캠프(Fish Camp):
중학교를 졸업하는 자녀가 또래 및 고등부 소그룹과 연결되는 시간
- 자녀들은 고등부와 수련회를 떠나고 부모들끼리 모여 자녀의 영적
  성장을 배움

❾ 고등부 해외 선교(Student Mission Trips):
해외 선교를 통해 하나님의 일하심을 경험하는 시간
- 고등학교 졸업 전에 해외 선교를 통해 하나님의 일하심을 경험하며
  나와 있어요 세계를 경험

❿ 고등학교 졸업(High School Graduation):
교회에서 가족과 함께 고등학교 졸업을 축하하는 시간
- 8월 중 주일에 부모님이 자녀들 예배에 가서 축복해 주는 시간을 가
  지며 '어린이 성경' 선물

여기 등장하는 열 단계는 언뜻 보기에 교회에서 주도하는 것
같다. 하지만 모든 사역의 주체는 '부모'다. 특히 유치원을 졸업
하는 4단계까지는 각 가정 또는 소그룹이 적극적으로 주도해야
한다. 부모가 아이의 생일 카드를 교회에 제출해야 성경을 선물
받을 수 있으며, 받은 성경도 부모가 자녀에게 읽어 줘야 한다.
교회는 모든 것을 책임지지 않으며, 책임질 수도 없다. 부모가 가
정에서 자녀를 가르치는 책임을 감당할 수 있도록 지원할 뿐이
다. 부모가 능동적으로 자녀를 양육하도록 자리를 내어 주는 것
이다. 이런 '부모가 주도하는 문화'는 매우 중요하다. 자녀 양육
의 책임은 누구도 대신할 수 없기 때문이다. 교회는 부모가 스스

로 책임을 느끼고 행동하게 만들어야 한다.

그래서 교회는 부모가 직접 각 가정의 영적 기념일을 '만드는 것'(Make)과 '각인하는 것'(Mark)을 권장한다.[56] 전자는 삶의 다양한 순간들 속에서 '가족이 함께 기억해야 하는 기념일을 만드는 것'이다. 특별히 '첫 순간'(First)이 중요하다. 첫 예배, 첫 성경책, 첫 등교, 첫 졸업 등 아이의 성장 과정에 나타나는 하나님의 은혜를 기념하는 것이다. 이를 통해 하나님께서 가족의 일상에 동행하셨다는 사실을 잊지 않는 것이 목적이다.[57]

다음으로 '각인하는 것'은 '예측하지 못한 상황에 주어진 하나님의 은혜를 일깨우는 것'이다. 세례(침례)가 대표적이다. 부모는 언제 자녀가 세례를 받을지 모르기 때문이다. 그저 자녀를 믿음으로 양육하다 보니 어느 날 믿음을 고백하고 세례를 받는다. 그 순간을 기념해야 한다. 반대로 아픔도 각인해야 한다. 사랑하는 이의 죽음이나 실패의 경험을 그냥 놓쳐 버리면 안 된다. 그 순간에도 부어지는 하나님의 은혜를 드러내야 한다. 자녀에게 '이 상황에서도 붙들 수 있는 소망'을 이야기하고 보여 주는 것이다.[58] 이런 관점에서 더 빌리지 교회는 가정에서 자체적으로 진행하는

---

56   The Village Church, "Family Discipleship," 30-32. This guidebook explains, "One of the best ways to make a family discipleship milestone is by redeeming the way you celebrate birthdays, baptisms, deaths, holidays, or other anniversaries" (30), and the meaning of "marking [family discipleship milestones] is what we do to commemorate the work of God in our child's life in ways that we didn't see coming" (31).

57   Matt Chandler and Adam Griffin, Family Discipleship: Leading Your Home through Time, Moments, and Milestones (Wheaton, IL: Crossway, 2020), 112-13.

58   Chandler and Griffin, Family Discipleship, 113-14.

두 가지 기념비(Milestone)를 추가로 제시한다.

---

❶ 세례(침례, Baptism):
영적 거듭남은 가정과 교회가 함께 축복해야 하는 중요한 사건
 - 부모와 자녀가 모두 세례(침례) 교육을 받고, 예배 시간 속 예식을 통해 축복함

---

❷ 가족 단기 선교(Family Mission Trip):
가족이 함께 단기 선교에 참여함
 - 교회에서 그룹을 만들어 가족이 함께 단기 선교를 경험하는 기회를 제공함

이 외에도 생일이나 절기, 가족만의 특별한 행사도 기념비가 될 수 있다. 어떤 것이든 '하나님을 주인공으로' 드러내며 기념하면 된다.[59] 모든 사건은 하나님이 주신 기회이기 때문이다.

핵심은 부모의 능동성이다. 교회가 이끄는 대로 따라오는 부모가 아닌, 부모가 각 가정에 독특한 '제자훈련 문화'를 만드는 것이다.[60] 그러면 '부모의 제자훈련'도 이루어진다. 능동적으로 자녀를 "제자로 삼아 … 가르쳐 지키게"(마 28:19-20) 하는 부모로 훈련되는 것이다. 하나님은 제자로 살아가는 부모를 통해 자녀를 제자로 세우신다.

---

59   Chandler and Griffin, Family Discipleship, 118-20.
60   Chandler and Griffin, Family Discipleship, 116.

5) 레이크 포인트 교회(Lake Pointe Church in Rockwell, TX)

마지막으로 살펴볼 교회는 댈러스 동북부 록웰에 위치한 레이크 포인트 교회다. 이 교회도 가정을 '신앙'과 '인격 형성'의 핵심으로 여기며 'Home Pointe'라는 기관을 통해 건강한 가정 사역을 진행한다.[61] 다양한 '인생 단계'(Life Stages)를 분류하고 각 상황에 맞는 가이드와 각 단계에 필요한 다양한 사역을 제공하기 위해서다. 현재 6개 캠퍼스에 25,000명 이상 출석하는 이 교회는 "Faith Path"라는 열두 단계 신앙 여정(Faith journey)을 제시한다.[62]

---

❶ 부모 서약식(Parent Dedication):
   출산 후 2년 이내에 부모가 자녀를 믿음으로 키울 것을 서약하는 시간
   - 부모 서약식 오리엔테이션에 참석해 가족의 신앙 훈련 계획(Family Faith Plan)을 작성한 후, 아이가 계속 사용할 '나의 신앙 상자'(My Faith Box)를 만들고 주일예배 시간에 부모들이 서약하는 시간을 가짐

- -

❷ 자녀 축복(Blessing):
   3세 이후 자녀를 축복하는 훈련 시간
   - 자녀를 축복하는 행사를 진행하는 것을 넘어 삶의 비의도적인 순간들에도 자녀를 축복하는 습관을 가지도록 축복의 방법을 배우고 축복 편지를 작성

- -

---

61   https://www.homepointe.org/ 참조
62   https://www.homepointe.org/faithpath/ 참조

❸ 가족 시간(Family Time):
4세 이후 자녀와 함께하는 소통 연습 및 가정예배 습관 훈련 시간
- 아이와 정기적으로 시간을 보내며 대화하고 예배하는 시간을 가정의 문화로 형성함

❹ 자녀를 예수님께 인도할 준비(Prepare to Lead Your Child to Christ):
5세 이후 자녀에게 부모가 직접 복음을 전하는 시간
- 8월 중 주일에 부모님이 자녀들 예배에 가서 축복해 주는 시간을 가지며 '어린이 성경' 선물

❺ 기도(Prayer):
6세 이후 자녀에게 기도를 알려 주는 시간
- 내용: 가족 시간에 자녀에게 부모님의 기도를 들려주는 것을 넘어 교회에서 제공하는 자료들을 활용해 자녀가 개인적으로 기도하도록 교육함

❻ 성경(Bible):
7세 이후 자녀가 스스로 성경을 읽고 암송하도록 훈련하는 시간
- 부모가 먼저 성경 읽는 모습을 보여 주며 자녀도 성경을 읽고 공부하고 암송하도록 가르침

❼ 예배(Worship):
8세 이후 자녀에게 예배가 무엇인지 교육하는 시간
- 교회에 출석해서 드리는 예배를 넘어 개인적 예배와 공동체적 예배를 알려 주고 가족이 함께 삶의 다양한 순간에 예배하는 시간을 가짐

❽ 헌금과 섬김(Giving & Serving):
9세 이후 자녀에게 헌금과 섬김을 교육하는 시간
- 자녀가 수입을 스스로 관리하고 헌금하는 방법을 알려 주고, 가족
이 함께 봉사활동에 참여하며 자신의 재능으로 다른 이를 섬기는
것의 가치를 알려 줌

❾ 사춘기 준비(Preparing for Adolescence):
11세 이후 자녀에게 사춘기에 찾아올 신체적, 정서적 변화를 알려
주는 시간
- 자녀와 특별한 시간을 만들어 대화하면서 사춘기를 설명하고 서로
마음의 준비를 함

❿ 순결(Purity):
13세 이후 자녀에게 순결이 무엇인지 알려 주는 시간
- 부모가 자녀에게 순결이 무엇이고 어떻게 순결을 지킬 수 있는지
'긍정적인 방식으로' 제시하고 시험을 이기도록 기도함

⓫ 성년식(Rite of Passage):
16세 이후 자녀가 성년이 되는 것을 축복하는 시간
- 가족이나 지인을 초청해 파티를 하거나 가족 여행을 가는 등 '가족
의 특별한 시간'을 만들어 이제 어른이 되는 자녀를 축복하며 의미
있는 선물을 주고 미래와 진로에 대해 이야기함

⓬ 독립(Launch):
18세 이후 자녀를 독립시키며 새로운 관계를 정립하는 시간
- 독립의 순간에 있는 자녀를 하나님께 맡기며 지금까지 부모를 통해
배운 내용을 정리하고 앞으로의 인생과 결혼에 대해 이야기하며 자
녀를 독립된 존재로 대우하기 시작함

위에서 정리해 본 열두 가지 여정은, 신앙의 기초를 부모와 함
께 만드는 경로를 제시한다. 한 번에 한 걸음씩 부모가 직접 자녀

의 신앙을 가르치는 것이다. 아이가 교회나 다른 사람을 통해서 이미 배웠다고 할지라도 부모가 다시 확인하고 가르쳐야 한다. 그 시간이 부모와 자녀를 연결해 준다. 성경 지식으로는 만들 수 없는 부모와 자녀의 영적 추억이 쌓이는 시간을 만들어야 한다. 그 추억이 가정의 신앙 유산(Heritage)이 된다.

4

신앙 지도가
필요하다!

현대 사회는 복잡하다. 수많은 변수가 예측 가능성을 떨어뜨린다. 무엇도 장담할 수 없는 세상이다. 자녀 양육도 마찬가지다. 지극히 개인화된 세상이다. 이제 획일화된 교육은 무의미하다. 개별화된 교육은 당연해졌다.

신앙 교육은 어떠한가? 우리는 한 사람에게 집중하고 있는가? 여전히 획일적인 교육에 머물러 있지는 않은지 질문해야 한다. 그리고 대안을 찾아야 한다. 인간은 누구나 고유한(Unique) 인생을 산다. 각 사람의 성장 단계마다 필요한 영적 경험과 교육도 다르다. 각 사람의 각 단계에 맞는 영적 양분을 파악하고 공급해 줘야 한다. 누가 할 수 있는가? 최전선에 부모가 있다. 부모를 대체할 수 있는 존재는 없다.

하지만 부모 혼자서는 어렵다. 전문성도, 시간도, 효과도 떨어진다. 그래서 하나님은 교회를 세우셨다. 교회가 함께 자녀를 키워야 한다. 한 사람의 성장을 함께 축복하며 어떻게 주의 교훈과 훈계로 양육할지(엡 6:4) 고민하고 기도하는 영적 가족이 되어야 한다. 그 방법이 '신앙 지도'다. 교회가 같은 지도를 들고 함께 자녀를 키워야 한다. 핵심은 '공동체성'이다. 몇 단계를 어떻게 나누는지보다 '한 사람의 탄생과 성장에 관심을 기울이는 문화'가 중요하다. 방법은 본질보다 앞설 수 없다. 신앙 교육의 본질은 '한 영혼'에게 있다.

이런 관점에서 신앙 지도의 열두 단계를 살펴보려 한다. 절대화된 단계는 아니다. 일반적인 성장 단계의 특징과 접근을 참고해 필요에 맞게 활용하면 된다. 답은 언제나 현장에 있다.

———

믿음은 영적 경험의 축적이다. 하루아침에 생기지 않는다. 그래서 신앙 지도 (FaithMap)가 필요하다. 교회와 가정이 함께 자녀를 키우는 것이다. 그러려면 교회는 가정의 동역자(Partner)가 되어야 한다. 지금 무엇을 어떻게 해야 하는지, 앞으로 어떤 변화가 올 것인지, 무엇을 준비해야 하는지 알려 주며 부모를 훈련해야 한다.

3
HOW

어떻게 할 수 있는가?

생애주기 신앙 지도(FaithMap)
1-12단계

신앙 지도(FaithMap)의 구체적인 내용을 정리해 보았다. 각 단계별 특징과 영적 의미, 그리고 구체적인 양육의 방향을 이해하는 것이 목적이다. 이를 위해 각 단계마다 필요한 부모 교육, 자녀 프로그램, 가족 행사 등을 설정했다. 그냥 흘려버릴 수 있는 은혜의 순간을 포착하며 하나님과 동행하는 가정을 세우기 위해서다.

물론 여기에 등장하는 신앙 지도의 열두 단계는 얼마든지 변경할 수 있다. 절대 기준이 아니다. 모든 가정은 서로 비교할 수 없다. 결혼 후 곧바로 출산하는 가정도 있고 오랜 시간이 필요한 가정도 있다. 자녀가 없는 가정도 있고 자녀가 많은 가정도 있다. 어떤 자녀는 수능을 여러 번 치르기도 하고, 결혼 전 청년기가 긴 자녀도 있다. 따라서 성장 단계가 전부 적용되는 가정도 있지만, 일부만 필요한 가정도 있다. 어느 하나 잘못된 경우는 없다. 하나님이 디자인하신 각자의 인생 여정을 인정하고 사랑해야 한다.

각 단계의 적용은 각자의 상황에 맞게 '현장화(Contextualization) 작업'을 거쳐야 한다. 성도의 진짜 필요(Real Needs)가 무엇인지 찾고 그것을 어떻게 해결할지 고민하는 것이다. 그래서 처음부터 모든 단계가 있어야 하는 건 아니다. 한두 단계부터 시작하면 된다. 시작하고 지속하다 보면 하나님께서 교회의 신앙 지도를 디자인하신다.

각 시기마다 일어나는 변화와 그에 대한 성경적 이해, 필요한 영적 경험을 살펴보기 위해 소개한다. 이를 통해 하나님께서 주시는 지혜를 얻어, 각자의 상황에 맞게 활용할 수 있기를 기대한다.

[생애주기 신앙 지도(FaithMap) 단계별 핵심 과제]		
	목표	과제
1단계 결혼	결혼의 방향을 설정하기	부부가 함께 예배하기
2단계 임신	믿음의 부모가 될 준비	사랑을 일상으로 만들기
3단계 출산·육아	부부가 '한 팀'이 되기	능동적인 사랑과 헌신 익히기
4단계 유아세례	자녀를 하나님께 맡겨 드리기	가정예배의 전성기 누리기
5단계 초등학교 입학	영적 성숙의 습관 시작하기	정기적인 성경 읽기, 기도하기
6단계 성장기(사춘기)	자녀의 정체성 고민에 동행하기	사랑의 관계를 유·지하기
7단계 입교(세례)	자녀가 '나의 하나님'을 고백하기	기독교 세계관 교육하기
8단계 성인식	영적, 정서적 독립하기	교회에서 성인식 진행하기
9단계 독립 전 청년기	홀로서기를 위한 준비하기	자녀 스스로 영적 습관 형성하기
10단계 자녀 독립기 (제2의 신혼기)	부모와 자녀 모두 독립하기	부부 관계를 회복해 '한 몸' 되기
11단계 순금기 (Pure Gold Ages)	영적 성숙의 정점을 만들기	하나님의 노화 프로젝트 배우기
12단계 피니시 웰 (Finish Well)	인생의 유산 남기기	믿음으로 삶의 마지막을 채우기

1

FaithMap
1단계: 신혼

운명적인 만남이다. '나에게 딱 맞는 배필을 하나님께서 허락해 주셨다!'라는 확신이 든다. 그 시점에 로맨틱한 프러포즈를 한다. 상대의 마음을 사로잡아 단번에 성공! 결혼을 약속하니 구름에 뜬 것 같이 기쁘다. 행복한 가정이 손에 잡히는 것 같다.

그러나 결혼은 현실이다. 준비하는 과정부터 걸리는 게 많다. 결혼은 스드메(스튜디오 촬영, 드레스, 메이크업) 준비로 끝나는 게 아니다. 결혼식장 선정부터 날짜, 시간, 대접할 음식, 답례품, 예물, 예단, 혼수, 신혼여행 등 배려할 것과 갖춰야 할 것이 끝없이 밀려온다. 집값은 천정부지고 사야 하는 가전제품, 주방 기구, 가구와 생활용품도 한두 푼이 아니다. 때때로 양가 부모님의 사정도 헤아려야 한다. 회사 업무로 바쁜 일정 가운데 시간을 쪼개서 결혼을 준비하다 보면 마음의 여유도 부족해진다. 정신적 피로도가 치솟는다. 행복하기 위해 하는 결혼인데, 오히려 다툼이 잦아진다. '결혼식장 들어가 봐야 안다'라는 말이 이해될 때쯤 결혼식 당일을 맞이한다.

꿈 같은 결혼식과 신혼여행을 마치면 결혼은 생존이 된다. 행복의 크기만큼 무게감도 커진다. 결혼은 둘만 행복하면 되는 게 아니다. 챙겨야 할 가족이 두 배가 된다. 의무도 늘어난다. 혼자 살 때보다 생활비도 늘어난다. 반대로 개인 시간은 줄어든다. 함께 있으려 결혼했지만, 24시간을 공유하기란 쉽지 않다. 서로 다르게 성장한 두 사람이 같은 공간에서 계속 함께하는 것은 완전히 새로운 삶이다.

생존은 투쟁을 동반한다. 부딪히는 일들이 늘어나기 시작한다. 빨래 정리, 설거지, 쓰레기 버리기부터 친구 관계, 여가 생활, 신앙생활 방식까지 전혀 생각하지 못한 사소한 일들에서 불꽃이 튄다. 집안일은 나눠도 나눈 게 아니다. 몸이 피곤하고 감정이 상하면 어느새 서로가 원수처럼 느껴진다. 사소한 문제로 시댁, 처가와의 갈등도 일어난다. 말 한마디, 표정 하나에 긴장감이 흐른다. 그토록 사랑해서 결혼했는데 도무지 이해가 안 되는 상황이 벌어진다. '결혼이 원래 이런 건가?' 하는 의문이 생긴다. 하지만 현실을 직시해야 한다. 결혼의 시작은 매일 마주하는 현실과의 싸움이다. 죄인과 죄인이 만났으니 갈등은 당연하다. 피하면 안 된다. 부부가 무엇인지, 이 시기에 무엇을 해야 하는지 알아야 한다. 어떻게 알 수 있을까? 성경을 통해서 알 수 있다. 인생의 모든 답은 성경에 있다.

▬ 신혼기: 결혼의 방향을 설정하는 기간

신혼기는 인생의 큰 전환기다. 완전히 새로운 삶이 펼쳐진다.

그래서 '방향 설정'이 필요하다. 결혼의 목적을 바르게 이해하는 것이다. 성경이 말하는 결혼을 이해하는 게 시작이다. 창세기 1장 26-28절이 출발점이다.

> 하나님이 이르시되 우리의 형상을 따라 우리의 모양대로 우리가 사람을 만들고 그들로 바다의 물고기와 하늘의 새와 가축과 온 땅과 땅에 기는 모든 것을 다스리게 하자 하시고 하나님이 자기 형상 곧 하나님의 형상대로 사람을 창조하시되 남자와 여자를 창조하시고 하나님이 그들에게 복을 주시며 하나님이 그들에게 이르시되 생육하고 번성하여 땅에 충만하라, 땅을 정복하라, 바다의 물고기와 하늘의 새와 땅에 움직이는 모든 생물을 다스리라 하시니라 창 1:26-28

결혼의 시작은 하나님이다. "우리의 형상을 따라 우리의 모양대로 우리가 사람을 만들고 …." 여기에는 삼위일체 하나님의 사랑이 들어 있다. 서로를 향한 지극한 사랑의 결과로 남자와 여자가 만들어졌다. 하나님은 두 사람에게 "한 몸을 이룰지로다"(창 2:24)라고 명령하셨다. 그래서 결혼은 '하나님의 사랑을 구현하는 것'이다. 그 사랑으로 인간은 생육하고 번성해 하나님의 대리 통치자로 살아야 한다.

신혼기에는 성경적 결혼이 무엇인지 알아야 한다. 그렇지 않으면 결혼 시작부터 방향을 잃는다. 결혼을 일종의 계약(Contract)

으로 말하는 세상을 살고 있기 때문이다. 주변을 둘러보라. 오늘날 문화는 '나를 만족시켜 줄 사람'과 결혼해야 한다고 가르친다. 배우자를 내 행복을 위한 존재로 여긴다. 그러다 보면 당연히 조건을 따지게 된다. 부부 관계가 주고받는 거래로 변질된다. 사랑을 오해한 결과다. 그러면 결혼은 금세 전쟁이 된다. 계약은 갑을 관계로 이루어지기 때문이다. 한 사람이 우위에 서야 평화가 유지된다. 그 결과가 무엇인가? 지금 이 시대는 어긋난 사랑과 결혼으로 고통하고 있다.1

성경이 말하는 결혼은 언약(Covenant)이다. 계약이 아니다. 그렇다고 인간 사이의 언약도 아니다. 결혼은 '하나님과 나와의 일대일 언약'이다. 하나님이 짝지어 주신 배우자를 일평생 사랑하기로 '하나님과 언약을 맺는 것'이다. 그러면 배우자의 상황은 상관 없어진다. 건강해도, 아파도, 주름이 늘어도, 세상에서 실패해도 사랑해야 할 이유는 '하나님과의 언약' 때문이다.

배우자를 사랑하는 힘은 하나님을 향한 사랑에서 나온다. 물론 남편과 아내 사이에는 두 사람의 인간적인 사랑도 중요하다. 하지만, 그 이전에 하나님과의 언약이 먼저다. 결혼의 주체는 하나님이다. 하나님이 맺어 주신 부부 관계다. 그래서 예수님은 하나님이 짝지어 주신 것을 사람이 끊을 수 없다고 말씀하셨다(마 19:6). 내가 아닌 '하나님'을 위해 배우자에게 헌신하는 것이다.

---

1   Andreas J. Köstenberger, David W. Jones, *God, Marriage, and Family: Rebuilding the Biblical Foundation, 2nd ed.* (Wheaton, IL: Crossway, 2010), 28.

이 사실을 인정해야 상대방을 품고 사랑으로 연약함을 덮을 수 있다. 여기에 성경적 결혼의 핵심이 있다. 결혼은 하나님이 주신 배우자를 '하나님을 위해' 무조건 사랑하는 것이다.

아담과 하와에게 "둘이 한 몸을 이룰지로다"(창 2:24)라고 말씀하신 명령은 이런 관점에서 이해해야 한다.

> 이러므로 남자가 부모를 떠나 그의 아내와 합하여 둘이 한 몸을 이룰지로다 아담과 그의 아내 두 사람이 벌거벗었으나 부끄러워하지 아니하니라 창 2:24-25

부부의 하나 됨은 '하나님을 위한 것'이다. 하나님을 위해 '서로 벌거벗었으나 부끄러움이 없는 관계'(창 2:25)가 되어야 한다. 육신적인 벌거벗음만 말하는 게 아니다. 인격적인 벌거벗음이다. 내 존재를 있는 그대로 보여 줘도 괜찮은 관계가 되는 것이다. 그렇다고 서로를 포기하라는 말이 아니다. 서로를 존재 자체로 사랑해야 한 몸을 이룰 수 있다.

세상은 부부 관계의 기술을 가르친다. 서로 예의를 갖춰야 좋은 부부가 될 수 있다고 말한다. 대화법을 강조하고, 가사를 효율적으로 분담하는 방법이나 로맨틱한 이벤트를 해야 한다고 가르친다. 요즘은 성관계 만족도를 높이기 위한 방법들도 공공연하게 말한다. 여기에 답이 있을까? 아니다. 그 안에는 인간의 노력이 있다. 인간의 노력으로 결혼을 유지해야 한다는 논리다. 그런데 노력을 강조하면 다툼은 격해진다. 불꽃이 튀면 서로에게 책임을 묻는 진흙탕 싸움이 된다. '네가 더 노력해야 한다'라며 상대를 압박하게 된다. 그러면 '난 최선을 다했는데 안 되더라'라고 말하며 포기하는 게 당연해진다.

성경이 말하는 '한 몸'은 전혀 다른 차원의 사랑이다. 서로의 연약함까지 있는 그대로 사랑하는 십자가의 사랑이다. 사랑은 '죄인을 위해 목숨을 내어 주는 것'이기 때문이다(롬 5:8). 그래서 예수님은 원수를 사랑하라고 명령하셨다(마 5:44). 그리고 목숨까지 내어 주셨다. 부부의 하나 됨은 여기서 출발한다. 죄인을 사랑하는 것이다. 하나님 아버지를 위해 죽기까지 순종하신 예수님의 사랑이 모델이다(빌 2:5-9). 강조점은 '하나님을 위해서'다. 결혼의 목적지는 하나님의 영광이다. 결혼을 통해 하나님의 거룩함을 각자에게 채우는 것이다(레 19:2).

성경이 말하는 결혼은 '죄인과 죄인의 만남'이다. 결혼 전에는 안 보이지만, 인간은 누구나 모난 부분이 있다. 인간은 본질상 진노의 자녀(엡 2:3)이기 때문이다. 어떤 배우자도 의인이 아니다. 의인은 없나니 하나도 없다(롬 3:10). 그저 죄인 중에 조금 나아 보이는 죄인을 만나 결혼한 것뿐이다. 배우자가 나를 완전하게 만족시켜 줄 수 없다. 죄인은 무능하다. 그래서 결혼은 '죄인을 사랑하는 것'이다.

그렇다면 왜 하나님은 결혼을 명령하셨는가? '나를 거룩하게 연단하는 하나님의 방법'이기 때문이다. 이 관점이 중요하다. 독립된 삶을 살던 두 사람이 한 몸이 되었으니 안 다투는 게 더 이상하다. 오히려 하나님은 결혼을 통해 죄인을 연단하신다. 부부가 서로 부딪히는 과정을 통해 서로의 신앙과 인격을 조각하신다(잠 27:17). 여기에는 강의나 책으로는 배울 수 없는, 서로를 이해하고 맞춰 가는 실전 경험이 요구된다. 오랜 시간 깎여지는 과정을 통해 한 몸이 되는 것이다. 완벽한 인간은 없다. 그래서 신혼기 부부는 갈등을 은혜로 받아들여야 한다. 하나님께 서로를 내어 드리며 하나로 깎여져 가야 한다. 그 고통의 목적은 '거룩'이다. 결혼에 대한 팀 켈러의 설명을 보라.

안타깝게도 많은 부부가 결혼 생활을 시작하면서 그것이 하나님께 나아가는 과정이라는 인식을 하지 못하고 있다. 그리스도인들은 같은 신앙을 가진 파트너와 결혼하게 된 것을 자축하지만 배우자감의 믿음은 공통 관심사나 취미처럼 '잘 맞는' 짝의 여러 조건 가운데 하나일 뿐이다. 하지만 영적인 우정은 다르다. 그것은 하나님을 더 깊이 알고, 섬기고, 사랑하고 닮아가도록 온 마음을 다해 서로 돕는다.[2]

결혼의 목적은 '거룩'이다. 행복이 아니다. 부부는 거룩을 추구해야 한다. 사람 사이의 행복이 아닌, 하나님의 영광을 위한 결혼을 꿈꾸는 것이다. 그러면 행복해진다. 결혼의 비밀이다. 결혼

---

2   팀 켈러, 『팀 켈러, 결혼을 말하다』, 최종훈 역(서울: 두란노, 2014), 175.

을 통해 부부가 한 몸이 되면 거룩이 주는 행복을 만날 수 있다 (전 9:9).

그래서 결혼은 시작부터 '거룩'을 향해야 한다. 이것은 특별한 종교 행위를 의미하지 않는다. 일상의 모든 영역에서 거룩을 추구해야 함을 뜻한다. 리처드 백스터(Richard Baxter)의 권면을 보라.

> 그리스도인은 하나님께 헌신되고 구별된 삶을 삽니다. 그리스도인의 가정도 다르지 않습니다. 집의 문, 가족 관계와 소유, 모든 가사 일에 '여호와께 성결'(Holiness to the Lord)이라는 팻말을 써 붙임이 마땅합니다.[3]

결혼은 일상이다. 부부는 그 일상을 함께 디자인한다. 하나님께 성결한 가정이 되도록 삶의 형태를 만드는 것이다.

구체적으로 무엇이 있을까? 시작은 예배다. 아침을 기도로 시작하고 잠자기 전 가정예배를 습관화하는 것, 주일에 함께 교회에 가서 예배드리는 것이 소소한 예다. 부부의 소득을 하나로 만들고 헌금을 어떻게 할지 정하는 과정도 필요하다. 성경의 명령대로 부모님으로부터 어떻게 독립할지 대화도 해야 한다. 사소한 것에서 다툼이 일어나지 않도록 집안일을 어떻게 은혜롭게 감당할지 소통하는 것도 필요하다. 거룩한 가정을 만들기 위해

---

3   리처드 백스터, 『하나님의 가정』, 장호준 역 (서울: 복있는사람, 2012), 25.

작은 것부터 맞춰 가는 과정을 통과해야 한다.

신혼기에 필요한 영적 경험

교회는 거룩한 가정의 '토양'이다. 가정의 씨앗이 심어지고 뿌리 내려 열매 맺는 장소다. 그러려면 가정 문화의 기초를 다지는 '신혼기'가 중요하다. 결혼 이후, 부부는 '한 몸'이라는 새로운 정체성을 가지고 교회 공동체에 새롭게 적응해야 한다. 여기에는 시간이 필요하다. 교회 공동체에 '뿌리 내리는 시간'이 말이다. 그러려면 청년 때보다 더욱 적극적으로 교회 공동체 안에 머물러야 한다. 관건은 타이밍이다. 출산 후에는 늦다. 상대적으로 시간이 자유로운 신혼기가 중요하다. 이때 교회 공동체와 어우러져서 '새로운 삶의 방식'(a New Rhythm of Life)을 형성해야 한다.

새로운 삶, 새로운 가정의 문화를 형성해야 한다. 크게 세 가지를 이야기할 수 있다. 먼저는 부부의 예배 습관을 만들어야 한다. 교회에서 드리는 공예배는 물론이고 부부가 함께 집에서 예배하는 가정예배 습관을 만들어야 한다. 다음은 믿음의 동역자들을 만드는 것이 중요하다. 가정 생활로 인해 괴로울 때 마음을 털어놓을 친구, 따뜻한 조언을 건네줄 어른을 만나는 것이다. 마지막으로는 성경적 부부에 대해 배워야 한다. 하나님이 원하시는 부부가 되기 위해 함께 배우고 경험하는 시간을 받아들이는 것이다.

≡ 1) 부부가 함께 예배하는 문화 만들기

예배는 사랑의 근원이다. 예배가 메마르면 사랑도 메마른다. 그래서 결혼 후 가장 집중해야 하는 것은 '부부가 함께 드리는 예배'다. 상대방이 이해가 안 될 때, 사랑할 이유를 발견할 수 없을 때, 더욱 예배에 집중해야 한다. 하나님께서 주시는 사랑은 예배를 통해 얻어지고, 그 사랑이 있어야 상대방을 사랑할 힘을 얻을 수 있기 때문이다(요일 4:19). 부부는 예배를 통해 진정으로 하나가 된다.

그래서 신혼기 부부는 함께 공예배에 참여하는 습관을 만들어야 한다. 결혼했다고 주일예배를 타협하면 안 된다. 새벽기도나 주중 예배도 함께 출석하는 일에 익숙해져야 한다. 결혼 전 섬기던 사역도 그대로 유지하는 게 좋다. 가정예배 습관도 이때부터 만드는 것이 좋다. 그렇지 않으면 출산 후에 후회한다. 아이가 생기기 전, 신혼기부터 가정의 문화를 예배로 디자인해야 한다.

여기에는 의도적인 노력이 중요하다. 혼자 신앙생활하던 청년기와 전혀 다른 상황이 되었기 때문이다. 이 변화에 적절히 대처하지 못하면 신앙생활에 어려움이 찾아온다. 실제로 청년 때는 열심히 섬겼는데 결혼 후에는 교회에서 사라지기도 한다. 이유가 무엇일까?

여러 이유가 있겠지만, 첫 번째는 서로의 민낯을 보기 때문이다. 결혼 후 부부는 서로의 진짜 삶과 신앙을 노출하게 된다. 그때 대부분은 기대에 못 미친다. 결혼 전에 봤던 모습과 다르다. 교회에 가기 전 미적대는 모습이나 기도 골방 대신 스마트폰으로 영상을 보거나 컴퓨터 게임에 몰두하는 배우자를 목격한다. 회사에서 돌아와 만사 귀찮아 늘어지는 모습이나 일찍 일어나지 못하는 모습을 보면서 정죄하는 경우도 생긴다.

그러면 서로의 신앙에 부정적인 영향을 주기 쉽다. 어느 정도 갈등하다가 적당히 타협하는 것이다. 신앙생활로 다투지 않으려 신앙생활을 말하지 않게 된다. 잘못된 결론이다. 부부는 서로의 연약함을 인정하고 함께 하나님께 나아가야 한다. 결혼은 예배로 완성된다.

두 번째는 '이제는 결혼에 집중하자'라는 생각이다. 신앙보다 배우자에게 집중하자고 생각하는 것이다. 그러다 보면 교회에서 멀어지기 쉽다. 예배 시간보다 데이트를 즐긴다. 주일에 예배보다 부모님과의 가족 여행을 선택한다. 하나님도 화목한 가정을 원하실 거라 생각하며 우선순위를 바꾸는 것이다. 물론, 결혼 후에는 서로에게 집중해야 한다. 신혼기에는 가족과 함께하는 시간이 필요하다. 하지만 우선순위가 바뀌면 위험하다. 잘못된 방향으로 향하기 쉽다. 지금 세상의 수많은 부부를 보라. 그들이 갈등하고 깨지는 이유는 서로에게 집중하지 않아서가 아니다. 갈등을 이길 힘이 없기 때문이다. 그 힘이 어디서 오는가? 사랑은 하늘에서 주어진다. 배우자를 위해 집중해야 하는 가장 중요한 것은 '하나님의 은혜'다.

'링겔만 효과'(Ringelmann Effect)라는 개념이 있다. 시너지 (Synergy)와 반대로 '혼자 하던 것을 둘이 하다 보면 개인의 공헌도가 낮아지는 현상'이다. 안타깝게도 결혼 후 신앙생활에서 비슷한 현상이 종종 발생한다. 부부가 신앙생활을 나눠서 하려고 생각하는 것이다. 잘못된 생각이다. 하나님을 사랑하는 마음은 반으로 나눌 수 없다. 믿음은 올인하는 것이다. 순종은 완전히 드리는 것이다. 믿음은 종교적 의무를 반씩 나누는 것과는 차원이 다르다. 그래서 링겔만 효과에 빠지면 어느새 열정이 사라진다. 적당한 신앙생활에 길들여지면 현실에 쫓기게 된다. 그렇게 신혼기부터 잘못된 문화가 만들어지면 나중에 회복하기 어려워진다.

마지막 세 번째는 '소속의 변화'다. 일반적으로 결혼을 하면 부부는 청년부를 떠나게 된다. 더 이상 청년이 아니기 때문이다. 줄곧 주일학교와 청년부만 경험했던 이들에게 이것은 매우 큰 변화다. 동년배 그룹에서만 성장한 이들은 어른 그룹과 소통해본 경험이 부족하다. 기존에 형성되어 있는 기성세대의 교회 문화에 이질감을 느낀다. 어떤 교회는 신혼부부들로 구성된 공동체를 만들기도 하지만, 미봉책일 뿐이다. 잘못하면 또 다른 세대구분을 만들 뿐이다. 결국은 기성세대와 연결되어야 한다.

어떻게 해야 할까? 교회의 변화도 중요하지만, 젊은 부부들의 의지도 중요하다. 어른 세대의 문화를 인정하고 새로운 문화를 만들어가야 한다. 교회를 일궈 온 이전 세대의 믿음 위에 새로운 믿음을 만드는 것이다. 청년의 때를 벗고 성도의 삶을 시작해야 한다.

물론 이런 세 가지 이유 외에도 다양한 요인이 가능하다. 불신 배우자, 양가의 신앙 전통, 거주지의 변화, 결혼으로 느끼는 책임감 증가 등 모두 나열할 수 없을 만큼 많다. 그런데 부정적인 이유를 용납하기 시작하면 안 된다. 부부는 서로 격려하며 예배의 자리에 나아가야 한다. 돕는 배필이기 때문이다. 무엇을 도와야 하는가? 하나님께 가까이 나아가도록 돕는 것이 가장 중요하다. 하나님은 부부가 함께 예배하기를 원하신다.

하나님께 방향을 맞추기 위한 – 신혼기 부부 도전 과제(1)

1) 부부가 함께 정기적으로 공예배에 참석합니다.
- 어떤 예배에 참석할지 표시하고 약속합니다.
- 주일·수요·금요철야·새벽
2) 주 1회 이상 가정예배를 드립니다.
- 요일과 시간을 약속하고, 간단하게 15분 이내로 진행합니다.
  (찬양, 말씀 읽기, 감사 나눔, 기도로 진행하거나 Q.T 나눔 등)

≡ 2) 소그룹 공동체 만들기

처음 가정을 이룬 부부에게 '신앙 공동체'는 매우 중요하다. 다양한 변화를 경험하는 시기이기 때문이다. 다양한 갈등을 통과할 수밖에 없다. 그때 신앙 공동체가 있으면 완충이 가능하다. 코이노니아(Koinonia)를 통해 위로와 격려, 교훈과 훈계를 얻는 것이다.

신혼기에 필요한 신앙 공동체는 먼저 '동년배 그룹'이 있다. 비슷한 삶의 상황에 있는 사람들과 교제하는 것이다. 서로 비슷한 삶의 문제를 나누면 상황의 객관화가 이루어진다. 배우자를 이해하는 폭이 넓어진다. 신앙생활의 재미와 도전을 주고받을 수 있다. 그래서 적극적으로 소그룹 공동체를 찾아야 한다. 출산 이후보다 상대적으로 시간이 자유로운 이 시기에 마음을 터놓을 수 있는 동역자를 만나는 것은 큰 축복이다.

두 번째는 '기성세대 그룹'과의 연결이다. 동년배 그룹을 뛰어넘어야 한다. 그들에게 얻을 수 있는 인생의 지혜, 영적인 유익은 동년배 그룹의 것과 전혀 다르다. 먼저 이 시기를 보낸 어른들이기 때문이다. 그들을 만나야 한다. 그들의 이야기를 들어야 한다. 그 안에 보석이 있다.

감사하게도 교회 안에는 신혼기 부부를 진심으로 사랑해 줄 어른들이 존재한다. 아직 출산 후보다 활동하기 편한 신혼기에 그들과 인격적인 관계를 맺는 것이 지혜다. 하나님은 "너는 센머리 앞에서 일어서고 노인의 얼굴을 공경하며 네 하나님을 경외하라 나는 여호와이니라"(레 19:32)라고 말씀하셨다. 지금 한국 사회에 팽배한 기성세대에 대한 반감은 비성경적인 관점이다. 교회는 세대와 세대가 연결되어 함께 살아가는 공동체가 되어야 한다.

그래서 신혼기 부부는 다양한 영적 관계를 만드는 기간이다. 부부 관계에만 몰두하면 안 된다. 동년배 그룹에 머물러도 안 된다. 이 시기 관계는 확장되어야 한다. 결혼을 통해 어른이 되었기에 관계의 지경을 넓혀야 한다. 더 이상 청년으로 머물 필요가 없다. 교회를 통해 더 많은 믿음의 사람을 만나며 영적으로 성숙을 이뤄 가는 것이 신혼기 부부에게 주어지는 과제다.

하나님께 방향을 맞추기 위한 - 신혼기 부부 도전 과제(2)

1) 교회에 출석하고 있다면 목회자를 통해 소그룹을 소개받습니다.
- 교회의 상황에 맞춰서 일정을 조정해 참석합니다.
- 사역에 동참해서 여러 세대와 관계를 형성합니다.

2) 교회에 출석하지 않거나 교제하는 소그룹이 없다면 마음이 맞는 한 가정을 만나는 것부터 시작해 봅니다.
- 건강한 신앙을 가진 사람들과의 교제는 인생에 양약이 됩니다.

≡ 3) 성경적 부부에 대한 배움과 경험

결혼 생활은 마음처럼 되지 않는다. 이론과 실전의 차이가 심하다. 그럼에도 이론은 중요하다. 서로 다른 두 사람이 하나가 되기 위해 부부는 할 수 있는 대로 노력해야 한다. 부부에 관련된 설교나 전문가의 강의를 듣는 것은 유익하다. 교회에서 운영하는 부부에 관련된 학교를 수강하는 것도 좋다. 함께 배우는 시간을 통해 더 깊고 풍성한 부부 관계를 만들 수 있다.

특별히 교회는 성경적인 부부 관계를 배울 수 있는 유일한 장소다. 세상에서 말하는 것을 뛰어넘는 새로운 관점을 가질 수 있다. 무엇이 다를까? 세상의 사랑은 주고받는 것이다. 결혼도 서로의 역할을 분담하고 사랑받도록 자신을 가꿔야 한다고 말한다. 물론 그러한 노력도 필요하다. 그러나 성경은 한 차원 더 높은 사랑을 말한다. 원수를 품는 사랑, 죄인을 용서하는 사랑이다. 사랑받기보다 사랑을 주라고 말한다. 이 사랑을 배워야 진짜 결혼이 가능하다. 그 안에 진짜 행복이 있다. 하나님은 신혼기에 만나는 다양한 상황을 통해 부부에게 진짜 사랑을 가르치신다.

그래서 부부는 계속 배워야 한다. 멈출 수 없다. 신혼기에는 성경적 부부를 배워야 하고, 이후 임신기에는 부모 됨을 배워야 한다. 거기서 끝이 아니다. 자녀가 성장할수록 배움의 양과 난이도가 올라간다. 한쪽만 배워서는 불완전하다. 거룩한 가정을 세우기 위해 부부는 함께 배우고, 대화하고, 부딪히고, 기도하는 관계가 되어야 한다.

하나님께 방향을 맞추기 위한 – 신혼기 부부 도전 과제(3)

1) 교회에서 운영하는 부부 관련 학교에 참여합니다.
- 교회에서 운영하지 않는다면 건전한 기독교 기관의 프로그램에 참여합니다(예: 두란노 바이블칼리지).

2) 성경적 부부를 주제로 한 기독교 서적을 부부가 함께 읽습니다.
- 추천 도서 참조

신혼기, 교회와 함께 영적 경험 만들기 ideas

축복 이벤트	• 결혼을 축복하는 이벤트 (신혼부부의 밤, 1박 수양회 등)
신혼부부 교육	• 성경적 부부에 대한 교육 (신혼부부 세미나, 부부 섬김의 날 등)
조부모 교육	• 자녀를 떠나보내도록 돕는 교육 (자녀 독립 세미나 등)

[FaithMap_1단계: 결혼] 추천 도서

신혼기는 성경적 가정에 대한 기초를 쌓아야 한다. 부부 관계부터 자녀 양육까지 부부가 함께 고민하고 기도해야 한다. 가정의 방향을 하나님께 맞추는 시간이다. 이를 도울 수 있는 수많은 책 중 몇 권을 소개한다.

저자	제목	출판사
폴 트립	『복음 위에 세운 결혼』	아바서원
게리 채프먼	『5가지 사랑의 언어』	생명의말씀사
프랜시스 챈·리사 챈	『부부 제자도』	두란노
이요셉	『결혼을 배우다』	토기장이
마커스 워너·크리스 코시	『하루 15분, 부부의 시간』	두란노
박수웅	『크리스천 性 TALK (성토크)』	두란노
에머슨 에거리치	『부부를 세워가는 대화의 기술』	죠이북스
도널드 휘트니	『오늘부터, 가정예배』	복있는사람

2

FaithMap
2단계: 임신

"축하합니다. 임신입니다."

인생을 뒤흔드는 한마디가 마음을 설레게 한다. 미리 상상해 본 적은 있지만, 막상 마주하니 기분이 새롭다. 초음파 화면 너머로 보이는 아기집은 신비롭다. 아기 수첩도 신기하다. 이제 '부모'라는 새로운 정체성이 실감난다. 이전과는 전혀 다른 삶을 준비해야 하는 시기다.

어느 날 불현듯 찾아와 모든 것을 바꾸는 자녀. 자녀는 하나님의 선물이다(시 127:3). 하나님의 뜻에 따라 주신다. 주체는 하나님이시다. 내가 선택할 수 없다. 외모도, 성격도 고를 수 없다. 그저 받아들여야 한다. 그렇게 생각지도 못한 순간에 '이미 찾아온 생명'을 발견하면 부모가 된다.

모태에 찾아온 생명은 신비 그 자체다. 작은 세포가 사람이 된다. 수정된 이후 한순간도 멈추지 않고 분열한다. 그 생명의 역동은 강력하다. 작고 작은 심장이 뛰기 시작한다. 몸의 기관이 형성된다. 팔과 다리가 나뉘고 뼈와 연골 조직이 생긴다. 태동이 시작되고 외부의 자극에 반응한다. 그 모든 과정에 엄마는 자신을 내어 준다.

가족들은 그 과정에 함께한다. 무엇보다 남편은 가장의 무게를 느낀다. 신혼기와는 전혀 다른 부담감이다. 당장 수입과 지출 정도에 눈길이 간다. 맞벌이 부부는 더하다. 출산 후 육아휴직이 시작되면 수입이 현저히 줄어드는 경우도 많다. 양가 부모님도 고민이 많아진다. 손주에 대한 기대감도 크지만, 양육에 대한 부담도 크기 때문이다. 손주를 봐 주다가 자녀와 싸웠다는 이야기도 들리고, 손주를 돌보다 골병든 친구의 연락도 받는다. 그럼에도 좋다. 출산일이 다가올수록 기대감도 커진다.

임신 기간은 기쁨이다. 육아 용품을 준비하고 초음파 사진을 보면서, 배를 뚫고 나올듯한 태동을 느끼면서 행복에 잠긴다. 하지만, 그에 따른 대가도 크다. 모든 행동과 생각이 조심스러워진다. 유산의 위험에 마음 졸이기도 하고, 호르몬 변화로 감정 기복이 심해진다. 병원에 갈 때마다 긴장이 밀려온다. 때론 입덧으로 아무것도 먹지 못할 때도 있다. 살이 찌고 배가 나오면 몸이 무거워진다. 기본적인 활동은 고사하고 누워 있기도 힘들어진다. 때론 임신 전 몸매로 다시 돌아갈 수 없을 것 같아 마음이 불안해지기도 한다. 그럼에도 기쁘다. 모든 것을 헌신한다. 생명의 가치는 무엇과도 바꿀 수 없기 때문이다. 그래서 임신기는 축복의 시간이다. 부모는 그 축복의 중심에 있다. 아무리 힘들어도 하나님께서 정하신 날, 새로운 생명이 태어나는 날까지 견디고 견딘다. 환난을 인내와 연단, 소망으로 바꾸며 즐거워한다(롬 5:3-4). 그렇게 시간이 흘러 신비는 현실이 된다.

■ 임신기: 믿음의 부모가 되는 준비 기간

임신 소식은 부모를 깨운다. 누가 시키지 않아도 태교에 관심이 간다. 먹고, 자고, 움직이는 모든 것이 태아와 산모에게 맞춰진다. 입덧이 시작되면 비상이 걸리지만, 태동이 시작되면 감격이 밀려온다. 몸이 힘들어져도 출산일이 가까울수록 기쁨은 커진다. 태어나기 전부터 새 생명은 가정의 가장 소중한 존재가 된다.

신혼부부는 이 시기에 믿음의 부모가 될 준비를 해야 한다. 출산 용품 준비보다 먼저 영적, 인격적 준비가 필요하다. 부모라는 정체성을 정립하는 것이다. 여기에는 이전과 구별된 새로운 가치관이 요구된다. 부모는 신앙과 인격의 민낯을 자녀에게 보여야만 하는 존재이기 때문이다. 자녀에게 당당히 보여 줄 수 있는 믿음을 가져야 한다. 신앙 전수에는 가식이 불가능하다. 그래서 하나님은 '부모가 먼저' 하나님을 사랑해야 한다고 말씀하셨다.

이스라엘아 들으라 우리 하나님 여호와는 오직 유일한 여호와이시니 너는 마음을 다하고 뜻을 다하고 힘을 다하여 네 하나님 여호와를 사랑하라 오늘 내가 네게 명하는 이 말씀을 너는 마음에 새기고 신 6:4-6

앞에서도 인용했던 신명기 6장, 쉐마 이스라엘의 전반부다. 하나님은 왜 자녀 교육보다 먼저 부모의 믿음을 말씀하셨는가? 부모의 신앙과 인격이 자녀에게 그대로 전해지기 때문이다. 속일 수 없다. 자녀는 부모의 중심을 안다. 그렇기에 부모 준비의 핵심은 '진정한 그리스도인이 되는 것'이다. 자녀 양육 지식을 많이 습득하는 게 아니다. 경제적인 준비도 아니다. 부모가 된다는 것은 훨씬 본질적인 변화다. 마음 깊은 곳에서부터 하나님을 사랑하고 배우자를 사랑해야 한다. 신혼부부 시기보다 깊은 사랑이 필요하다. 서로에게 사랑을 실천하며 깊은 신뢰를 쌓는 과정이 필요하다.

여기서 중요한 것은 '시기'(Timing)다. '출산 전에' 사랑을 훈련해야 한다. 출산 후에는 정신없이 시간이 흐른다. 서로 용납하고 배려할 여유가 없다. 사랑을 쌓는 훈련은 미리 해야 한다. 임신이라는 특별한 기간에 서로를 능동적으로 사랑하는 훈련을 하는 것이다. 성경이 말하는 부부 관계를 배우고 그것을 삶에 녹여야 한다. 하루 이틀로는 안 된다. 하나님께서 열 달의 임신 기간을 주신 이유 중 하나는 부부가 서로를 사랑하는 훈련을 하는 것이다.

그래서 이 시기 가장 중요한 과제는 '부부의 하나 됨'이다. 하나님을 사랑하고 서로를 사랑하는 엄마, 아빠가 되는 것이다. 그러려면 신혼기보다 더 이타적인 사랑을 습관으로 만들어야 한다. 이것은 영과 인격의 성숙을 요구한다. 한 생명을 무조건적으로 사랑하기 위한 성품이다. 이 시간을 통해 사랑이 얼마나 어려운 것인지, 그리고 내가 얼마나 큰 사랑을 받으며 성장했는지 느껴야 한다. 그래서 임신은 더욱 성숙한 그리스도인, 인격적인 부모가 되는 시간이다.

이런 '부부의 사랑'을 토대로 '자녀 양육에 관한 지식'을 쌓아야 한다. 정보는 중요하다. 부모는 배워야 한다. 영유아기 부모의 양육 태도가 자녀에게 주는 영향은 막대하다. 아이를 어떻게 먹이고, 씻기고, 소통할지 알아야 한다. 특히 신생아는 건드리기 무서울 정도로 연약하다. 주의하며 씻기고, 입히고, 재워야 한다. 언제 위급 상황이 발생할지 모르기에 미리 대비해야 한다. 그러려면 주변의 이야기를 듣는 것, 전문가를 통해 배우는 것 모두 필요하다.

특히 신앙 공동체를 통한 배움이 중요하다. 세속적인 방법론이 아닌, 성경이 말하는 자녀 양육을 배울 수 있기 때문이다. 어떤 차이가 있는가? '인간의 노력'과 '하나님의 언약'의 차이가 핵심이다. 세상을 보라. 사람들은 자녀 양육을 수학 공식처럼 이야기한다. '부모가 어떻게 해야 자녀가 잘 성장한다' 혹은 '이렇게 하지 않으면 문제가 생긴다'라는 식이다. 여기에 상업주의까지 더해져 육아 산업이 된다. 그러면 부모는 쫓긴다. 사랑할 여유를 잃어버린다. 우리는 성경이 말하는 자녀 양육을 배워야 한다. 자녀를 향한 하나님의 언약을 붙들어야 한다.

언약을 지키시는 하나님을 바라보라 … 단순히 '방법론'을 뛰어넘어 그보다 더 깊은 차원의 것을 바라보라 … 하나님을 신뢰하며 '주 예수 그리스도의 보혈을 부정하지 않겠다. 그것이 곧 나의 힘이다'라는 생각으로 자녀 양육 방법론을 활용할 수 있어야 한다.[4]

언약은 미래를 보장한다. 그래서 언약을 믿으면 너그러워질 수 있다. 당장은 막막해도 언약을 믿기에 사랑할 수 있다. 여기에 언약의 힘이 있다. 조급함을 물리치는 힘이다. 한 발 뒤로 물러나 멀리 볼 수 있다. 하나님의 섭리를 깨달을 수 있다. 우리는 이것을 '성숙'이라고 부른다.

이런 관점에서 보면, 하나님께서 열 달의 임신 기간을 주시는 이유는 '부모의 성숙'이다. 단순히 결혼하면 자녀를 낳고 기르는 게 아니다. 하나님은 자녀를 통해 부모를 연단하신다. 임신기는 그 연단의 시작점이다. 서로만 바라보던 부부가 한 생명을 키워내기 위해 하나가 된다. 현실과 부딪히며 성장한다. 연약한 생명을 온전히 사랑할 수 있는 성숙한 사람이 된다. 그래서 임신은 진정한 의미의 축복이다.

▬ 임신기에 필요한 영적 경험

출산 이후, 부모는 바빠진다. 아이가 주는 기쁨만큼 막대한 헌

---

4   조엘 비키, 『하나님의 약속을 따르는 자녀 양육』, 35.

신이 요구된다. 가정의 모든 시선은 아이에게 쏠리고 삶의 모든 패턴이 아이를 중심으로 바뀐다. 그 속에서 부부는 수많은 갈등 상황을 마주한다. 서로를 사랑하기로 결단하지 않으면 관계에 위기가 찾아오기 쉽다. 그래서 부부는 임신기에 한 몸을 이뤄야 한다. 즉, 임신기에 '사랑을 일상으로 만드는 것'에 초점을 맞춰야 한다. 부부가 하나님을 사랑하고 서로를 사랑하는 것이 자연스러워지도록 삶의 환경을 조성하고 마음을 훈련하는 것이다. 이를 위해 부부는 출산 전에 의도적으로 교회와 친밀해져야 한다. 목표는 가정에 '복음이 작동하는 문화'를 만드는 것이다.

시작은 은혜다. 은혜가 있어야 사랑이 일어난다. 사랑이 있어야 복음이 작동한다. 그래서 가장 우선되는 영적 경험은 '예배 습관을 지속하는 것'이다. 하나님과의 관계는 아무리 강조해도 부족하다. 바쁜 일상을 잠시 멈추고 하나님을 만나는 시간을 가져야 한다. 그래야 부부의 사랑도 깊어진다. 믿음의 가정은 사람 사이의 관계 이전에 '하나님과의 관계 위에' 세워진다.

다음은 '교회와 함께할 수 있는 시간'을 쌓아야 한다. 출산 후에도 교회와 멀어지지 않도록 의도적인 시스템을 만드는 것이다. 여기에는 가정과 교회가 함께하는 의도적인 훈련이 필요하다.[5] 임신기를 함께 보내며 출산 이후를 준비하는 공동체를 만드는 것이다. 출산 후에 이 관계에서 사랑의 양분이 공급되기 때문

5   Timothy Paul Jones, *Family Ministry Field Guide: How Your Church Can Equip Parents to Make Disciples* (Indianapolis: Wesleyan Publishing House, 2011), 33.

이다.

마지막은 '조부모의 역할'이다. 오늘날 한국 사회에서 이 부분은 매우 중요하다. 조부모도 육아를 새로 배워야 한다. 육아 기술을 말하는 게 아니다. 믿음의 가문을 이루기 위한 교육이다.

≡ 1) 예배하는 가정 문화를 지속적으로 만들기

예배는 그리스도인의 삶의 방식이다(롬 12:1). 그리스도인은 예배자로 일상을 살아야 한다. 그래서 공적인 예배를 드리는 것 아닌가? 예배는 교회 울타리를 넘어 삶의 모든 장소에서 드려져야 한다. 가정도, 일터도, 교회도 모두 예배의 장소다.

그중 가정은 일상이 이루어지는 공간이다. 매일의 시작과 끝이 가정에서 이루어진다. 인생의 희로애락이 공유된다. 가족은 가식이 불가능하다. 민낯이 그대로 드러난다. 그래서 가정은 인간이 가장 인간다워지는 곳이다. 복음이 없이는 사랑할 수 없다. 가정을 예배로 채워야 하는 이유다. 가족이 서로를 진정으로 사랑하기 위해서는 예배를 가정의 분위기, 문화로 만들어야 한다.

여기서 '예배를 가정의 문화로 만드는 것'은 어떤 의미일까? 예배를 '당연하게' 만드는 것이다. 매일 가정예배를 드려야 한다는 율법적 규정이 아니다. 율법으로는 문화를 만들 수 없다. 문화는 자연스러운 삶의 방식이다. 일상의 작은 시간들이 축적되어야 한다. 주일에 교회 가는 것, 매일 새벽에 기도하러 집을 나서는 것, 잠자기 전에 부부가 함께 예배하는 것이 당연해지면 문화가 된다. 여기에는 오랜 시간이 필요하다.

물론 임신 후 상황에 따라 교회 방문 횟수와 방법, 교회 봉사 등은 조절할 수 있다. 하지만 드리던 예배를 멈춰서는 안 된다. 힘을 다해 예배하는 중심은 붙들어야 한다. 여기에 임신기의 목적이 있기 때문이다. 앞에서 이야기했듯, 믿음의 부모가 되는 것이 목표이다. 이 시기에 믿음을 견고히 해야 한다. 그래야 출산 후 아이와 24시간 씨름할 때에도 예배를 붙들 수 있다. 육아에 바빠 주일이 언제인지 모르고 지나다 보면 어느새 예배하지 않는 가정이 된다. 그러면 교회와 멀어지고 은혜가 사라진다. 이후는 뻔하다. 예배가 멈추면 마음이 메마르고 사랑이 사라진다. 사랑 없는 가정은 전쟁터가 된다.

특별히 임신기에 가정의 중요성은 급증한다. 출산 전에 복음적인 가정 문화를 만들어야 한다. 가정예배는 필수다. '아이 낳고 시작하자'라고 생각하면 불가능하다. 임신기에 문화를 만들어야 한다. 만약 신혼기부터 부부가 함께 예배드리고 있다면 지속해야 한다. 혹시 잠시 멈춘 상태라면 다시 시작해야 한다. 몸이 힘들다고, 삶이 바빠졌다고 중단하면 안 된다. 임신기보다 더 분주한 출산 이후가 예배하기 더 어려운 환경이다.

가정을 지키는 힘은 예배에 있다. 예배를 통해 하나님을 만나야 한다. 하늘에서 부어지는 은혜를 경험해야 한다. 무미건조한 신앙은 안 된다. 하나님을 사랑하고 이웃을 사랑하는 삶이 가정에 채워져야 한다. 가장 중요한 출산 준비는 '가정에 예배하는 문화를 만드는 것'이다.

부부를 '한 몸'으로 세우기 위한 – 임신기 부부 도전 과제(1)

1) 부부가 함께 교회의 예배에 참여합니다. 예배 습관을 지속합니다.
- 서로의 상황을 고려해 주일, 주중 예배와 새벽기도 참여를 약속합니다.

2) 정기적으로 가정예배를 드립니다.
- 출산 전에 가정예배를 문화로 만들어야 출산 후에도 지속할 수 있습니다.

≡ 2) 임신기 부부를 위한 모임 참여

임신기 부부에게는 기대와 두려움이 공존한다. 부모가 된다는 기대와 함께 변화될 일상에 대한 두려움도 밀려온다. 생명의 탄생은 큰 변화를 불러오기에 당연하다. 그러나 두려움을 잘 관리해야 한다. 세상이 주는 경쟁의식과 불안감이 아닌, 하나님의 언약을 믿으며 교회와 함께 출산과 양육을 준비하는 것이다. 어떻게 가능할까? 믿음의 공동체와 함께 교제하고 기도하며 출산과 양육을 배우면 된다. 하나님께서 교회를 주신 이유다. 구체적으로 살펴보자.

■ 임신기 부부를 위한 소그룹 공동체

사람들은 비슷한 환경의 사람을 찾는다. '동질감'은 '친밀함'을 만들기 때문이다. 임신기 부부들도 마찬가지다. 교회 안에 있는 임신기 부부들을 만나면 소통이 시작된다. 친구가 되면 마음을 나눌 수 있다. 그런 인격적인 교제를 통해 자연스러운 하나 됨이 일어난다.

임신기 부부들은 만남의 기회를 의도적으로 만들어야 한다. 반드시 공식적인 모임일 필요는 없다. 하나님께서 만나게 하시는 관계 안에서 교제하면 된다. 특정한 교재나 프로그램이 없어도 괜찮다. 어떤 모양이든지 모이기에 힘쓸 때 하나 됨이 일어난다(히 10:25).

그런데 여기서 중요한 부분이 있다. 임신기 부부를 위한 소그룹은 '다른 세대와의 관계'도 포함한다는 것이다. 물론 어느 정도 나이를 고려해야 한다. 30대 신혼부부를 배우자를 먼저 떠나보낸 70대 어르신과 억지로 연결할 필요는 없다. 3040세대 임신기 부부를 진심으로 축복하며 지원해 주는 '초등학생 자녀를 둔 4050세대'가 있으면 가장 좋다. 이들은 영유아 양육을 경험한 지 오래되지 않았기에 그들의 상황과 마음을 알고 실제적인 도움을 줄 수 있다. 게다가 교회와 연결고리 역할도 가능하다. 출산 이후에 발생할 수 있는 3040세대와 교회의 단절을 최소화하는 키워드가 4050세대와의 연결에 있다.

지금 한국교회에서 결혼과 임신과 출산이 만드는 영적 단절은 심각하다. '가정의 형성기'(신혼기, 임신기)에 교회와 단절되기 때문이다. 기성세대의 문화에 적응하는 수고를 거부하고 '우리끼리 문화'를 만드는 것이다. 옳은 방향에 대해 심각하게 고민해야 한다.

최근 3040세대 모임을 따로 만드는 교회들이 있다. 당장은 나이대와 관심사가 같고 마음 맞는 사람들끼리 모이니 좋다. 그러나 장기적으로 보면 위험하다. 주일학교부터 청년까지 기성세대와 분리된 '그들만의 교회'에서 성장한 3040세대가 결혼 후에도 독립된 공동체를 만들면 기존 교회 문화와 더 멀어지는 게 당연하기 때문이다. 몇 년 후에는 괜찮아질까? 장담할 수 없다. 오히려 기성세대와 도저히 연합할 수 없는 더 견고한 그룹이 만들어질 가능성이 높다. 그러면 신앙 유산의 단절이 일어난다. '다른 세대'가 되어 버리고 만다(삿 2:10).

신앙 계승은 교회의 존재 이유다. 교회는 세대와 세대가 함께해야 한다. 그러려면 시기(Timing)가 중요하다. 새로운 삶의 패턴을 만드는 '가정의 형성기'를 놓치면 안 된다. 결혼과 임신기를 기성세대와 함께 통과하며 출산 전에 교회 공동체와 연결하는 것이 핵심이다. 그 안에서 형성되는 긴밀한 관계는 세대와 세대를 연결하는 진액이 되기 때문이다.

▬ 임신기 부모를 위한 기도 모임

관계는 자연스러운 연결이다. 하지만 지극히 개인화된 현대 사회에서는 인위적인 시작이 필요하다. 한 가지 유익한 방법은 교회를 통해 공식적인 기도 모임을 가지는 것이다. 기도의 형식이나 방법론은 무엇이든 상관없다. 중요한 것은 임신기 부부들이 동년배 그룹을 만나 함께 기도하는 것이다. 그러다 보면 '함께 자녀를 키우는 영적 공동체'를 만날 수 있다.

유익한 기도 모임 방법은 많다. 그중 '한국 기도하는 엄마들'[6]에서 제공하는 4단계 말씀 기도 훈련과 교재는 실제적이다.[7] '태교 관련 기독교 도서'를 함께 읽으며 기도하는 것도 좋은 방법이다.[8] 소그룹과 함께 매주 합심기도 시간을 갖는 것도 좋다. 어떤 방법이든지 시작과 지속이 중요하다. 그러면 하나님이 이루신다.

부모가 집중해야 하는 것은 '기도 훈련'이다. 부모는 기도하는 사람이다. 기도가 가장 적극적인 자녀 양육 방법이다. 자녀를 낳는 순간부터 부모는 무력해지기 때문이다. 가만히 생각해 보라. 부모가 아기를 키우는 것처럼 보이지만, 실상은 아니다. 아기가 먹고 자는 것부터 부모 마음대로 할 수 없다. 언제까지 얼마나 크도록 계획할 수도 없다. 어느 날 갑자기 아기가 아프면 부모는 병원에 데려갈 수 있지만, 그 이상은 아무것도 할 수 없다. 의사도 최선을 다해 치료하지만, 완벽할 수 없다. 인간은 무력하다. 하나

---

6   http://www.mip.or.kr/

7   황숙영, 『말씀으로 기도하는 엄마: 자녀를 위해 어떻게 기도해야 할까?』(서울: 두란노, 2021).

8   온라인 기독교 서점을 통해 관련 서적을 둘러보고 구입할 수 있다. https://mall.godpeople.com/?GO=prenatal09 참고

님이 키우셔야 한다. 부모는 하나님께 내어 맡기며 기도할 뿐이다. 그래서 임신기에 부모는 기도를 훈련해야 한다.

▬ 임신기 부모를 위한 배움의 시간

임신기에는 출산과 양육에 대한 배움이 필요하다. 배움의 방법은 다양하다. 교회는 '태아학교', '임신기 부부 캠프', '초보 부모 세미나' 정도의 주제로 전문 강사를 초청할 수 있다. 교회 안에 자녀 교육 전문가나 산부인과, 소아과 전문의가 있다면 그들에게 맡겨도 좋다. 시간과 장소를 정하고 전문가의 강의를 듣고 같은 관심사를 공유하는 것만으로도 긍정적이다. 외부에서 전문적인 강사를 초청해 학교를 여는 것도 좋다. 어떤 방법이든지 임신기 부부가 성경적 자녀 양육을 배울 수 있도록 교회는 관심과 지원을 기울여야 한다.

지금 한국은 '자녀 양육 방법론의 홍수 시대'다. 수많은 자녀 양육 이론이 미디어를 통해 확산하고 있다. 특히 미디어에 익숙한 젊은 세대들은 출산 전부터 육아 방법론에 박식하다. 이전 세대보다 학업 수준도 향상되었기에 자녀 교육에 대한 각자의 철학도 확고하다. 여기에 위험성이 있다. 미디어의 특성상 자극적인 영상을 생산하기 때문이다. 미디어는 자녀 양육에 대한 부정적인 감정을 북돋는 경우가 많다. '우리 아이도 저렇게 되지 않을까? 부모가 무엇을 잘못했을까?' 미디어에 나오는 극단적인 아이들이 일반화되면 일어나지 않은 일에 대한 두려움이 일어난다. 시작 전부터 걱정과 염려에 짓눌린다. 유치원 때부터 의대 입시를 준비한다. 자녀를 사랑하고, 잘 자라서 행복하게 살기를 바라는 마음이지만, 여기에는 복음의 자리가 없다.

예수님은 아이를 소중히 여기셨다. 어린아이들을 안고 안수하며 축복하셨다(막 10:16). 예수님이 보여 주신 것은, 아이를 향한 염려와 걱정이 아니었다. 사랑과 축복이었다. 부모도 동일해야 한다. 수고하고 무거운 짐을 예수님께 내려놓고 배워야 한다(마 11:28-30). 무엇을 배우는가? 부모가 자녀를 책임질 수 없다는 사실이다. 최선을 다해 부모의 역할을 감당하지만, 자녀를 자라게 하시는 것은 오직 하나님이시다(고전 3:6-7). 하나님께 내어 드려야 한다. 그러려면 배워야 한다. 배움을 통해 부모는 자유해진다.

부부를 '한 몸'으로 세우기 위한 – 임신기 부부 도전 과제(2)

1) 교회의 소그룹에 소속되어 관계를 만듭니다.
   - 목회자의 지도를 받으며 건강한 그리스도인을 만나 교제합니다.
   - 개인적으로 알고 있는 어른 세대와 식사나 티타임을 가지는 것도 좋습니다.
2) 교회에서 진행하는 기도 모임이나 교육 프로그램에 참여합니다.
   - 만약 교회에서 진행하는 프로그램이 없다면 기독교 서적을 읽는 것도 좋습니다.

☰ 3) 조부모를 동역자로 세우기

'황혼 육아'라는 단어가 있다. 한국의 산업화를 이끌어온 6070세대가 황혼이 되어서도 쉬지 못하는 모습을 표현한 것이다. 언제부터인가 손주를 돌보는 게 당연해졌다.[9] 며칠이나 몇 주가 아니다. 맞벌이 가정에만 국한되지도 않는다. 조부모의 황혼 육아는 거부하기 어려운 현실임이 분명하다. 자녀는 부모가 키우는 게 가장 좋지만, 갈수록 맞벌이 부부의 비율은 늘어나고 있다. 아니, 맞벌이가 아니면 살기 어려운 세상이 되었다.

그런데 여기에는 하나님의 놀라운 계획이 숨어 있다. '신앙 전수를 위한 비밀병기'로 조부모 세대를 사용하는 것이다. 이들의 신앙은 견고하다. 오랜 세월이 응축되어 있다. 더구나 자녀와 손주를 향한 사랑은 지극하다. 여기에 놀라운 섭리가 있다. 하나님은 이들을 통해 '어려서부터 주의 말씀으로 성장하는 세대'를 키우고 계신다.

디모데의 신앙을 보라. 바울은 "네 속에 거짓이 없는 … 이 믿음은 먼저 네 외조모 로이스와 네 어머니 유니게 속에 있더니"(딤후 1:5)라고 말한다. 엄마의 믿음 이전에 외할머니가 있었다. 세대에서 세대로 이어진 믿음이다. 지금 이 시대에도 하나님은 동일하게 일하신다. 조부모의 믿음을 양분으로 사용하셔서 새로운

---

9   부모가 된 3040세대는 여전히 부모의 영향을 받으며 살아가고 있다. 특히 자녀 양육에 조부모의 동참을 요청하는 것은 일반화되고 있다. 강희영 외 4명, 「서울시 양육자 생활실태 및 정책수요 조사」(서울시여성가족재단, 2022) 참조

세대를 일으키고 계신다.

그래서 임신기는 기회다. 손주에 대한 기대감으로 가득한 조부모를 '로이스와 같은 조부모'로 세울 수 있기 때문이다. '아이를 봐주는 조부모'가 아닌, '손주를 믿음으로 양육하는 조부모'가 되도록 사명을 일깨워야 한다. 누가 해야 하는가? 교회 공동체다.

교회에는 조부모 교육이 필요하다. 다양한 교육이 가능하지만, 한 가지 방법은 '조부모 학교'를 진행하는 것이다. 성경적인 조부모의 역할, 손주에게 성경 동화 읽어 주기, 요즘 육아법 배우기, 며느리(딸)과 소통하는 지혜 등 이론과 실제가 어우러진 커리큘럼을 만들 수 있다. 그러면 자녀를 위해, 태어날 손주를 위해 함께 기도하는 모임도 자연스레 만들어진다. 다음세대를 살리는 모든 세대의 연합이 이루어지는 통로가 된다.

임신기, 교회와 함께 영적 경험 만들기 ideas

축복 이벤트	• 임신을 축복하는 이벤트 (임산부 기도회, 태아 축복의 날 등)
부모 교육	• 임신과 출산에 대한 교육 (태아학교, 부모 기도학교, 초보 부모 학교 등)
조부모 교육	• 조부모의 사명을 위한 교육 (조부모 학교, 영유아 돌봄교실 등)

부부를 '한 몸'으로 세우기 위한 – 임신기 부부 도전 과제(3)

1) 양가 부모님이 살아온 인생을 함께 돌아봅니다.
- 어떤 삶을 살아오셨는지, 그 안에 어떤 헌신이 있었는지 듣습니다.
2) 조부모가 사명을 가질 수 있는 기회를 제공합니다.
- 교회의 프로그램이 있다면 등록하도록 돕습니다.
- 만약 그런 기회가 없다면, 임신기에 육아를 도와줄 조부모와 육아를 함께 준비하고 대화하며 서로를 이해하는 충분한 시간을 가집니다.

[FaithMap_2단계: 임신] 추천 도서

임신기는 부모가 되는 준비 기간이다. 출산 전에 부부의 믿음과 사랑을 견고하게 연단해야 한다. 동시에 신생아를 돌보기 위한 이론적 준비도 필요하다. 조부모 교육도 중요하다. 아래 책들이 도움이 될 수 있다.

저자	제목	출판사
폴 트립	『완벽한 부모는 없다』	생명의말씀사
장보영	『크리스천 부모를 위한 40주 태교노트』	생명의말씀사
황숙영	『말씀으로 기도하는 엄마』	두란노
게리 채프먼	『부부 학교』	황금부엉이

김동호	『자식의 은혜를 아는 부모』	규장
이금재	『디데이 리허설』	마음지기
홍장빈·박현숙	『하나님 부부로 살아가기』	규장
이영희	『행복한 손자녀 신앙교육』	두란노

3

FaithMap
3단계: 출산·육아

출산 후 부모는 새로운 세상을 만난다. 아기를 품에 안으면 행복하지만, 24시간 365일 돌보기는 쉽지 않다. 한 생명의 무게는 엄청나다. 짜증과 떼가 강해질수록 부모는 더 큰 사랑으로 품을 수밖에 없다. 아기는 협상을 모르기 때문이다. 원하는 대로 채워줄 수밖에 없다. 그럼에도 아기는 운다. 울고 또 운다. 육아에는 퇴근이 없다. 너무 사랑스럽지만, 너무 버거울 때도 많다. 그렇게 자녀는 부모의 헌신을 먹고 자란다.

엄마는 육아의 최전선에 있다. 아빠가 아무리 함께해도 엄마가 감당해야 하는 영역과 비교할 수 없다. 밤새 수유와 트림, 기저귀를 갈아 주고 재우기를 반복하면 금세 초췌해진다. 푹 자고 싶다. 그냥 쉬고 싶다. 하지만 아이는 쉬지 않는다. 엄마이기에 긴 머리를 질끈 묶는다. 팔찌 대신 손목 보호대를 찬다. 목걸이, 귀걸이, 반지는 사라진 지 오래다. 외출할 일이 현저히 줄어들기에 패션은 수유하기 좋은 옷으로 제한된다. 제대로 밥을 먹기도 어렵다. 청소할 시간도 부족해 집안은 엉망이 된다. 그래도 육아는 멈출 수 없다. 엄마는 아이를 위해 모든 것을 희생한다.

아빠도 전혀 새로운 삶을 만난다. 육아휴직을 쓰는 경우가 아니라면, 퇴근 후에 새로운 일이 시작된다. 그마저도 서툴러서 잔소리 듣기 일쑤다. 아내의 수고를 보면 개인 시간을 가질 여유가 없어진다. 조금이라도 육아에 동참해야 한다. 아내를 '도와주는' 것이 아니다. 남편으로서 해야 할 일을 마땅히 감당하는 것이다. 온종일 어질러진 집을 치우는 것이나, 끼니를 거른 아내의 식사 시간을 보장해 주는 것, 배달된 육아 용품을 정리하는 것 등 육체적인 일은 기본이다. 아내의 수고를 격려하는 것, 아이만 돌보던 아내와 마음을 나누고 대화하는 것, 아이와 스킨십을 하며 시간을 보내는 것 등 정신적인 일까지 아빠의 역할도 다양하다.

가정의 경제적인 부분에도 부담이 증가한다. 아이는 끝없이 소비한다. 분유, 기저귀를 비롯해 아이에게 들어가는 비용은 헤아릴 수 없이 다양하다. 그마저도 상당량이 허비된다. 아이가 안 먹어서 버리는 분유나 사놓고 못 쓰는 물품은 관리하기 어렵다. 아무리 좋은 것도 아이가 싫어하면 끝이다. 모든 것이 낭비가 된다. 그러나 기꺼이 낭비한다. 아이를 위해, 배우자를 위해 헌신하는 게 당연하다. 그게 가장이 되어 가는 과정이다. 남자는 자녀를 키우며 삶의 무게를 느낀다. 그 무게를 견디며 어른이 된다.

그런데 뒤돌아보면 이 시기에만 경험할 수 있는 행복이 있다. 한 생명에게 24시간을 사용해 온전히 사랑하는 시간이기 때문이다. 그러나 이 시기를 통과하는 당시에는 힘겹다. 부부 사이에 갈등이 증가한다. 피곤과 막막함에 사소한 문제로 다투기도 한다.

서운한 것들이 생기고 마음대로 안 되는 현실에 답답함도 생긴다. 그래서 이 시기 부부는 믿음으로 한 몸을 이뤄야 한다. 자녀는 부부를 하나 되게 만드는 하나님의 선물이다.

▬ 출산·육아기: 부부가 '한 팀'이 되는 과정

출산과 육아는 부모의 삶을 완전히 새롭게 한다. 매우 강력한 변화가 급격히 일어난다. 아이는 부모 마음대로 움직이지 않기 때문이다. 통제가 안 된다. 그런데 의사소통도 안 된다. 답답함이 커지고 때론 분노가 치밀어 오른다. 이 시기의 부부는 그럴수록 더 끈끈한 '한 팀'(One Team)이 되어야 한다. 서로에게 사랑을 채워 주는 동역자가 되어야 한다.

여기서 '한 팀'은 적극적으로 마음을 쏟아 공동의 목표(a Common Goal)를 이루는 관계를 뜻한다. 자녀를 키우기 위해 부부가 마음을 모으는 것이다. 배우자와 한 몸을 이루는 데 집중하던 신혼기, 임신기와 전혀 다른 상황이다. 이제는 한 몸 된 배우자와 함께 자녀를 사랑해야 한다. 죄인과 죄인이 마음을 모아, 말도 안 통하는 막무가내의 죄인을 사랑하는 과제가 주어진다. 너무 사랑스럽지만, 생명의 무게는 엄청나다. 당연히 사랑하기 어렵다. 그렇기에 사랑하는 훈련이 필요하다.

그래서 하나님은 육아를 통해 부부가 정서적, 영적 하나 됨을 이루도록 연단하신다. 부부의 사랑은 '능동적인 하나 됨'이기 때문이다. 사도 바울의 가르침을 보라.

아내들이여 자기 남편에게 복종하기를 주께 하듯 하라 이는 남편
이 아내의 머리 됨이 그리스도께서 교회의 머리 됨과 같음이니 그
가 바로 몸의 구주시니라 그러므로 교회가 그리스도에게 하듯 아
내들도 범사에 자기 남편에게 복종할지니라 남편들아 아내 사랑
하기를 그리스도께서 교회를 사랑하시고 그 교회를 위하여 자신
을 주심 같이 하라 이는 곧 물로 씻어 말씀으로 깨끗하게 하사 거
룩하게 하시고 자기 앞에 영광스러운 교회로 세우사 티나 주름 잡
힌 것이나 이런 것들이 없이 거룩하고 흠이 없게 하려 하심이라
이와 같이 남편들도 자기 아내 사랑하기를 자기 자신과 같이 할지
니 자기 아내를 사랑하는 자는 자기를 사랑하는 것이라 엡 5:22-
28

바울이 말하는 부부 관계는 의무적인 억압이 아니다. 아내들
에게 요구되는 복종도, 남편들에게 요구되는 자신을 주는 사랑
도 억지가 아니다. 사랑은 억지로 할 수 없다. 율법적 의무감은
사랑을 막는다. 오히려 서로를 정죄하며 상처를 만들 뿐이다.

본문에서 바울이 교회와 그리스도의 관계를 부부 관계에 빗
댄 이유를 생각해 보라. 부부는 그리스도와 교회의 관계를 닮은,
'능동적인 사랑의 관계'가 되어야 한다. 요구하지 않아도 먼저 자
신을 내어 주는 것이다. 핵심은 '능동성'이다. '능동성'은 훈련으
로 습득된다. 적극적인 관심을 기울이며 상대방이 무엇이 필요
한지 관찰하고 발견하는 것이기 때문이다. 이기적인 죄인에게는

없는 능력이다.

그래서 하나님은 출산·육아기를 주셨다. 이 시기 부모는 갓난아기의 필요를 능동적으로 발견하고 채워 줘야 한다. 처음에는 어렵다. 아기의 울음소리가 다 똑같이 들린다. 그런데 시간이 지나면 알게 된다. 배고픈 울음과 졸린 울음이 다르다. 기저귀를 갈아야 하는 울음과 엄마를 찾는 울음도 다르다. 아기의 표정과 분위기를 읽게 된다. 어느새 말하지 않아도 알게 된다. 갓난아기를 키우는 시간을 통해 부모는 '한 사람을 능동적으로 사랑하는 사람'으로 성장한다.

출산·육아기는 '능동적인 사랑'(Active Love)을 배우는 기간이다. 말하지 않아도 상대방의 필요를 먼저 발견하고 자신을 내어 주는 사랑을 습득해야 한다. 감사하게도 보고 배울 대상이 있다. 바로 예수 그리스도다. 그리스도를 보면, 진짜 사랑이 무엇인지 알 수 있다. 서로 사랑할 수 있다.

> 사랑은 여기 있으니 우리가 하나님을 사랑한 것이 아니요 하나님이 우리를 사랑하사 우리 죄를 속하기 위하여 화목제물로 그 아들을 보내셨음이라 사랑하는 자들아 하나님이 이같이 우리를 사랑하셨은즉 우리도 서로 사랑하는 것이 마땅하도다 요일 4:10-11

사랑은 '결단'이다. 그 결단의 시작은 성부 하나님이다. 우리가 아닌, 하나님이 우리를 사랑하셨다. 죄로 멸망하도록 내버려두지 않으시고 독생자를 보내기로 작정하셨다. 그리고 정말 자기 아들을 아끼지 아니하시고 내어 주셨다(롬 8:32). 결단한 그대로 사랑을 행하셨다.

성자도 사랑을 결단하셨다. 성부 하나님의 뜻에 순종해 이 땅에 오셨다. 억지 파송이 아니었다. 예수님은 기꺼이 자신의 목숨을 내어 주셨다(요 10:17-18). 그리고 성육신으로 낮아지신 예수님은 이 땅에서 경험한 그 무엇에도 흔들리지 않았다. 십자가에 죽기까지 온전히 순종하셨다.

사도 요한은 하나님의 사랑 앞에 인간을 세운다. 그리고 "우리도 서로 사랑하는 것이 마땅하도다"(요일 4:11)라고 선언한다. 하나님이 우리를 사랑하신 것처럼, 이웃을 사랑하기로 '결단'하라는 촉구다. 여기에 능동적인 사랑의 이유가 있다. 바로 그리스도께서 우리를 '먼저' 사랑해 주셨다는 사실이다(요일 4:19). 자녀를 향한 사랑도, 배우자를 향한 사랑도, 근원은 하나님께 있다. 우리는 하나님을 위해 이웃을 사랑하기로 결단한다.

사랑의 궁극적인 대상은 하나님이다. 상대방의 조건보다 먼저 하나님의 사랑이 있다. 그 사랑은 허다한 죄를 덮는다(벧전 4:8). 어떤 조건도 방해할 수 없다. 그래서 그리스도인의 사랑은 주고받는 조건이 아니다. 상대방의 행동이나 상황 때문에 사랑하는 게 아니다. 하나님을 위해 먼저 내어 주는 것이다.

부부 관계도, 자녀 양육도, 같은 원리에서 출발한다. '교회가 그리스도에게 하듯' 아내가 남편에게 복종하는 것, '그리스도께서 교회를 사랑하시고 그 교회를 위하여 자신을 주심 같이' 남편이 아내를 사랑하는 것 모두 하나님의 사랑 때문이다. "자녀를 노엽게 하지 말고 오직 주의 교훈과 훈계로 양육하라"(엡 6:4)라는 말씀도 사랑을 결단할 때 가능해진다. 오직 하나님의 영광을 위한, 차원 높은 사랑이다. 어떻게 가능할까? 방법은 하나뿐이다. 하나님의 사랑을 날마다 경험하는 것이다.

세상은 사랑받을 자격을 갖춰야 한다고 말한다. 사랑할 만한 좋은 아내, 존경할 만한 멋진 남편이 되어야 한다고 말한다. 그런 자격을 갖추기 위한 훌륭한 대화 기술을 가르친다. 가족과 여가를 보내라고 제안하며 멋진 여행과 이벤트를 소비하도록 광고한다. 아내에게 날씬한 몸과 좋은 피부, 값비싼 옷차림을 갖춰야 한다고 부추긴다. 남편에게는 재정적 여유와 센스, 세련된 외모를 갖추라고 유혹한다. 그렇게 끊임없이 소비주의 가치관을 퍼붓는다. 사람들은 어느새 세속적 가치관에 매몰되어 끊임없이 소비한다. 사랑받을 자격을 갖추기 위해 허덕인다. 헛된 사랑을 좇다가 낙망하고, 사랑에 목말라 지친다. 사랑받을 자격을 영원히 유지할 수 있는 사람은 없기 때문이다.

어떤 사람들은 이해하면 사랑할 수 있다고 말한다. 그래서 남녀 차이, 성격 기질 테스트, 내적 치유, 쓴 뿌리 제거 등으로 인간의 내면을 들여다보려 노력한다. 과거의 상처를 드러내고 그로 인해 발생하는 다양한 심리적 기제를 설정한다. '이런 상황과 기질 때문에 이런 행동을 한다'라고 설명한다. 그리고 인간적인 애

잔함으로 배우자를 사랑하라고 말한다. 어느 정도 합리적이다. 그러나 이해와 사랑은 다르다. 이해된다고 사랑하는 건 아니다. 인간은 연약하다. 타인의 상처를 온전히 품기에는 스스로의 상처도 크고 아프다. 이해가 사랑의 조건은 아니다. 사랑은 결단을 통해 현실이 된다.

그래서 사랑에는 노력보다 '은혜'가 중요하다. 배우자를 사랑하려는 인간적인 노력은 금세 지친다. 우리는 모두 남을 사랑할 능력이 없는 죄인이기 때문이다. 사랑을 받을 만한 자격도, 능력도 없다. 죄인과 죄인이 만나면 다툼만 일어난다. 따라서 우리는 은혜를 바라봐야 한다. 하나님이 사랑하신 배우자를 나도 사랑하는 것이다. 예수께서 정죄하지 않기에 나도 정죄하지 않는 것이다. 성령께서 하나 되게 하셨으니 힘써 지키는 것이다(엡 4:3). 하나님께서 짝지어 주신 배우자를 사랑하기로 결단하고 실천하는 것이 '한 팀으로 연단되는 방법'이다.

그래서 우리의 시선을 날마다 하나님께 맞춰야 한다. 불처럼 뜨거운 사랑에도 유효 기간이 있다. 삶의 수레바퀴에서 배우자를 마주하면 답답한 마음이 들기도 한다. 특히 육체적으로 피곤한 출산·육아기는 더하다. 현실의 수많은 문제가 마음을 공격한다. 하나님의 사랑으로 무장하지 않으면 가정은 금세 사탄의 공격을 받는다. 사랑이 빠진 가정은 쉽게 무너진다. 행복한 가정은 오직 하나님의 사랑 안에서 세워진다.

사랑은 하늘에서 온다. 나를 온전히 사랑해 주신 그리스도를 바라봐야 한다. 그 사랑으로 배우자를 사랑하기로 날마다 결단해야 한다. 그러면 품을 수 있다. 품으면 이해할 수 있고, 진정한 한 몸이 될 수 있다. 모든 것을 함께하며 태초의 사랑을 회복할 수 있다.

그렇게 부부가 '한 팀'이 되는 것이 '출산·육아기의 일차 목표'다. 여기서 자녀의 안정감이 나오기 때문이다. 자녀는 부모의 사랑 안에서 성장한다. 그 사랑 위에 인격이 형성된다. 아무리 좋은 교육을 해도 부부가 사랑하지 않으면 불안하다. 그래서 최고의 자녀 양육은 부부가 서로를 사랑하는 것이다. 사랑을 가정의 문화로 만드는 것이다. 사랑이 먼저다. 사랑을 결단해야 한다. 출산과 육아를 통해 사랑을 실천해야 한다.

자녀는 사랑을 먹고 자란다. 부모는 끊임없이 사랑을 먹여야 한다. 어떻게 가능한가? 하나님 아버지의 사랑을 가정에 채우는 게 먼저다. 그 사랑으로 부부가 서로를 사랑하는 게 다음이다. 이 두 가지가 완성되면 자녀를 진정으로 사랑할 수 있게 된다. 하나님을 향한 사랑과 부부간의 사랑이 전제되지 않으면 자녀에게 흘러야 할 사랑이 멈춘다. 사랑은 하나님에게서 부모에게로, 부모에게서 자녀에게로 흘러가야 한다. 마치 물이 흘러넘치듯, 사랑은 위에서 아래로 흘러내려야 한다.

▬ 출산·육아기에 필요한 영적 경험

출산 이후, 부모의 삶의 반경은 급격히 축소된다. 모든 환경이 갓난아기에게 집중된다. 산후조리원에서 나와도 유아세례 전까지 아직 아기가 어린 시기에는 대부분의 시간을 집에서 보내야 한다. 교회에 나와 무언가를 하기는 어렵다. 누군가를 만나기도 힘들다. 그래서 출산·육아기에 추구해야 하는 영적 경험은 가정에서 이루어져야 한다.

그렇다면 어떤 영적 경험이 가능할까? 가장 순결한 영적 경험, '사랑'이다. 부모가 된 후에만 경험할 수 있는 새로운 차원의 사랑이 있다. 모든 것을 내어 줘야 하는 무조건적인 사랑이다. 잠을 이겨 낸다. 끊어질 것 같은 손목 통증에 보호대를 하면서도 아기를 안는다. 때론 이해할 수 없는 아기의 울음에 인내심의 한계를 마주한다. 하지만 참는다. 사랑하기 때문이다. 부모는 줄수록 기쁘다. 아이의 미소 한 번이면 모든 피로가 사라진다. 배우자의 격려 한마디에 힘겨웠던 하루가 보람찬 날이 된다. 이런 모든 사랑의 순간이 살아 있는 영적 경험이다.

그래서 출산·육아기에는 하나님의 사랑을 계속 묵상해야 한다. 삶의 작은 순간에 숨어 있는 하나님의 사랑을 발견하는 작업이다. 그러면 자녀가 얼마나 큰 축복인지 느낄 수 있다. 그때 진심으로 자녀를 축복하며 사랑해 줄 수 있게 된다. 출산과 육아의 기쁨을 알게 된다. 그 기쁨이 자녀의 심령에 사랑을 심는다.

≡ 1) 출산과 육아를 통해 누리는 예배의 감격

인간은 출산 전과 후로 나뉜다. 생명의 신비를 경험하기 때문이다. 산고를 통과한 아내도, 함께하는 남편도 동일하다. 부부는 출산을 통해 '부모'라는 새로운 정체성을 가진다. 법적인 신분을 말하는 게 아니다. 부모가 되면 새로운 세상을 만난다. 진짜 사랑을 마주한다.

사랑은 지식이 아니다. 진실한 감정이다. 말로는 아무리 설명해도 부족하다. 왜 하나님이 "우리의 형상을 따라 우리가 사람을 만들고"(창 1:26)라고 말씀하셨는지 출산을 통과해야 이해할 수 있다. 갓난아기의 손과 발을 만져 봐야 한다. 그 심장 소리를 듣고 생명의 호흡을 느껴야 알 수 있다. 그때에야 인간은 창조주의 농밀한 사랑을 이해할 수 있다.

오직 경험으로만 깨달을 수 있는 사랑이 있다. 그래서 하나님은 임신과 출산을 '신비롭게' 하셨다. 출산을 통해 이전에는 몰랐던 창조주의 사랑을 느낄 수 있다. 내가 얼마나 신비한 존재인지, 얼마나 많은 사랑을 받으며 성장했는지 알게 된다. 지식으로는 얻을 수 없는 직관적 경험이다. 여기서 감격이 일어난다. 이 감격을 예배로 연결해야 한다.

출산은 예배의 기회다. 단순히 예배를 드려야 한다는 말이 아니다. 출산의 과정에 통과하는 놀라운 순간마다 하나님을 인식하고 찬양하는 것이다. 산고를 겪으며 생명의 가치를 느끼는 것,

탯줄을 자르며 창조의 신비를 보는 것, 아기를 처음 안고 하나님께 감사를 드리는 모든 순간이 예배다. 부모가 되는 순간은 감격의 예배를 드리는 기회다.

그런데 큰 문제가 있다. 고된 육아는 출산의 감격을 눈 녹듯 사라지게 만든다. 출산의 감격이 지나면 어느새 현실의 문제가 펼쳐진다. 24시간 육아로 아이가 버거워진다. 잠과 전쟁을 치르다 보면 아내는 예민해진다. 남편은 아기에게만 집중하는 아내에게 서운해진다. 서로 사랑할 여유가 사라진다. 그러다 보면 부부 사이에 감정의 문제도 터져 나온다. 육아의 현장에 영적 싸움은 치열하다. 사탄의 공격 목표는 한 곳이다. '예배를 무너뜨리는 것'이다.

가정에 영적 전쟁이 일어남을 인식하고 예배를 지켜야 한다. 물론 육체적으로 힘든 시기다. 교회에 나가지 못하는 상황도 있다. 하지만 싸워야 한다. 예배를 완전히 포기하면 안 된다. '나중에 아이가 더 크면 나가자'라고 생각하면 위험하다. 예배는 그리스도인의 생명이다. 예배를 포기하면 은혜도 없다. 그러면 사랑할 힘이 없다. 쥐어짜는 육아가 된다. 부부 관계도 어려워진다. 모든 문제는 예배에서 시작된다. 해결도 예배를 통해 시작된다.

부부가 서로를 예배자로 세워야 한다. 아기가 외출하기 어려운 신생아 시기라도 최선의 예배 방법을 찾아야 한다. 만약 교회에 갈 수 있다면 가장 좋다. 교회에서 아기를 돌봐 주거나 부모님이 도와주실 수 있다면, 아기를 잠시 맡기고 함께 예배를 드릴 수 있기 때문이다. 그런 여건이 안 된다면 한 사람씩 아기를 돌보고 각자 예배를 드리는 게 좋다. 부득이하게 집에서 예배드려야 한다면 한 명씩 아기를 돌보는 게 좋다. 공간과 시간을 분리해 각자의 예배 시간을 보장하는 것이다. 아기가 있으면 예배에 집중하기 어렵기 때문이다. 예배는 형식이 아니다. 예배 시간에 그냥 앉아 있으면 안 된다. 예배는 시간을 구별해 하나님 앞에 단독자로 서는 것이다. 예배의 감격을 누려야 한다.

그래서 출산·육아기는 '상황을 넘어선 예배를 드리는 기간'이다. 예배는 언제나 삶의 최우선 순위다. 포기하면 안 된다. 오히려 이 시기에 더 큰 예배의 감격을 누릴 수 있다. 은혜를 간절히 구하면 출산·육아기는 감사와 감격의 시간이 될 수 있다. '사랑할 힘을 주소서' 하는 간절한 기도가 가능하다. 가사 분담 정도가

부부가 '한 팀'이 되기 위한 – 출산·육아기 부부 도전 과제(1)

1) 하나님 앞에 진정한 예배를 드리기 위해 서로를 돕습니다.
- 예배자로 살아갈 최선의 방법을 생각해 보고 적절한 방법을 상의합니다.
- 상대방의 생각에 판단은 금물입니다. 무엇을 원하든지 서로의 생각을 전적으로 존중해 주고 상대방이 원하는 그대로 따라 줍니다.
- 배우자가 주일예배를 드릴 수 있도록 방법을 찾고 서로 지원합니다.

2) 부부가 함께 출산·육아기 감사 노트를 작성합니다.
- 감사를 기록하면 신앙 유산이 됩니다. 감사 노트를 만들고 부부가 함께 기록하면 계속해서 감격을 되새길 수 있습니다.

아닌, 예배자로 살아가도록 서로를 돕는 부부가 될 수 있다. 그렇게 예배로 살아가는 부부는 신혼기와 비교할 수 없는 새로운 차원의 사랑을 하게 된다. 예배를 위한 '한 팀'이 될 수 있다.

≡ 2) 공동체가 함께 자녀를 축복하기

자녀는 축복이다. 부모는 자녀를 통해 진정한 기쁨을 배운다. 삶의 의미를 얻는다. 그리고 진정한 사랑을 배운다. 모든 것을 내어 주는 사랑, 주고 또 줘도 더 주고 싶은 사랑을 하게 된다. 이유가 무엇인가? 소중하기 때문이다. 자녀는 무엇과도 바꿀 수 없다.

그런데 육아의 고됨(Laboriousness)은 눈을 가린다. 출산 직후, 육아 초기에는 더 심하다. 초보 부모는 아기를 어떻게 먹이고 입히고 씻겨야 하는지 모른다. 이론과 실전은 다르기 때문이다. 아기에게 세상은 모든 것이 새롭다. 두렵고 불편한 게 당연하다. 수많은 돌발 상황이 발생한다. 이런 상황에 부모는 잠과의 사투까지 벌여야 한다. 신경이 예민해진다. 답답함이 쌓이는데 해소할 수 있는 시간은 없다. 혼자만의 시간도, 부부가 함께할 시간도 부족하니 서로 배려할 여유도 없다. 당연히 다툼도 잦아진다. 때론 내가 왜 결혼하고 애를 낳았는지 후회가 밀려온다. 부모 되기는 어렵다.

초보 부모에게는 도움이 필요하다. 출산의 감격을 양육의 보람으로 바꿔 주는 도움이다. 어떻게 가능할까? 육아의 고됨을 뛰어넘는 '가치'(Value)를 발견하면 된다. 그러려면 자녀가 축복이라는 사실을 계속 알려 주며 육아의 과정에 동행하는 공동체가 필요하다. 누가 할 수 있을까? 교회의 역할이다.

시작은 교회 공동체가 함께 아기를 축복하는 것이다. 주일예배에 처음 나온 아기를 강대상에서 안고 기도하는 것이 한 가지 방법이다. 소그룹 모임에서 아기에게 손을 얹고 기도하거나 한 사람씩 아기를 안고 릴레이로 기도하는 것도 가능하다. 물론 다른 시간, 다른 방법도 좋다. 방법은 상황에 따라 결정하면 된다. 중요한 것은 '교회가 함께, 전 교인이' 아기를 축복하는 것이다. 부모의 수고와 헌신을 격려하며 한 생명의 가치를 함께 느끼면 새로운 눈이 열린다.

이후에는 교회가 육아에 동참해야 한다. 부모가 하나님을 바라보도록 돕는 것이다. 현실은 현상에 몰두하게 만든다. 현상에 쫓기면 눈앞의 육아에 파묻힌다. 그러면 또다시 육아의 고됨에 보람을 빼앗긴다. 교회가 도와야 한다. 부모에게 '예배의 시간'을 만들어 주는 것이다. 출산과 육아 초기에 잠시 멈췄던 예배 출석을 회복할 수 있도록 공동체적인 노력이 필요하다.

주일예배 시간 동안이라도 아기를 돌봐 줄 봉사자를 세우고 공간과 시설을 갖추는 것이 한 예다. 시간과 노력, 예산이 필요하다. 그러나 아기가 축복이라면, 공동체에 주신 선물이라면, 기꺼이 감당해야 한다. 부모가 교회에 왔을 때 교회가 나와 아기를 축복하며 환영한다는 인식을 가지도록 환경을 조성하는 것이다. 축복은 단회적인 이벤트가 아니다. 언제든지 두 팔 벌려 맞아 주시는 예수님처럼, 교회는 어린 자녀를 양육하는 가정을 환대해야 한다.

부부가 '한 팀'이 되기 위한 – 출산·육아기 부부 도전 과제(2)

1) 공동체와 함께 아기를 축복하는 시간을 가집니다.
 - 교회에서 아기를 축복하는 시간이 있다면 반드시 참석합니다.
 - 소그룹이나 친구들과 함께 아기를 축복하는 시간을 가집니다.
2) 100일을 축복하는 시간을 가집니다.
 - 가정에서 부모님과 함께 100일을 기념하는 예배를 드립니다. 예배 중에 엄마의 수고를 격려하는 시간을 꼭 가집니다(편지, 선물 등).

≡ 3) 사랑의 교감

아이는 태어난 순간부터 모든 것을 배운다. 본능적으로 정보를 습득한다. 그래서 '아이가 너무 어린데 훈육할 수 있는가?'라고 질문한다면 대답은 당연히 '그렇다'다. 교육은 의도적인 훈련(Discipline)을 넘어 비의도적인 태도(Attitude)까지 포함하기 때문이다. 부모가 아이를 대하는 태도 자체가 학습의 일부다. 매우 자연스러운, 직관적 교육이다. 부모에게 이 사실은 때론 부담이다. 하지만, 도리어 좋은 기회이기도 하다. 부모는 아이가 세상에 태어난 순간부터 사랑을 가르칠 수 있다.

탄생은 학습의 시작이다. 아이는 누가 알려 주지 않아도 부모의 체온을 느끼고 목소리를 듣는다. 보는 것을 잡고 손과 입으로 느낀다. 주위의 모든 정보를 흡수한다. 그렇게 시간이 흘러 점차 몸을 가누기 시작하면 학습의 범위가 늘어난다. 엎드리고, 앉고, 일어나 걷는다. 가구를 짚고 일어서던 아이가 어느새 가구 위에 올라선다. 왕성한 호기심으로 집안 곳곳을 누빈다. 아이의 집안 탐구는 다쳐도 멈추지 않는다. 성장은 보고, 듣고, 느끼며 자라는 과정이기 때문이다.

그래서 아이가 태어난 순간부터 사랑을 부어 주는 것이 중요하다. 구체적으로 무엇이 가능할까? 특정 방법론을 사용해야 하는 것이 아니다. 일상에서 하나님의 은혜와 사랑을 말해 주는 것, 부모의 찬양 소리를 들려주는 것, 식사 전에 축복하며 기도하는 것 등 부모의 '긍정적인 감정'을 아이에게 노출하는 것이 중요하다. 하나님을 사랑하고 아기를 사랑하는 매일을 사는 것이다. 여기서 흘러나오는 사랑을 통해 복음을 품은 사랑, '아가페'(Agape)가 전해진다. 그냥은 되지 않는다. 사랑은 훈련해야 한다.

인간은 죄인이다. 사랑이 자연스럽지 않은 게 당연하다. 사랑하려면 먼저 사랑을 쌓아야 한다. 육아기 부모의 과제다. 예배의 감격을 놓치면 안 된다. 하나님을 사랑하는 게 먼저다. 그 위에 아기와 사랑의 추억을 만들어야 한다. 눈을 맞추고 손을 잡고 안으며 사랑의 교감을 나누는 사랑의 접촉이 필요하다. 물론 좋은 시간만 있는 건 아니다. 때론 밤잠 설치고 눈물 흘린다. 아기를 돌보다 보면 내면의 죄성과 부딪힐 수밖에 없다. 인내심의 한계도 마주한다. 하지만, 그 시간을 통해 사랑이 영근다. 사랑할 수 있게 준비된다.

사랑은 솔직하다. 억지로 만들 수 없다. 아기와 충분한 시간을 보내며 몸으로 부딪치며 사랑을 차곡차곡 쌓아야 한다. 육아가 힘들어도 버텨 내야 한다. 아니, 힘들어도 감당해야 하는 이유를 발견해야 한다. 무엇인가? 수고와 헌신을 통과할 때에만 배울 수 있는 사랑이 있다는 것이다. 사랑은 의지적인 헌신이다. 피상적 감각이 아니다. 내면에 깊은 사랑의 샘이 흘러넘쳐야 사랑하는 사람이 될 수 있다. 육아기 부모는 '죄인을 사랑하는 사람'(롬 5:8)으로 성장해야 한다.

부부가 '한 팀'이 되기 위한 – 출산·육아기 부부 도전 과제(3)

1) 아이와 사랑으로 접촉하는 충분한 시간을 가집니다.
- 아이의 눈을 1분간 가만히 바라봅니다. 손과 발을 만지며 따뜻함을 전합니다.
- 아이의 사진을 자주 찍고 아이를 재운 후 10분 정도 함께 보며 하루를 돌아보는 시간을 가집니다.

2) 부부가 서로의 수고를 격려합니다.
- 가정예배 시간에 각자의 마음 상태를 나누고 서로를 위해 기도합니다.

출산·육아기 교회와 함께 영적 경험 만들기 ideas

축복 이벤트	• 자녀를 축복하는 이벤트 (생애 첫 예배 축복기도, 100일 기념 파티, 돌 예배 등)
부모 교육	• 자녀 양육에 대한 교육 (영유아 성장 발달 강의, 기도하는 엄마들(MIP), 가정 예배 학교(온라인 진행 가능) 등)
조부모 교육	• 조부모에게 필요한 실제적 교육 (손주 성경 읽어 주기 세미나, 조부모 기도 모임 등)

[FaithMap_3단계: 출산·육아] 추천 도서

출산·육아기는 부모로 살아가는 출발선이다. 모든 것이 새롭다. 출산 전에 공부했어도 실전에서 변수가 많다. 그래서 부부는 한 팀이 되어야 한다. 같은 마음으로 하나가 되어 서로 격려해야 한다. 그 사랑이 자녀에게 흘러간다. 사랑은 억지로 꾸며낼 수 없다. 부부는 성경적 부부로 지어져 가며 복음으로 자녀를 대해야 한다. 쉽지 않다. 은혜로만 가능하다. 출산과 육아가 힘들지만, 은혜를 붙들고 사랑을 지켜 내야 한다. 아래 책들이 도움이 될 수 있다.

저자	제목	출판사
게리 토마스	『부모학교』	CUP
크래그 힐	『하나님의 언어로 자녀를 축복하라』	토기장이

이요셉	『육아를 배우다』	토기장이
백은실	『말씀 심는 엄마』	규장
최에스더	『성경 먹이는 엄마』	규장
김숙경	『그런 당신이 좋다』	두란노
박재연	『엄마의 말하기 연습』	한빛라이프
앤서니 T. 디베네뎃· 로렌스 J. 코헨	『아이와 몸으로 놀아주세요』	포레스트북스

4

FaithMap
4단계: 유아세례

육아는 불안을 동반한다. 분명 최선을 다하는데 불안하다. 아이는 모두 다르기 때문이다. 아이의 반응도, 성장 과정도 평균화할 수 없다.[10] 그냥 아이의 존재 자체로 사랑해 줘야 한다. 문제는 부모의 마음이다. 알지만 불안하다.

부모의 마음은 평균을 원한다. 남들보다 뛰어나지는 못해도 떨어지지는 않기를 바란다. 혹여나 아이가 평균보다 작거나 어떤 이상 행동의 조짐을 보이면 걱정이 일어난다. 사랑하는 아이가 잘 크고 있는지, 제대로 키우고 있는 건지, 무언가 부족하지는 않은지 걱정이 밀려온다. 사랑하기 때문이다. 부모는 사랑해서 늘 미안하다.

특히 요즘은 온라인에 육아 정보가 넘쳐난다. 육아 관련 정보를 검색하면 알고리즘이 작동해 막대한 정보를 쏟아 놓는다. 다양한 전문가들이 의견을 내놓는다. 공통점은 문제 행동들의 원인으로 부모를 지적한다는 것이다. 화면 너머 울고 있는 부모의 사연이 남의 얘기 같지 않다. 고개를 돌리니 내 아이의 행동이 눈

---

10   토드 로즈, 『평균의 종말』, 정미나 역(서울: 21세기북스, 2021)

에 들어온다. 작은 행동들에 의미를 부여하게 된다. '나 때문인가? 내가 뭘 잘못한 건가?', '저 행동이 안 고쳐지면 어쩌지?' 하는 자책과 불안이 밀려온다. 마음을 지키지 못하면 부모는 육아에 짓눌린다.

'부모 되기'보다 '부모로 살기'가 훨씬 어렵다. 전투와 같은 육아의 현장에서 부모는 날마다 마음을 지키며 불안과 싸워야 한다. 특별히 조바심에 지배당하면 안 된다. 조바심에 쫓기면 자녀를 온전히 품어 주지 못한다. 사소한 행동도 과대 해석하며 다그치게 된다. 실수가 용납이 안 되고 답답함에 분노가 일어나기도 한다. 당연히 몸도 마음도 금세 지친다. 자녀를 사랑할 여유를 잃어버린다. 사랑을 주고받아야 하는 관계에 냉기가 흐르면 깨지기 쉬워진다.

부모에게는 여유가 필요하다. 자녀를 사랑할 여유, 실수를 용납할 여유다. 어떻게 가능할까? 불안을 극복할 힘을 가져야 한다. 물론 부모 스스로의 힘은 아니다. 죄로 오염된 인간은 불안을 극복할 능력이 없다. 그렇다면 누구의 힘일까? 평안은 오직 하나님께만 있다(요 14:27). 하나님의 언약을 붙들어야 한다. 부모로 사는 방법은 언약에 대한 믿음이다.

언약은 미래에 대한 보증이다. 이루어질 결과를 알고 사는 것이다. 그것도 창조주와의 언약이다. 여기서 부모의 여유가 나온다. 언약이 있으니 용납할 수 있다. 죄인을 사랑할 힘이 언약에서 나온다. 그래서 교회는 언약의 말씀을 끊임없이 선포한다. 이 시기 부모의 역할은 교회 공동체 안에서 하나님의 언약을 끊임없이 확인하며 죄인을 사랑하는 것이다.

▬ 유아세례: 자녀를 향한 언약을 확인하는 시간

자녀는 '하나님의' 기업이요 상급이다(시 127:3). 강조해야 하는 단어는 '하나님'이다. 자녀를 주신 주체가 하나님이라는 것이다. 그렇다. 하나님이 자녀를 주셨다. 그런데 왜 주셨을까? 부모를 괴롭게 하려고 주신 것은 분명 아니다. 하나님은 우리를 괴롭히는 분이 아니다. 하나님은 사랑이시다(요일 4:8). 우리를 너무나 사랑하신다(습 3:17). 그래서 자녀를 주셨다. 자녀는 하나님이 주신 사랑의 선물이다. 자녀는 '복된 삶을 위한 무기'이기 때문이다.

> 젊은 자의 자식은 장사의 수중의 화살 같으니 이것이 그의 화살통에 가득한 자는 복되도다 그들이 성문에서 그들의 원수와 담판할 때에 수치를 당하지 아니하리로다 시 127:4-5

믿음은 말씀으로 현실을 인식하는 것이다. 다른 말로 하면, 성경의 선언을 '아멘'으로 받아들이는 것이다. 자녀에 대한 선언에도 그대로 적용된다. 성경이 부모를 '복되도다' 선언할 때, '아멘'을 고백하는 것이 믿음이다. 믿음으로 부모는 '부모 됨의 복'을 인식할 수 있다.

육아의 어려움에 매몰되면 불가능하다. 하지만 믿음을 가지면 가능하다. 지금 힘들고 불안해도 믿음으로 자녀를 축복할 수 있다. 용납하고 기다리며 사랑할 힘이 여기서 나온다. 그래서 하나님은 아브라함에게 할례(Circumcision)를 명하셨다.

> 내가 내 언약을 나와 너 및 네 대대 후손 사이에 세워서 영원한 언약을 삼고 너와 네 후손의 하나님이 되리라 내가 너와 네 후손에게 네가 거류하는 이 땅 곧 가나안 온 땅을 주어 영원한 기업이 되게 하고 나는 그들의 하나님이 되리라 하나님이 또 아브라함에게 이르시되 그런즉 너는 내 언약을 지키고 네 후손도 대대로 지키라 너희 중 남자는 다 할례를 받으라 이것이 나와 너희와 너희 후손 사이에 지킬 내 언약이니라 창 17:7-10

할례는 종교 행위 이전에 '언약의 상징'이다. 어떤 언약인가? 하나님이 아브라함과 그 후손의 하나님이 되시겠다는 '은혜 언약'이다. 여기에는 하나님의 주권적 선택이 있다. 이스라엘 백성은 거부할 수 없다. 파기할 수도 없다. 다만, 이스라엘 백성은 언약을 지키며 하나님의 사랑에 반응한다. 선택받은 백성이라는 정체성을 가지고 '구별된 삶'을 살아가는 것이다. 조엘 비키는 이렇게 설명한다.

여기서 '은혜 언약'은 그리스도 안에서 하나님의 백성에게 주어진 그분의 약속과 명령, 곧 그들을 영원히 하나로 묶는 계약을 의미한다(창 17:7). 이 계약을 언약이라고 일컫는 이유는 하나님이 맹세로 보증하셨기 때문이다(신 7:8-9). 또한 이를 은혜 언약이라고 일컫는 이유는 이 언약이 인류에게 은혜를 베푸시겠다는 하나님의 영원한 작정에서 시작되었고, 그리스도 안에서 성취된 그분의 은혜에 근거하며, 구원을 은혜의 선물로 제공하고, 거듭남과 변화의 은혜를 통해 구원의 효력을 일으키기 때문이다.[11]

강조점은 '하나님의 주권'이다. 하나님이 전능하신 주권 아래에서 작정하신 죄인을 구원하신다. 오직 하나님의 은혜가 빛난다. 우리 자녀도 마찬가지다. 자녀는 은혜 언약 아래 있다. 탄생 전부터 하나님의 세밀한 계획 속에 있었다(엡 1:4-5). 우연이나 사고가 아니다. 하나님이 자녀를 돌보신다. 목적지는 분명하다. 구원이다. 지금은 불안해 보여도 괜찮다. 하나님은 그의 주권 아래에서 작정하신 계획을 반드시 이루신다(사 55:10-11). 하나님은 전능하시다.

여기에 희망이 있다. 하나님은 그의 자녀를 구원하는 것을 기뻐하신다. 유아세례는 그런 구원의 하나님에 대한 믿음의 표현이다. 구약 시대에 할례를 통해 언약의 자녀로 성별되었듯, 신약 시대 성도는 세례를 통해 언약을 확인하는 것이다.[12] 물론 세례만 받아서는 구원받지 못한다. 성령의 감화로 예수 그리스도를 구주로 고백해야 한다. 하지만, 세례는 하나님의 자녀가 되었다는 것을 상징한다. 세례를 받았기에 거룩하게 살 이유가 강화된다.

---

11   조엘 비키, 『하나님의 약속을 따르는 자녀 양육』, 17.

12   조엘 비키, 『하나님의 약속을 따르는 자녀 양육』, 42.

그래서 신약의 교회는 유아세례(Infant Baptism)나 헌아식(Baby Dedication) 같은 의식을 지속적으로 시행해왔다. 교회나 교파마다 형식과 방법은 다르지만, '자녀가 하나님의 택함 받은 백성이라는 것을 믿음으로 고백'하며 '자녀를 신앙으로 양육할 것을 하나님 앞에 약속하는' 목적은 동일하다. 동시에 아기는 유아세례를 통해 '교회 공동체의 자녀'가 된다. 교회가 함께 믿음으로 자녀를 양육할 것을 약속하는 것이다. 그래서 유아세례 이후부터 스스로 믿음을 고백하는 입교 전까지, 부모와 교회는 믿음으로 자녀 세대를 양육할 공동 책임을 가진다.

여기서 중요한 것은 '마음'이다. 바울은 "할례는 마음에 할지니"라고 명령했다(롬 2:29). 육신적 할례보다 중요한 것은 예수 그리스도를 주인으로 고백하는 것이다. 그렇다면 누구의 마음에 할례를 행해야 하는가? 먼저는 부모의 마음이다. 유아세례를 통해 부모 스스로의 마음에 할례를 행해야 한다. 하나님의 언약을 바라보며 자녀를 내어 드리는 것이다. 자녀를 향한 불안을 떨치고 하나님의 인도하심에 맡기는 것이다. 조금 늦어도 된다. 평균에 못 미쳐도 괜찮다. 하나님이 인도하신다는 믿음이 있으면 충분하다.

부모에게는 믿음이 필요하다. 하나님의 언약에 대한 강한 확신을 가져야 한다. 그래야 자녀를 온전히 사랑하는 부모가 될 수 있다. 인간의 힘으로는 안 된다. 사랑은 의지나 노력이 아니다. 사랑은 믿음의 열매다. 유아세례를 기점으로 믿음을 새롭게 해야 한다. 유아세례 이후, 걷고 말하고 고집부리는 아이를 온전히 사랑할 힘은 언약에 있다.

유아세례 시기에 필요한 영적 경험

유아세례는 수동적인 종교 의식이 아니다. 하나님의 언약 앞에 자녀를 내어 드리는 적극적인 고백이다. 그러려면 부모는 스스로의 믿음을 돌아봐야 한다. 엄청난 사랑을 쏟아부어 키운 자녀를 하나님보다 더 사랑하고 있지는 않은지, 부모 자신의 욕심을 위해 자녀를 키우고 있는 건 아닌지 정직하게 대면해야 한다. 여기에 유아세례의 목적이 있다. 부모는 유아세례를 통해 새로운 거듭남을 경험한다.

더불어 유아세례 이후 자녀 양육도 중요한 영적 경험이다. 아이 키우기는 갈수록 어려워지기 때문이다. 이전에는 몸만 피곤했는데 마음까지 피곤해진다. 이유가 무엇인가? 미취학 아이는 활동 반경이 급격히 늘어난다. 고집이 세진다. 말대답도 한다. 때로는 말도 안 되는 떼를 부려서 곤욕을 치른다. 하지만 부모는 이런 상황을 통해 사랑할 수 없는 상황에서도 사랑하는 법을 배운다. 하나님이 자녀를 통해 부모를 연단하시는 것이다. 그래서 미취학 자녀를 키우는 모든 시간이 하나님의 선물이다.

이 시기에 가장 중요한 영적 경험은 유아세례식이다. 사랑하는 아이를 교회에 데려와 세례를 받는 특별한 시간이기 때문이다. 교회는 이 순간을 축복해야 한다. 생각해 보라. 아이는 각 가정의 자녀이기 이전에 '하나님의 자녀'다. 하나님께서 교회에 주신 새 생명이다. 교회는 앞으로 이 아이를 돌보고 키워야 한다. 아이가 뛰어놀 공간이 교회다. 찬양하고 말씀을 들을 곳이다. 그리고 언젠가 예수님을 만날 그 장소가 교회다.

유아세례는 그 모든 영적 여정의 시작점이다. 그래서 통상적으로 유아세례 이전에 교회는 부모 교육을 진행한다. 교회나 교파마다 내용은 조금씩 상이하지만, 주요 내용은 성경에 근거한 부모의 책임과 역할에 대한 것이다. 좋든 싫든 부모는 교육에 참석해야 한다. 그러다 보면 출산 이후부터 현재까지를 돌아보게 된다. 스스로의 믿음을 점검하고 앞으로 어떻게 살아야 할지, 어떻게 자녀를 키워야 할지 고민하게 된다. 이런 교육의 시간부터 부모에게 유익한 영적 경험이다.

물론 절정은 유아세례식이다. 아기를 준비시켜 집을 나서는 시간부터 긴장한 채 아이를 품고 목회자 앞에 서는 순간, 물이 머리에 닿을 때 아이의 표정, 부모만 느낄 수 있는 아이의 움직임, 그리고 자리에 돌아와서 느끼는 안도감까지 모두 생생한 영적 경험이다. 물론 아이는 잊는다. 하지만, 부모는 잊을 수 없다. 믿음으로 자녀를 키워야 한다는 책임감을 동반한 여운이 남는다. 유아세례를 통해 부모는 또다시 새로워진다.

유아세례 후 중요한 영적 경험이 또 있다. 가족끼리 축복 시간을 가지는 것이다. 가능하다면 조부모까지 한자리에 모여 유아세례를 기념하면 좋다. 식사를 함께하고 사진을 찍는 것도 좋지만, 무엇보다 아기를 축복하며 기도하는 게 중요하다. 다 같이 통성으로 기도해도, 한 사람씩 돌아가면서 기도해도, 가장 연장자가 아이를 안고 기도해도 좋다. 어떤 형태든지 가능하다. 중요한 것은 가족이 한자리에 모여 하나님께서 주신 생명을 마음껏 축복하는 경험이다. 여기에 추가로 유아세례까지 아이를 키운 부모를 격려하며 사명을 새롭게 되새기는 것도 유익하다. 이런 축복의 시간을 통해 가족이 영적으로 하나가 될 때 새로운 기쁨을 누릴 수 있다.

언약을 새롭게 확인하기 위한 – 유아세례 시기 도전 과제(1)

1) 교회에서 진행하는 유아세례에 적극적으로 동참합니다.
  - 부모 교육 시간을 소중하게 여기며 믿음을 점검하는 기회로 활용합니다.
  - 유아세례 당일을 기념하기 위한 이벤트(사진, 꽃다발 등)를 준비합니다.
2) 가족이 함께 아이를 축복하는 시간을 갖습니다.
  - 육아로 수고한 엄마, 아빠를 격려하는 시간도 가집니다.

≡ 2) 가정예배의 전성기를 누리기

유아세례를 기점으로 아이는 가정예배에 '최적화'된다. 어느 정도 성장했기에 예배에 직접 동참할 수 있기 때문이다. 아이가 예배의 어떤 부분에 적극적으로 참여할 수 있는가? 온몸으로 찬양할 수 있고, 목소리로 하나님을 찬양할 수도 있다. 인생의 어느 때보다 순수한 기도를 드릴 수도 있다. 물론 말을 안 들을 때도 있다. 하지만, 나중에 돌아보면 안다. 아이는 이때가 제일 협조적이다. 부모가 세상의 전부인 이 시기를 놓치면 안 된다.

그래서 유아세례 이후에 '가정예배의 전성기'를 적극적으로 누려야 하는 이유다. 혹시 가정예배를 중단하고 있었다면 다시 시작하는 게 좋다. 유아세례는 좋은 계기다. 하루에 10분, 15분이라도 괜찮다. 정말 바쁘다면 일주일에 한두 번도 좋다. 부부가 함께할 수 없다면, 엄마나 아빠가 아이와 둘이서 드려도 된다. 시간은 아침도 좋고, 점심도 좋고, 잠자기 전도 좋다. 방법도 자유롭다. 특정 교재를 사용해도 좋고 그냥 성경을 한두 절씩 읽어도 된다.[13] 중요한 것은 형식이 아니다. '가정예배를 드리는 문화를 만드는 것'이다. 아이가 어려서부터 하나님을 예배하도록 훈련하는 방법은 가정예배다.

이 시기 가정에게 제안하는 가정예배 방법이 있다. '말씀 암송 가정예배'다. 아이와 말씀을 암송하면서 드리는 가정예배를 뜻

---

13   도널드 휘트니, 『오늘부터 가정예배』, (서울: 복있는사람, 2017), 63.

한다.[14] 처음에는 '암송'이라는 단어가 부담될 수 있다. 어떤 이들은 어린아이가 암송을 할 수 있냐고 질문한다. 답은 해 보면 안다. 아이는 말씀을 스펀지처럼 흡수한다. 이제 갓 말을 시작한 2살, 3살 아이도 충분히 암송예배를 드릴 수 있다. 무슨 뜻인지 몰라도 부모의 입에서 나오는 말씀을 그대로 따라 하기 때문이다. 오히려 부모보다 암송을 잘하는 경우도 많다.[15] 하나님이 창조하신 아이는 우리 생각보다 놀라운 존재다.

실제로 아이에게 말씀을 먹이면 놀랍게 먹는다. 즐겁게 암송하며 말을 배우기도 한다. 내용을 가르치지 않아도 괜찮다. 중요한 것은 한 절, 한 절 차곡차곡 아이의 심령에 말씀이 심는 것이다. 그러면 어느새 말씀이 역사한다. 부모의 말이 아닌, 말씀이 직접 아이를 가르친다. 말씀은 교훈과 책망과 바르게 함과 의로 교육하기에 유익하기 때문이다. 말씀이 아이를 하나님의 사람으로 온전하게 한다. 선한 일을 행할 능력을 갖추게 한다(딤후 3:16-17). 말씀의 능력은 신비롭다. 여기에 한 가지 보너스가 있다. 가정예배 분위기가 '시끄러워진다'라는 것이다. 아이와 함께 소리 내서 말씀을 선포하기 때문이다. 아이들의 소리가 온 집안을 울린다. 굳이 부모가 질문하지 않아도 아이 내면에서 시작된 대화가 일어난다. 아이들이 주도하는 가정예배가 가능해진다.

처음에는 적응이 안 된다. 때론 '이렇게 예배드려도 되나?' 생

---

14   여운학, 『말씀암송 자녀교육』 (서울: 규장, 2009) 참조.

15   여운학, 『말씀암송 자녀교육』 40-47.

각이 들 때도 있다. 그런데 그 시끄러움이 매우 중요한 영적 경험이 된다. 어려서부터 예배의 기쁨을 느낄 수 있기 때문이다.[16] 예배를 '참여하는 것'이나 '앉아 있는 것'이 아닌, '드리는 것'으로 인식하게 만드는 것이다. 그러면 아이에게 예배는 기쁨이 된다. 미취학 시기에 극대화되는 순수한 기쁨이다. 믿음은 그 기쁨을 통해 아이의 심령에 새겨진다.

언약을 새롭게 확인하기 위한 – 유아세례 시기 도전 과제(2)

1) 가정예배를 가정의 문화로 정착시키는 데 집중합니다.
- 자녀와 함께 가정예배 드리는 데 우선순위를 두며 예배 시간을 사수합니다.

2) 말씀 암송 가정예배에 도전해봅니다.
- 관련 도서를 읽고 가정에 적용합니다(추천도서: 여운학, 『말씀암송 자녀교육』).
- 303비전 성경암송학교에 참여하는 것도 좋습니다.

≡ 3) 미취학 자녀와 함께하는 놀이

세 번째 영적 경험은 '놀이'다. 부모는 아이와 함께 놀아야 한다. 놀아 주는 게 아니다. 어떤 게임이나 스포츠를 가르쳐야 한다는 의미도 아니다. 놀이는 과업이 아니다. 혼동하면 안 된다. 놀이는 달성해야 하는 목표가 없다. 그저 시간을 함께하며 누리면

---

16   백은실, 『말씀 심는 엄마』 (서울: 규장, 2009), 98.

된다. 그러려면 부모도 자신을 내려놓고 놀아야 한다. 그때 온몸으로 소통하게 된다. 미취학 아이의 언어는 '놀이'이기 때문이다.

부모와 자녀가 함께하는 '놀이'는 아이의 정서적, 육체적, 영적 성장에 중요하다. 아이는 놀이를 통해 사랑을 느낀다. 안정감을 갖는다. 부모는 그 시간에 자신을 내어 줘야 한다. 여기에는 여유가 필요하다. 아이는 느리다. 블록 하나를 옮기는 것도, 동그라미를 그리는 것도, 손뼉을 치는 것조차도 미숙하다. 부모는 기다려 줘야 한다.

빨리 마치려는 마음을 내려놔야 한다. 잘하게 만들려는 욕심도 버려야 한다. 한 시간 동안 블록 하나만 옮겨도 괜찮다. 색칠하기를 엉망으로 해도 상관없다. 아이에게 중요한 것은 '달성'이 아니다. 부모와 함께 시간을 보냈다는 것 자체로 아이는 행복하다. 부모도 그 시간 자체를 즐겨야 한다. 놀이는 즐거움이다. 즐거웠으면 충분하다.

그렇다고 온종일 아이와 놀아 줄 수는 없다. 아기의 욕구는 무한정이다. 부모도 할 일이 있다. 그래서 "지금부터 2시까지 놀이 시간이야"라고 정확하게 마무리하는 시간을 이야기하는 게 좋다. 아직 시간을 모른다면 알람을 설정하면 된다. 물론 마치는 시간보다 1~2분 전에 울리게 해야 한다. 갑자기 끝내는 것보다 알람을 통해 마음을 정리할 시간을 주는 것이 좋다. 처음에는 아이가 따르지 않을 수 있다. 하지만 단호해야 한다. 약속을 지키는 것도 훈련이다.

아이와 놀기 위해서는 시간과 헌신이 요구된다. 바쁜 현대인은 사회에서 살아남기 위해 모든 에너지를 쏟아야 한다. 그렇다고 부모의 책임을 피하면 안 된다. 부모가 자리를 비우면 세상이 그 자리를 차지하는 게 당연하기 때문이다. 더구나 아이를 유혹하는 죄의 세력은 갈수록 강력해지고 있다. 죄로 오염된 문화에 자녀를 빼앗기면 안 된다. 부모의 역할은 대체 불가다. 시간을 내고 마음을 쏟아야 한다. 자녀와 함께 노는 부모가 되어야 한다.

언약을 새롭게 확인하기 위한 – 유아세례 시기 도전 과제(3)

1) 자녀와 '몸으로 노는 시간'을 가집니다.
- 의도적으로 시간을 떼어 아이와의 놀이에만 집중합니다.

2) 교회에서 '놀이 시간'을 가지는 것도 유익합니다.
- 주일학교나 교회 행사를 '가족 놀이'로 진행할 수 있습니다.

유아세례 이후 교회와 함께 영적 경험 만들기 ideas

축복 이벤트	• 유아세례를 축복하는 이벤트 (유아세례식, 가정에서 진행하는 아기 축복기도 등)
부모 교육	• 미취학 자녀 양육에 관련된 교육 (미취학 자녀 교육 세미나, 기도하는 엄마들(MIP), 젊은부부를 위한 부부 학교, 가정예배 실습 모임 등)
자녀 교육	• 미취학 아이들에게 복음을 가르치기 위한 놀이 (주일학교 예배에 적용하는 놀이를 활용한 성경 교육, 부모님과 함께하는 가족 캠프, 운동회 등)

유아세례 이후 아이는 급격히 성장한다. 옹알이가 대화로, 걸음마가 달리기로 변한다. 어린이집, 유치원에서 작은 사회도 경험한다. 그러면 아이의 세상이 넓어진다. 당연히 부모의 역할도 커지고 복잡해진다. 이제는 먹이고 재우는 것으로 끝나지 않는다. 아이의 마음을 들여다봐야 한다. 학습과 성장도 관리해야 한다. 세속적인 선행 학습은 아니더라도 아이가 성장하는 과정도 지원해 줘야 한다. 친구 관계도 중요해진다. 아이가 크면 부모는 더 많이 배워야 한다.

여기서 중요한 것은 적시성(Timeliness)과 동역(Partnership)이다. 지금 고민하는 우리 가정의 이야기를 교회와 함께 풀어 나가는 것이다. 성경적 가치관에 입각한, 전문적이고 세분된 교육을 함께 배우고 실천하는 영적 가족을 만나는 경험이 필요하다. 물론 교회에서 계속 세미나만 열 수는 없다. 물리적인 한계가 분명 존재한다.

그래서 양질의 도서가 필요하다. 전문 강사를 초청하기는 어렵지만, 좋은 책을 함께 읽으며 실제적인 도움을 얻을 수 있다. 소그룹 독서 모임을 갖거나 목회자가 주도하는 책 나눔을 진행해도 좋다. 교회와 가정이 함께 답을 찾는 과정을 통해 부모 스스로 영적 경험을 하다 보면 자녀는 그 길을 따라올 것이다.

저자	제목	출판사
조엘 비키	『하나님의 약속을 따르는 자녀 양육』	지평서원
조약돌	『유아세례 설명서』	생명의양식
토드 로즈	『평균의 종말』	21세기북스
시시 고프	『불안을 이기는 부모, 자신감 있게 자라는 아이』	디모데
여운학	『말씀암송 자녀교육』	규장
게리 토마스	『부모영성학교』	CUP
테드 트립	『마음을 다루면 자녀의 미래가 달라진다』	디모데
마자 피타믹	『집에서 하는 몬테소리 감각 놀이』	유아이북스
네모아저씨(이원표)	『세상에서 제일 재밌는 종이접기』	슬로래빗

5

FaithMap
5단계: 초등학교 입학

만 6세. 초등학교에 입학하는 아이는 매일 보고, 듣고, 느끼는 모든 것을 흡수한다. 그리고 자신의 것으로 내면화한다. 그렇게 세상 모든 것을 학습한다. 이 과정은 개인적이다. 스스로 정보를 인식하고 해석한다. 부모는 그 과정을 돕도록 부름을 받았다. 자녀에게 유익한 환경(Surroundings)을 만들어 줘야 하는 이유다.

성장하는 아이에게 환경은 매우 중요하다. 어떤 곳에서 어떤 사람을 만나느냐에 따라 아이의 세계관이 형성되기 때문이다. 가능하면 좋은 경험을 많이 하는 게 좋다. 유해 환경은 당연히 멀리해야 한다. 그래서 학령기 부모들은 자녀에게 좋은 환경을 찾는다. 때론 무리해서라도 이사를 감행한다. 사랑하는 자녀가 잘 살기 바라는 마음이다.

그런데 좋은 환경은 무엇일까? 한국의 많은 부모가 '학군'(School District)을 따진다. 소득 수준이 높아서 교육 인프라가 잘 갖춰진, 명문대 진학률이 높은 지역을 선호한다. 초등학교 입학부터 좋은 학군에서 좋은 친구를 만나야 한다고 말하는 경우도 많다. 20~30년간 자연스럽게 형성되는 아비투스(Habitus)[17]를 만들려면 어려서부터 소위 상류층 자녀들과 어울려야 한다는 논리다. 과연 옳은 생각일까? 오히려 세속적 가치관에 아이를 몰아가는 건 아닐까? 소위 상류층 사회에는 아이에게 유익한 환경만 있을까?

좋은 환경은 사랑에 달려 있다. 사랑을 주고받는 관계가 핵심이다. 사랑이 없으면 어떤 환경도 지옥이다. 가정과 교회에서부터 사랑이 문화가 되어야 한다. 하나님을 사랑하고 가족을 사랑하는 가정, 한 아이를 존귀하게 여기며 축복하고 양육하는 교회가 가장 좋은 성장 환경이다. 이 두 가지 토대 위에 학교를 놓아야 한다. 학교는 사랑만 주고받는 환경이 아니기 때문이다.

학교는 작은 사회다. 아이는 그곳에서 세상을 학습한다. 유치원에 다녔어도 학교는 다르다. 긍정적인 경험뿐 아니라 부정적인 경험이 뒤섞인다. 그럼에도 학교는 거부할 수 없다. 공교육의 의무와 규율이 있다. 그곳에서 타인과 관계 맺는 방법을 익혀야 한다. 마음대로 옮길 수 없고 출결도 의무가 되고, 정해진 교과 과정을 따라야만 한다. 같은 반에 불편한 아이가 있어도 마주할 수밖에 없다. 아무리 좋은 선생님이 있어도 모든 것을 막아 주지

---

17   프랑스의 사회학자 피에르 부르디외(Pierre Bourdieu)가 만든 단어로, 개인이 가진 삶의 습관을 의미한다. 그는 오랜 기간 주위의 환경을 통해 만들어진 삶의 습관이 한 사람의 사회적 지위를 결정한다고 주장했다. 아무리 돈을 많이 벌었어도 상류층이 공유하는 문화를 향유하지 못하면 결국 상류층 사회에 들어갈 수 없다는 것이다. 한국에도 '양반 문화'에서 출발한 아비투스가 존재하기에 소위 명문 학교에 자녀를 진학시키려는 부모의 열망이 강하다.

는 못한다. 학교에서 아이는 스스로 사람과 만나고 인간관계를 관리하는 법을 배워야 한다.

학습보다 관계가 어렵다. 천사 같은 아이도 본성은 죄인이다. 게다가 사회성 훈련이 아직은 덜된 상태다. 그런 아이들이 모이는 곳이 학교니 당연히 서로 부딪힌다. 날마다 마주하는 사소한 말과 행동에 감정이 상한다. 그러면 수많은 변수가 만들어진다. 사이가 좋던 아이들이 어느 날 다툰다. 잘 놀던 친구를 갑자기 놀리고 따돌리는 일도 발생한다. 특히 최근에는 정서적으로 불안한 아이들이 많다. 폭력을 행사하거나 습관적으로 욕하고 소리 지르는 아이들이다. 같은 교실에 이런 아이가 한두 명만 있어도 불안해진다. 그래서 대안학교나 홈스쿨링을 선택하는 가정도 있다. 하지만 어디서나 인간은 죄인이다. 어떤 부모도 모든 상황, 모든 관계를 통제할 수 없다.

그래서 가정과 교회가 중요하다. 일상의 기초가 되는 가정에서 날마다 아이의 내면에 사랑을 채워 줘야 한다. 신앙의 기초인 교회도 사랑을 부어 줘야 한다. 그래야 학교에서 어떤 상황을 만나도 이겨 낼 수 있다. 채워진 사랑이 있기 때문이다. 오히려 사랑이 채워진 아이는 어려운 상황을 통해 하나님을 만나고, 그 상황을 극복하며 내면이 더 단단해진다. 평소에 채워진 사랑이 있으면 광야도 은혜의 동산이 된다.

부모는 믿음을 가져야 한다. 하나님이 자녀를 사랑하신다. 자녀를 지명하여 부르신 하나님이 지키신다. 그들의 삶을 인도하

신다(사 43:1-3). 때론 아이가 냉정한 세상을 마주하며 아파할지라
도 하나님의 약속은 변하지 않는다. 자녀가 광야에 있을지라도
괜찮다. 조금 여유 있게 대해도 된다. 하나님은 모든 것을 합력하
여 선을 이루신다(롬 8:28). 광야에는 하나님이 계시며, 광야에서
아파하는 그의 자녀를 만나 주신다. 초등학교 입학은 그 시작점
이다.

■ 초등학교 입학: 영적 성숙의 시작점

인간의 존재 목적은 '성숙'(Maturity)이다. 성장(Growth)만으로
는 부족하다. 몸은 커지는데 정신 연령과 인격이 자라지 않는다
면 문제가 된다. 영적 영역도 동일하다. 그리스도인은 성화(聖化,
Sanctification)를 위해 존재한다. 자라지 않는 믿음은 비정상이다.
성령 하나님은 '성화의 영'(the Spirit of Sanctification)이시기 때문이
다.[18] 그분이 내주하시면 당연히 자라야 한다. 고린도전서 2장
12절을 보라.

우리가 세상의 영을 받지 아니하고 오직 하나님으로부터 온 영을

---

18   Louis Berkhof, *Systematic Theology* (Grand Rapids, MI: Wm. B. Eerdmans publishing co.,
      1938), 530. 벌코프는 성령과 성화의 관계를 이렇게 설명한다: Justification is at
      once followed by sanctification, since God sends out the Spirit of His Son into
      the hearts of His own as soon as they are justified, and that Spirit is the Spirit
      of sanctification. [The Reformers] did not regard the grace of sanctification
      as a supernatural essence infused in man through the sacraments, but as
      a supernatural and gracious work of the Holy Spirit, primarily through the
      Word and secondarily through the sacraments, by which He delivers us more
      and more from the power of sin and enables us to do good works.

받았으니 이는 우리로 하여금 하나님께서 우리에게 은혜로 주신 것들을 알게 하려 하심이라 고전 2:12

바울은 우리가 성령을 받은 이유가 '은혜를 알게 하기 위해서'라고 말한다. 왜 이렇게 말할까? 은혜를 알면 성숙은 당연하기 때문이다. 여기에 영적 성숙의 비밀이 있다. 신앙의 영역에서 '알다'와 '자라다'는 유의어(Synonym)다. 우리는 하나님을 아는 만큼 성숙해진다. 반대로 하나님을 알아 가는 '과정' 없이는 영적 성숙도 일어나지 않는다.

그래서 하나님은 초등학교에 입학하는 시기에 '글을 읽을 능력'을 주신다. 그래서 이 시기는 스스로 하나님을 알아 가는 시작점이기도 하다. 매우 중요한 관점이다. 아이가 글을 깨우치는 이유는 '말씀을 통해 하나님을 알기 위해서'다. 학업보다 신앙이 먼저다. 아이는 세상 학문보다 먼저 말씀을 접해야 한다. 아이는 말씀을 마주한 시간만큼 자란다.

여기에 부모의 책임이 있다. 아이가 스스로 말씀을 읽도록 환경을 조성하는 것이다. 아직은 내용을 이해하지 못해도 괜찮다. 초등학교 입학 시기에 집중해야 하는 것은, 아이의 입술에 말씀을 심는 것이다. 최적의 순간은 글을 배우는 기간이다. 이때 성경을 읽으면 마치 암호를 해독하는 것 같다. 그러면 아이는 성경을 재미있게 느낀다.

만약 아이가 아직 읽기에 익숙하지 않다면 부모가 먼저 읽고 아이가 따라 읽어도 좋다. 아이의 즐거움은 '무엇을' 했는지보다 '누구와' 했는지가 좌우한다. 그래서 '부모와 함께 말씀 읽는 경험'은 중요하다. 어려서부터 부모와 함께 말씀을 읽으면 아이에게 말씀은 '즐거운 경험'과 연결된다. 여기서 하나님의 역사가 일어난다.

말씀은 살아 있다(히 4:12). 말씀은 자체에 능력이 있다. 말씀을 말씀 그대로 대하면 말씀이 직접 아이의 내면을 만진다. 디모데가 그 능력의 증인이다.

> 그러나 너는 배우고 확신한 일에 거하라 너는 네가 누구에게서 배운 것을 알며 또 어려서부터 성경을 알았나니 성경은 능히 너로 하여금 그리스도 예수 안에 있는 믿음으로 말미암아 구원에 이르는 지혜가 있게 하느니라 딤후 3:14-15

디모데는 어려서부터 성경을 알았다. 여기서 '알았나니'에 사용된 헬라어는 '오이다'인데, 이는 '체험적 지식'을 의미한다. 성경을 직접 경험했다는 뜻이다. 지식적인 정보가 아니다. 성경을 직접 마주한 경험이다. 디모데의 신앙은 여기에서 출발한다. 성경 자체에 능력이 있기 때문이다. 이어지는 구절을 보자.

> 모든 성경은 하나님의 감동으로 된 것으로 교훈과 책망과 바르게 함과 의로 교육하기에 유익하니 이는 하나님의 사람으로 온전

하게 하며 모든 선한 일을 행할 능력을 갖추게 하려 함이라 _{딤후} 3:16-17

어쩌면 우리는 성경을 '가르치는' 일에 너무 집중하고 있다. 성경은 성경 그대로 접하는 게 먼저다. 아이가 자신의 눈과 입으로 성경을 보고 읽어야 한다. 손으로 성경책을 만지며 바스락거리는 소리를 듣는 경험은 온라인으로 대체할 수 없다. 교육은 그런 직접적인 경험 위에 더해져야 한다. 먼저는 자녀가 스스로 성경을 읽는 환경을 만들어 줘야 한다.

그렇다면 어떻게 성경을 읽는 환경을 만들 수 있을까? 단연 부모의 모범이다. 성경을 읽으라고 시키는 건 한계가 있다. 부모가 직접 성경을 펴서 읽는 것이 훨씬 강력한 메시지를 준다. 아무리 바빠도 성경을 읽어야 한다. 이 부분은 타협이 불가능하다. 가족 시간을 보내거나 세미나에서 배운 노하우를 적용할 여유는 없을지라도 성경 읽기는 붙들어야 한다.

방법은 단순하다. 부모가 먼저 성경 읽기를 사수하면 된다. 시간과 장소를 정하고 읽으면 된다. 30분도 좋고 3시간도 좋다. 거실도 괜찮고 식탁도 괜찮다. 성경 어디를 몇 장 읽는지도 중요하지 않다. 그냥 각자 상황에 맞춰 정한 대로 성경을 읽으면 된다. 자녀에게 잔소리할 필요는 없다. 자녀는 언제나 부모를 보고 있다.

세상을 이길 힘은 성경에서 나온다. 자녀들도 마찬가지다. 스스로 성경을 읽을 때 아이의 내면에 하나님의 사랑이 채워진다. 부모의 사랑과는 다른, 인간이 만들 수 없는 사랑이다. 이 사랑이 아이의 내면을 견고하게 만든다. 개인과의 관계도, 타인과의 관계도, 성경이 만든 견고함이 결정한다. 사랑받고 사랑할 힘은 성경에서 나온다.

학업도, 관계도 여기서 출발해야 한다. 내면에 쌓인 말씀이 인격과 신앙의 기초다. 가족과 함께 말씀을 마주한 경험, 예배를 통해 느낀 깊은 사랑의 경험이 있어야 흔들리지 않는다. 그렇지 않으면 학교에서 마주하는 다양한 풍파에 흔들린다. 자녀가 초등학교에 입학하는 시기의 자녀는 먼저 가정에서 말씀을 경험해야 한다. 기초를 견고히 다져야 한다.

▪ 초등학교 입학 시기에 무엇을 해야 하나?

부모는 멀리 봐야 한다. 당장 눈앞의 결과에 흔들리면 자녀의 미래도 흔들린다. 옳은 길은 힘들어도 사수해야 한다. 잘못된 것은 아무리 큰 유혹이라도 타협하면 안 된다. 특별히 '말씀'에 대해서는 여지가 없다. 어려서부터 말씀을 접하는 문화를 만들어야 한다. 말씀 없이 종교 활동을 쫓아다니면 안 된다. 기본은 말씀이다. 가정예배에서 가족이 함께 말씀을 읽어야 한다. 그 위에 기도를 가르치고 가족과 소통하는 경험을 쌓아야 한다.

1) 가족이 함께 성경 읽기(말씀 읽는 가정예배)

그리스도인의 자녀는 성경으로 글을 배워야 한다. 어렵지 않다. 부모와 함께 성경을 읽으면 된다. 어떤 성경을 읽는지는 그리 중요하지 않다. 개역개정 성경을 사용해도 좋고 어린이가 읽기 쉬운 성경으로 시작해도 된다. 얼마나 읽는지도 중요하지 않다. 한 절을 읽더라도 쌓아 가면 된다. 중요한 것은 말을 깨우칠 때부터 가족이 함께 성경을 읽는 것이다.

가정예배는 가장 좋은 시간이다. 가족이 함께 성경을 펴고 읽으면 된다. 특정한 방법론을 사용할 필요도 없다. 자녀의 나이와 관심도에 따라 조절하면 된다. 도널드 휘트니의 설명을 보자.

> 성경의 모든 책을 장별로 가족과 함께 통독하십시오. 자녀가 어릴수록 이야기 위주의 본문을 택하고 분량을 짧게 하면 좋습니다. 자녀가 점점 자라면 목표하는 바를 넓혀 신약 성경 전체를 읽고 나중에는 성경 전체를 통독하십시오. … 자녀가 잘 모른다고 하는 어휘가 있으면 설명해 주고, 중요한 구절이 나오면 의미도 확실히 알려 주십시오. 더욱 이해를 잘할 수 있도록 어느 구절이나 문구를 아이가 직접 골라 설명하게 해 보는 것도 좋은 방법입니다. 그다음에는 아이가 지적하는 다른 부분을 당신이 설명해 주면 됩니다.[19]

---

19   도널드 휘트니, 『오늘부터 가정예배』, 59.

여기서 부모는 '함께 성경을 읽는 사람'이다. 교사가 아니다. 자녀와 동일한 위치의 학습자가 되어야 한다. 교육이나 설교의 부담을 내려놓고 순수하게 성경을 읽는 것이다. 그러면 성령님이 성경을 가르치신다. 부모가 하는 것보다 훨씬 강력한 가르침이 일어난다. 가정예배의 주도권은 하나님께 있다. 부모도 예배자가 되어야 한다. 자녀와 함께 찬양하고 말씀을 읽고 기도하는데 집중해야 한다. 그렇지 않고 부모가 가르치기 시작하면 가정예배는 변질된다. 잔소리 시간이 되면 아이는 도망간다. 부모는 성경을 함께 읽으며 예배하는 것에 만족할 줄 알아야 한다.

가정예배는 예배다. 순수한 예배로 드려야 한다. 순수함의 중요성은 아무리 강조해도 지나치지 않다. 부모는 내면을 들여다봐야 한다. '왜 가정예배를 드리려 하는가?' 하나님 앞에 솔직하게 질문하며 자녀 교육에 대한 욕심을 버려야 한다. 그리고 순수한 예배를 회복해야 한다. 하나님은 우리의 중심을 보신다.

여기에 가정예배의 신비가 있다. 가정예배는 하나님이 역사하시는 통로다. 예배할 때 하나님이 일하신다. 놀라운 일이 일어난다. 반대로 예배하지 않는 가정에는 기적도 없다. 현상 이면의 영적 세계를 봐야 한다. 믿음의 가정은 예배로 세워진다. 가정예배 시간에 함께 말씀을 읽을 때 하나님께서 자녀에게 역사하신다.

> **영적 성숙을 이루기 위한 – 초등학교 입학 시기 도전 과제(1)**
>
> **1) 가족이 함께 성경을 읽는 가정예배 시간을 만듭니다.**
>   - 함께 읽을 성경 본문과 분량을 정하고 소리내서 읽습니다.
> **2) 가정예배를 한 달 이상 지속해봅니다.**
>   - 10~15분 정도 가정예배를 매일 드리며 한 달을 지속해 봅니다.
>   - 매일이 어렵다면 일주일에 한 번 이상 3개월간 가정예배를 지속합니다.

≡　2) 교회가 함께 입학을 축복하기 + 학교 기도 모임

　초등학교 입학을 통해 아이는 작은 세상을 마주한다. 그곳에는 영적 전투가 치열하다. 수많은 유혹과 갈등이 있다. 단순한 인간관계 문제로 국한하면 안 된다. 사탄은 학교를 통해 자녀의 심령에 상처와 아픔을 만든다. 부모는 자녀의 영적 전쟁을 대비해야 한다.

　그 시작점이 '교회가 함께 입학을 축복하는 것'이다. 교회의 공식 행사가 아니더라도 부모님들만 모여서 축복해도 된다. 한두 가정이 연합해 축복하는 것도 괜찮다. 목적만 분명하면 된다. 학교를 위해 기도하며 아이들에게 '그리스도의 군사라는 정체성'을 부여하는 것이다. 여기서 핵심은 '축복'이다. 학교생활에 대한 걱정을 일으킬 필요는 없다. 교회의 역할은 승리에 대한 선포다. 영적 전쟁은 그리스도께서 이미 승리하셨기 때문이다.

그리스도인은 '이미 승전한 군사들'이다. 학교를 대하는 태도는 '정복군'이다. 물론 학교생활은 어렵다. 부딪힐 일도 많다. 하지만, 정체성은 변하지 않는다. 예수님은 세상을 이기셨다(요 16:33). 우리에게도 승리가 예비되어 있다. 그러므로 세상 눈치를 볼 필요가 없다. 학교에서 만나는 악한 문화와 타협하지 않아도 된다. 거룩을 추구해도 잘못되지 않는다. 교회는 이 사실을 학교에 입학하는 자녀와 그들을 키우는 부모에게 알려 줘야 한다.

방법은 간단하다. 초등학교에 입학하는 아이들을 축복하는 시간을 가지면 된다. 주일예배 중에 축복해도 되고 따로 시간을 만들어도 된다. 짧아도 된다. 거창한 이벤트가 없어도 된다. 아이들을 격려하고 부모의 안수 기도, 공동체의 합심 기도 정도를 진행하면 충분하다. 여기에 작은 선물을 증정하거나 같은 학교끼리 연결해 주는 시간을 가지면 더 좋다. 짧고 투박해도 부모 세대의 진심이 있으면 입학하는 자녀들에게는 강력한 영적 경험이 된다.

더불어 초등학교에 입학하는 자녀들을 위해 교회는 '학교 기도 모임'을 진행할 수 있다. 학교별로 기도 모임을 만들어 영적 전쟁을 치르는 것이다. 학교 안에서 매주 정해진 시간과 장소에서 기도한다면 가장 좋다. 차선책은 학교별로 교회에 모여서 기도하는 것이다. 불가능한 사역이 아니다. 기도는 언제 어디서나 가능하다. 등교 전 교문 옆 공터, 점심시간 화장실, 하교 후 쓰레기장, 저녁 온라인 공간 등 기도의 장소는 무궁무진하다. 모여서

기도하려는 의지만 있으면 된다.

초등학교에 입학하면서 이런 기도 모임에 참여해야 한다. 학교에 대한 첫인상을 '기도'로 심어 주는 것이 목적이다. 그러면 아이에게 학교는 기도하는 곳이 된다. 그리스도인으로 살아가야 하는 믿음의 현장이 된다. 여기서 친구를 사랑할 이유가 나온다. 문제가 발생해도 이겨 낼 수 있는 힘이 주어진다. 학교는 영적 전쟁터다. 학교는 기도하며 다녀야 한다.

영적 성숙을 이루기 위한 - 초등학교 입학 시기 도전 과제(2)

1) 교회 또는 학부모 모임에서 초등학교에 입학하는 아이들을 축복합니다.
   - 아이들을 박수로 격려하고 축복하며 기도합니다.
   - 부모님이 선물과 함께 손편지를 주는 것도 좋습니다.
2) 학교를 위한 기도 모임을 시도합니다. 이미 있다면 동참합니다.
   - 자녀들의 기도 모임을 만들고 일주일에 한 번 기도하는 시간을 갖습니다.
   - 부모님들은 주도하기보다 뒤에서 후원하는 역할을 감당합니다.

≡ 3) 가족이 함께하는 육체 활동(놀이, 운동, 여행 등)

초등학교에 입학하는 아이는 '정서적 교감'을 원한다. 방법은 함께하는 경험이다. 아직 언어적 교감이 어렵기에 육체적 상호 작용을 선호하는 것이다. 그래서 이 시기 부모는 자녀와 함께 시간을 보내며 같은 것을 경험해야 한다.

유아세례 시기의 '놀이'는 초등학교 입학 이후에도 여전히 중요하다. 아이들은 아직 어리다. 부모와 함께 몸으로 노는 것을 좋아한다. 아무 목적 없이 시간을 보내고 싶어 한다. 이때 많이 놀아 줘야 한다. 체력의 한계를 느끼더라도, 시간이 없더라도, 초등학교 저학년 시기에는 힘을 내야 한다. 몇 년이 지나면 아이가 부모와 놀아 주지 않는다. 그 전에 사랑을 쏟아부어야 한다.

'목적 없는 놀이'는 중요하다. 여기서 '목적 있는 놀이'가 가능해지기 때문이다. 규칙을 정하고 지키는 놀이다. 보드게임이나 창작 활동(그림 그리기, 블록 만들기 등)이 해당된다. 물론 '놀이'의 재미를 유지하는 것이 가장 중요하다. 하지만, 이제 학교에 입학하기에 규칙 설정과 준수, 성공과 실패에 대한 경험이 필요하다. 처음에는 따르지 않으려 한다. 실패도 받아들이지 않는다. 하지만 규칙을 지켰을 때 주어지는 칭찬, 실패해도 다시 도전할 수 있다는 교훈을 경험하다 보면 괜찮아진다. 여기서 사회성이 발달한다. 그래서 가정에서 부모와 노는 시간은 매우 중요하다.

이런 '목적 있는 놀이'의 좋은 예가 '운동'이다. 규칙을 지키며 목적을 달성하기 때문이다. 여기에는 두 가지 유형이 있다. '공동 목표를 달성하는 운동'과 '경쟁을 배우는 운동'이다. 먼저 추구해야 하는 것은 '공동 목표를 달성하는 운동'이다. 부모와 자녀가 한 팀이 되어 목적을 달성하는 것이다. '캐치볼 20번 하기'는 한 가지 예다. 공을 강하게 던지기보다 서로가 받기 좋게 던지도록 공동 목표를 설정하고 함께 달성해 가는 과정은 협력을 훈련하는 데 긍정적이다. 여기서 중요한 것은 경쟁보다 협력을 먼저 배워야 한다는 것이다. 협력의 기쁨을 알아야 경쟁이 왜곡되지 않기 때문이다.

경쟁은 필요하다. 인간은 경쟁을 통해 성장한다. 하지만 그러나 협동심과 사랑을 잃어버리게 할 위험성이 있다. 그래서 경쟁은 순차적으로 가르쳐야 한다. 먼저는 '공동 목표를 달성하기 위한 경쟁'이다. 목표는 같지만, 그 과정에 경쟁을 넣는 것이다. 그러면 경쟁하지만, 함께 기뻐할 수 있다. 좋은 모형이 초등학교 운동회의 '박 터뜨리기'다. 공중에 매달린 박을 터뜨리기 위해 각자 열심히 콩주머니를 던지고, 박이 터지면 함께 기뻐한다. 경쟁은 이런 협력의 기쁨을 경험한 후에 배워야 한다.

가정에서 자녀와 함께하는 운동에 이런 요소를 만들 수 있다. 축구도 '골대 10번 맞추기'를 목표로 정해 함께할 수 있다. 농구를 하면서 '총 10골 넣으면 아이스크림 먹으러 가기'를 설정할 수도 있다. 아이와 공동의 목표를 만들고 함께 달성해 가는 것이다. 또 다른 예는 '자전거 타기'다. 각자 자기 자전거를 운전하지만, 공동의 목적지가 있기 때문이다. 그 여정 속에서 아이는 줄을 맞추고 앞사람을 따라가는 경험을 한다. 때론 쫓고 쫓기는 경험도 한다. 그리고 목적지에서 함께 기뻐한다. 이런 경험을 통해 아이는 경쟁과 협력을 배운다.

이런 협력의 경험 위에 '경쟁을 배우는 운동'을 가르칠 수 있다. 대부분의 운동이 해당한다. 물론 초등학교에 입학하는 아이는 아직 어리다. 운동에 능숙하지 않다. 하지만, 아이는 본능적으로 부모와 대결하고 싶어 한다. 그럴 때 아이의 눈높이에 맞춰서 이기고 지는 경험을 만들어 줄 필요가 있다.

마지막은 '가족 여행'이다. 시간을 떼어 가족이 함께하는 것이다. 여기에는 막대한 재정적, 시간적 헌신이 필요하다. 하지만, 가족 여행은 자녀의 마음에 진하게 남는다. 평소에는 경험할 수 없는 상황에서 만들어지는 가족의 유대감은 매우 크기 때문이다.

특별히 여행을 준비하는 과정부터 아이들이 동참하면 가장 좋다. 아이들의 '위시 리스트'를 듣고 계획 과정부터 반영하는 것이다. 그리고 아이들이 해야 할 일, 챙길 것을 알려 주며 주도적으로 여행의 중심부에 들어오게 만들면 좋다. 그 과정을 통해 아이들은 더 큰 유대감과 성취감을 느끼기 때문이다. 물론 어설플

영적 성숙을 이루기 위한 – 초등학교 입학 시기 도전 과제(3)

1) 아이와 놀이하는 시간을 일주일에 한 번 이상 가져 봅니다.
- '목적 없는 놀이'를 위해 충분한 시간을 두고 아이가 원하는 것을 함께합니다. 이때 미리 놀이를 언제 끝낼지 시간을 정해서 알려 주는 것도 좋습니다.
- '목적이 있는 놀이'를 위해 어떤 놀이나 운동을 함께하고 싶은지 대화합니다. 경쟁보다는 협력의 기쁨을 먼저 배울 수 있도록 분위기를 만들어 갑니다.

2) 가족 여행을 떠나 봅니다.
- 충분한 시간을 가지고 전혀 다른 환경을 만날 수 있다면 가장 좋습니다.
- 시간과 여력에 따라 당일 소풍을 다녀오는 것도 괜찮습니다.

수 있다. 부모가 꿈꾸는 여행의 감성은 없을 수도 있다. 그러나
가족 여행의 목표는 '아이들의 마음'이다. 아이들의 마음을 얻을
수 있다면 모든 것을 포기해도 괜찮다.

초등학교 입학 이후 교회와 함께 영적 경험 만들기 ideas

축복 이벤트	• 교회 공동체가 함께 입학을 축하하는 이벤트 (교회에서 입학식, 학교 기도 모임 출정식 등)
부모 교육	• 성경 읽기를 위한 교육 (성경통독 세미나, 가정예배 교육 등) • 성경적 자녀 양육에 관한 교육 (자녀 신앙 훈련 세미나, 미디어 리터러시 강의, 발달이론 교육 등)
자녀 교육	• 초등학교에 입학하는 자녀들의 영적 경험을 위한 활동 (가족 놀이캠프, 전교인 체육대회 등)

[FaithMap_5단계: 초등학교 입학] 추천 도서

초등학교에 입학하면 부모는 공부해야 한다. 세상과 접하는
아이의 반경이 넓어질수록 알아야 할 것이 늘어난다. 더구나 세
상은 빠르게 변한다. 날마다 무엇을 보고, 듣고, 느끼는지 공부해
야 자녀와 소통할 수 있다. 물론 기초는 성경적 자녀 양육 이론이
다. 그 위에 미디어 조절, 사회성 발달, 학업 지도 등 실제적인 자
녀 양육 지식을 쌓아야 한다.

저자	제목	출판사
테렌스 채트먼	『내 자녀가 하나님을 만나는 진짜 순간』	규장
매트 챈들러 · 애덤 그리핀	『가정 제자훈련』	성서유니온
엘리즈 M. 피츠패트릭 · 제시카 톰슨	『자녀 교육, 은혜를 만나다』	생명의말씀사
백은실	『아무리 바빠도 가정예배』	규장
강성환 · 길미란	『복음에 견고한 자녀 양육』	세움북스
게리 채프먼	『스마트폰에 빠진 아이들, 어떻게 가르칠 것인가?』	생명의말씀사
데이비트 타일러 · 커트 그래디	『산만한 우리 아이 괜찮은 걸까?』	좋은씨앗

6

FaithMap
6단계: 성장기(사춘기)

성장은 변화다. 그리고 변화는 혼란을 일으킨다. 대가를 치러야 한다. 혼란을 받아들이고 해결하는 과정이 필요하다. 한 사람의 성장도 그렇다. 성장통은 육체에만 나타나는 증상이 아니다. 정서적, 관계적, 영적 성장통도 있다. 그러나 성장통은 성장의 증거다. 받아들이고 인내해야 한다. 끝은 분명히 있다.

특별히 급격한 성장이 이루어지는 사춘기는 혼란의 연속이다. 부모는 어느 날 변한 아이의 눈빛과 말투를 발견한다. 전에 못 보던 행동이 눈에 들어온다. 몸은 부쩍 크고 있는데, 마음은 아직 어린애 같다. 그러면 부모는 혼란을 느낀다. 갈수록 커지는 친구들의 영향력 앞에서 위기감과 불안감을 느낀다. 어떤 친구와 어울리는지 간섭하기도 한다. 사랑하기 때문이다. 너무 사랑하기에 부모는 자녀의 변화에 대응하기 어렵다.

그런데 자녀도 혼란을 경험한다. 폭발하는 호르몬이 감정을 폭발시킨다. 순간적인 분노와 답답함이 자기도 모르게 터져 나온다. 외모에 불만이 생긴다. 공부도 잘하고 싶고 인기도 많으면 좋겠는데 마음대로 안 된다. 세상의 냉정함 앞에 자신의 초라함이 크게만 느껴진다. 그러면 불만이 쌓인다. '도대체 어떻게 하라는 거야!' 방법을 모르다 보니 부모님과는 대화가 안 된다. 부모님이 믿어 주지 않는 것 같고, 자신을 통제하려고만 하는 게 답답하다. 내 고민보다 성적에만 관심이 있는 것처럼 느낀다. 인생의 절벽을 마주한 것 같은 답답함이 밀려온다.

물론 사춘기를 심하게 겪지 않는 가정도 있다. 원인을 살펴보면 부모와 자녀의 기질이나 양육 태도에 따라 다르다. 부모와 자녀 모두 순종적이고 조용한 기질이라면 큰 갈등이 없을 수도 있다. 아이가 일찍 철이 드는 경우, 사춘기가 늦어져 오춘기를 겪는 경우도 있다. 아니면 부모가 자녀에게 공감을 잘해 주거나 아이의 결정을 응원하며 원하는 것을 적극적으로 지원해 주는 경우, 갈등은 많이 줄어든다. 긍정적인 부모와 자녀의 관계다. 하지만 그런 가정도 갈등은 있다. 정도의 차이가 있을 뿐이다. 방심하지 않고 사춘기를 미리 준비해야 한다.

인생은 누구나 초행길이다. 부모도 자녀도 처음이다. 양쪽 모두 어렵다. 불안하다. 하지만 괜찮다. 하나님이 동행하시기 때문이다. 세상이 아무리 어두워도 길은 여전히 있다. 주의 말씀이 그 길을 비춰 주신다(시 119:105). 말씀을 붙들고 있으면 길이 보인다. 말씀의 원리를 따라 사랑과 용납, 신뢰와 섬김으로 동행하면 어둠을 뚫고 걸어갈 수 있다.

▪ 성장기(사춘기): 광야에서 정체성을 고민하는 시간

인간은 비자발적(Involuntary)으로 태어난다. 태어나려 선택한 사람은 없다. 부모도, 외모도, 성별도 스스로 선택할 수 없다. 하나님께서 부여하신 대로 태어난다. 시편 기자의 고백을 보라.

> 오직 주께서 나를 모태에서 나오게 하시고 내 어머니의 젖을 먹을 때에 의지하게 하셨나이다 내가 날 때부터 주께 맡긴 바 되었고 모태에서 나올 때부터 주는 나의 하나님이 되셨나이다 시 22:9-10

"나는 누구인가?" 대답은 하나님께 있다. 모든 인생의 주어는 '하나님'이다. 우리는 이 사실을 일평생 배워간다. 인생은 '나를 발견하는 여정'(Journey)이고, 그 시작점은 사춘기다. 이전까지 부모의 품에서 살아가던 아이는 사춘기를 기점으로 광야에 들어간다. 그리고 방황한다. 때론 길을 잃는다. 위험한 상황도 만난다. 부모는 불안한 마음으로 그 모습을 지켜본다. 고통 없는 성숙은 없다. 광야는 필요하다. 그곳에서 깨어져야 하나님을 만날 수 있다.

깨어짐은 성숙의 재료다. 견고한 자아가 무너져야 한다. 죄인은 처절하게 무너져야 하나님을 찾는다. 아이들도 마찬가지다. 광야에서 깨어져야 하나님을 만날 수 있다. 불안하고 아파도 자녀를 광야로 내보내야 한다. 강한 자아로 무장하고 있으면 안 된다. 부모가 모든 것을 공급해 주면 아이는 하나님을 찾지 않는다. 그러면 성숙할 수 없다. 자칫 온실 속 화초로 성장하다 세상을 만나면 부모 품을 떠날 때 하나님도 떠난다. 부모의 책임은 자녀가 '내가 만난 하나님'을 고백하도록 광야에 내보내는 것이다.

이 시대는 '나'(I, me, myself)를 강조한다. '나를 위해 살라'라고 가르친다. 그러나 성경은 다르다. 자존감(Self-esteem)이나 자기효능감(Self-efficacy)은 성경적 가르침이 아니다. 성경에서 '스스로를 소중하게 여기라'라고 말하는가? 성경은 '자기 부인'을 가르친다. 하나님께 쓰임 받은 인물들을 보라. 예수님은 죄인을 위해 자기 목숨을 버리셨으며(요 10:17-18) 죽기까지 복종하셨다(빌 2:5-9). 다윗은 자신을 '벌레'라고 표현했다(시 22:6). 바울은 자신을 '죄인 중에 괴수'(딤전 1:15)라고 했다. 어떤 의미인가? 인간은 하나님을 떠나서는 아무 의미가 없다. 오직 하나님 안에서만 존재 가치를 지닌다.

여기에 사춘기를 부여하시는 하나님의 목적이 있다. 사춘기는 낮아지는 시간이다. 자녀는 사춘기라는 광야에 들어가야 한다. 그곳에서 방황하고 아파하며 깨어져야 한다. 그래야 하나님을 만날 수 있다. 광야 한가운데에서 죽기를 구한 엘리야를 보라.

그가 이 형편을 보고 일어나 자기의 생명을 위해 도망하여 유다에 속한 브엘세바에 이르러 자기의 사환을 그 곳에 머물게 하고 자기 자신은 광야로 들어가 하룻길쯤 가서 한 로뎀 나무 아래에 앉아서 자기가 죽기를 원하여 이르되 여호와여 넉넉하오니 지금 내 생명을 거두시옵소서 나는 내 조상들보다 낫지 못하니이다 하고 로뎀나무 아래에 누워 자더니 천사가 그를 어루만지며 그에게 이르되 일어나서 먹으라 하는지라 왕상 19:3-5

부모는 자녀가 꽃길만 걷기 원한다. 사춘기도 아무 문제 없이 지나가길 바란다. 그런데 하나님의 방법은 다르다. 광야로 데려가 깨뜨리신다. 구원은 죄인만 받을 수 있기 때문이다. 엘리야를 보라. 그는 절망했다. 죽기를 구했다. 하나님은 그런 엘리야를 어루만지며 일으키셨다. "일어나서 먹으라!" 새로운 생명을 주셨다. 부모는 광야의 하나님을 믿어야 한다. 그래야 하나님께서 자녀를 깨뜨리시는 과정을 지켜볼 수 있다. 힘겹고 답답한 시간이지만, 견뎌 내야 한다. 불안한 마음을 기도로 이겨 내야 한다. 그래야 구원하시는 하나님을 볼 수 있다. 폴 트립의 이야기를 들어 보자.

많은 훌륭한 크리스천 부모가 자녀의 삶에서 오직 하나님의 강력한 은혜로만 성취될 수 있는 것들을 율법으로 이루려 한다. ... 만약 규율로 자녀의 마음과 삶을 변화시킬 수 있다면, 그것으로 자녀가 죄에서 벗어나 순종과 신앙의 마음을 갖게 될 수 있다면, 예수님은 결코 이 땅에 오실 필요가 없었을 것이다. 변화의 힘을 믿고 맡기는 것이 일상과 그 외의 모든 영역의 자녀 양육에 영향을 줄 것이고, 궁극적으로 자녀가 집을 떠날 때 어떤 사람이 될지를 결정하게 될 것이다.[20]

여기에 사춘기의 또 다른 목적이 있다. 부모를 연단하시는 것이다. 목적지는 '자녀를 하나님께 내어 드리는 믿음'이다. 하나님의 손길을 믿으며 사랑에 집중하는 것이다. 죄인을 사랑하신 예수님처럼, 문제만 일으키는 고집불통 이기주의자를 사랑하는 훈련을 해야 한다. 여기에 사춘기 부모의 과업(Task)이 있다.

사춘기 자녀를 사랑하는 것은 매우 어려운 과제다. 어쩌면 지상 최고난도 과제인지도 모른다. 경험해 본 사람은 안다. 사춘기를 통과하는 아이의 말과 행동은 이해할 수 없다. 하루에도 수십 번 부모 마음을 뒤집어 놓는다. 그럼에도 부모는 사춘기 자녀와 사랑의 관계를 유지해야 한다. 관계가 깨지면 모든 것이 무용지물이기 때문이다. 반대로 극심한 사춘기를 통과할 때에도 망가지지 않은 관계는 평생 보물이 된다. 폭풍 같은 시기를 견뎌 낸 부모의 인내와 사랑은 무엇과도 견줄 수 없는 보석으로 남는다.

그래서 사춘기 가정의 핵심 과제는 '관계'다. 사랑의 관계를 지켜 내야 한다. 자녀가 어떤 잘못을 해도, 이해할 수 없는 행동을 해도 관계를 망가뜨리면 안 된다. 특별히 요즘은 미디어 때문에 더 다툼이 빈번하다. 잠시 생각해 보라. 미디어의 가장 큰 해악이 무엇인가? 중독이나 학습 능력 저하인가? 나쁜 매체에 노

---

20   폴 트립, 『완벽한 부모는 없다』, 김윤희 역(서울: 생명의말씀사, 2017), 67.

출되는 것인가? 이런 해악들도 무시할 수 없지만, 가장 큰 해악은 따로 있다. 미디어를 통제하려다 생기는 '관계의 단절'이다. 그러면 모든 것이 무용지물이다. 관계가 깨지면 신앙 전수도 불가능하다.

그렇다고 자녀가 무엇을 하든 그냥 놔둬야 하는가? 아니다. 사춘기 자녀는 이전의 어떤 시기보다 더욱 부모의 도움이 필요하다.[21] 부모는 방관하면 안 된다. 적극적으로 자녀 주위에 머물러야 한다. 대신 간섭과 지시가 아닌, 관심과 대화로 자녀에게 바른길을 제시해야 한다. 매우 어렵다. 하지만 부모는 감당해야 한다. 매일 믿음의 싸움을 치러야 한다. 자녀와 싸워야 한다는 말이 아니다. 싸움은 부모 내면에 있다. 사춘기 자녀가 주는 불안감을 이겨야 한다. 부정적인 시각을 바꿔야 한다. 공감하고 믿어 줘야 한다. 그래야 잔소리를 멈출 수 있다. 자녀와의 관계를 지킬 수 있다.

관건은 '믿음'이다. 불안감은 오직 하나님의 언약을 붙들 때만 이길 수 있기 때문이다. 사탄의 속삭임은 치밀하고 강력하다. 인간이 극복할 수 없다. 그래서 사춘기 자녀를 둔 부모는 더욱 말씀과 기도에 집중해야 한다. 성령으로 충만해야 한다. 다른 방법은 없다. 말씀을 붙들고 기도할 때에만 하나님의 언약을 신뢰할 수 있다. 복음으로 자녀를 양육할 수 있다.

---

21   개리 채프먼,『사춘기 부모 학교: 십대 자녀를 위해 꼭 알아야 할 12가지』, 박상은 역(서울: 생명의말씀사, 2023), 119.

그나마 다행스러운 점은 복음적 자녀 양육의 관건이 '부모의 중심'에 달려 있다는 것이다. 진심은 통한다. 더욱이 자녀는 부모의 의도를 직관적으로 안다. 태어난 순간부터 하루도 빠짐없이 날마다 부모를 지켜봤기 때문이다. 같은 말을 해도 자녀는 안다. 부모 마음에 원하는 게 있는지, 아니면 자녀가 원하는 것을 지원해 주고 싶은지 아이는 다 안다. 그 본심에 따라 자녀의 반응은 완전히 달라진다. 숨길 수 없다. 부모는 진심으로 자녀를 사랑하며 성숙의 과정을 지원해야 한다. 그러다 보면 부모가 성장한다. 신비한 연단이다. 어느 날 돌아보면 풍파에 깎여 한층 깊은 믿음을 가진 스스로를 발견한다. 여기에 하나님의 목적이 있다. 부모는 사춘기 자녀를 통해 제자가 된다. 성숙을 이룬다.

▬ 성장기(사춘기)에 무엇을 해야 하나?

혼란의 시기를 통과하는 사춘기 자녀에게 필요한 건 '복음'이다. 복음을 보고 듣고 만져야 한다(요일 1:1). 어떻게 가능할까? '영적 경험'을 통해서다. 정체성을 찾아가는 과정에 지속적으로 복음을 접해야 한다. 간음하다 잡혀 온 여인을 용서하시고 "가서 다시는 죄를 범하지 말라"(요 8:11)라고 하신 예수님을 부모를 통해 만나는 것이다.

물론 무조건적인 용납은 아니다. 부모는 자녀의 환경을 관리해야 한다. 사춘기에 접어들 때부터 '복음적 환경'을 접하도록 적극적인 양육이 필요하다. 잘못한 후에 지적하기보다 선한 일을 행할 기회를 제공하는 것이다. 이를 위해 교회와 가정은 다음 활동을 할 수 있다.

≡ 1) 가족과 함께 정체성 찾아가기

'정체성'(Identity)의 근원은 하나님이다. 하나님께서 창조하셨기에 인간이 존재한다. 하나님이 '보배롭고 존귀하게 여기노라'(사 43:4)라고 말씀하시기에 가치가 있다. 그래서 정체성은 '나를 발견하는 과정'이 아닌, '하나님을 알아 가는 과정'으로 형성된다. 매우 중요한 관점이기에 칼빈은 '인간은 하나님을 아는 만큼 자신을 알 수 있다'라고 말했다.[22] 사춘기는 인생의 어느 때보다 더욱 하나님을 알아 가는 시간으로 채워야 한다.

그렇다면 어떻게 하나님을 알아 갈 수 있을까? 하나님을 만나는 자리에 머무는 것이다. 먼저는 교회의 공적 예배가 있다. 주일 예배, 새벽 예배, 금요 철야 등 말씀이 선포되는 자리에서 하나님을 만나야 한다. 그런 면에서 수련회는 매우 중요하다. 강력한 영적 각성이 일어나는 시간이기 때문이다. 다음은 개인의 경건 시간이다. 말씀 읽는 시간, 기도하는 시간이 확보되어야 한다. 억지가 아닌, 경건의 습관을 형성하는 동기부여가 중요하다. 마지막은 가정예배다. 일상의 근간인 집에서 예배하는 문화를 만드는

---

22   Inst. 1, 1, 2.

것이다. 부모는 이 세 가지가 가정의 문화가 되도록, '가족의 일상'이 되도록 만들 책임이 있다.

그러려면 사춘기를 선제 대응해야 한다. 정체성 교육의 시작을 초등학교 3, 4학년으로 잡는 것이다. 혹자는 빠르지 않냐고 말할 수 있지만, 이때가 중요하다. 백지 같은 아이의 마음에 성경적 세계관의 밑그림을 그려야 한다. 세상이 아이의 마음을 점령하기 전에 부모가 점령해야 하기 때문이다. 그렇다고 "너는 이제 사춘기야. 조심해"라고 말해 줄 필요는 없다. 아이가 '나는 누구인가?' 스스로 고민하도록 환경을 조성하고 그 고민의 시작을 부모가 함께하면 된다. 부모와 자녀가 함께 정체성을 찾아가는 여정을 시작하는 것이 핵심이다.

더 빌리지 교회(The Village Church)의 '정체성 캠프'(I.D. Retreat)는 좋은 모델이다.[23] 부모와 자녀가 함께 강의와 대화, 활동을 통해 '의미 있는 대화'(Meaningful Conversations)를 나누는 시간이다. 특별히 하나님을 통해 발견하는 정체성 교육과 함께 진행하는 '성교육'은 아이들을 현혹하는 반성경적 문화를 분별하는 기준을 제공한다. 수영로교회에서도 초등학교 3~5학년 학생을 대상으로 'PURITY 성경적 성교육 캠프'라는 사역을 진행했다. 1박 2일간 진행된 캠프에서 다양한 활동과 강의를 비롯해 부모님

---

23   더 빌리지 교회는 생애주기 사역(Family Discipleship Milestones)의 일환으로 5학년 (만 10세) 학생 가정을 대상으로 I.D. Retreat이라는 사역을 진행한다. 부모와 자녀가 1박을 함께하며 정체성과 성(Sex)에 대한 의미있는 대화를 나누는 것이 목적이다. https://www.thevillagechurch.net/events/9973 참조

의 연애와 결혼, 임신과 출산 이야기를 들려주며 긍정적인 영적 경험을 만들었다.[24] 이런 시간을 통해 부모와 자녀가 정체성과 성에 대한 소통을 시작하게 만드는 기회를 제공하는 것이 목적이었다.

그러나 이런 사역들은 완벽한 해결책이 아니다. 정체성을 찾아가는 여정의 시작일 뿐이다. 이후에 가정에서 소통하는 것이 훨씬 중요하다. 부모가 자녀의 일상에 동행하는 것이다. 감시나 통제가 아니다. 서로의 삶을 공유하고 솔직한 마음을 털어놓는 소통이 이루어져야 한다. 가정예배는 가장 좋은 방법이다. 정기적으로 예배하며 서로를 위해 기도하는 가정 문화는 가장 자연스러운 소통을 만들기 때문이다.

자녀가 사춘기에 접어들면 가정예배를 어려워하는 경우가 있다. 만약 학원이나 공부 때문이라면 고민해 봐야 한다. 지금 아이에게 가장 필요한 것이 무엇인지, 바쁘더라도 가정예배 시간을 낼 수 없는지 기도해야 한다. 때론 과감하게 예배를 결단해야 한다. 만약 관계의 단절 때문이라면 회복을 위해 노력해야 한다. 마음을 터놓고 대화해야 한다. 때론 자존심을 내려놓고 용서를 구해야 할 때도 있다. 그렇지 않으면 아이는 세상이 말하는 정체성으로 마음을 채울 것이다. 그러면 늦는다. 정체성을 찾아가는 여정은 부모와 함께 시작하고 동행해야 한다.

---

24   https://www.sooyoungro.org/main/board/mainBoardPopup.jsp?lcode=CAL&mcode=GG1&seq=435 참조

1) 공예배에 참석하는 습관을 만듭니다.
  - 자녀가 주일학교에 잘 참여하고 있다면 칭찬하고 격려합니다.
  - 자녀가 주일학교에 참여하지 않는다면 이유를 묻고 필요한 지원을 합니다
  (부모님과 함께 예배하기 원한다면 함께 장년 예배를 드려도 됩니다).
2) 특별한 가족 소통의 시간을 가집니다.
  - 교회에서 진행하는 가족 캠프가 있다면 동참해 봅니다.
  - 가족 여행이나 기념일(생일, 기념일 등)을 기점으로 가정예배를 시작해 봅니다.
  - 가정예배를 지속하기 위해 시간을 정하고 적절한 동기부여를 합니다.

≡　2) 가족이 함께 봉사하기

　신앙은 '영적 경험'이다. 보고, 듣고, 느끼는 모든 것이 축적되어 믿음을 형성한다. 특별히 정체성을 형성하는 시기의 경험은 강력한 각인이 된다. 그래서 사춘기 자녀를 키우는 부모는 자녀에게 긍정적인 영적 경험을 제공해야 한다. 아직 부모 품을 떠나지 않은 초등학교 3~4학년이 중요한 시점이다. 이때 봉사에 대한 긍정적인 이미지를 만들어야 한다. 그래야 이후에도 영적 경험을 지속할 수 있다.

　가족이 함께할 수 있는 봉사에는 두 가지 유형이 있다. 첫 번째는 '교회 봉사'다. 가족이 함께 교회를 섬기는 것이다. 한국교회는 이 부분이 약하다. 아이들이 교회에 오면 어른들이 모든 것을 다 해 준다. 그러다 보면 어느새 아이들은 교회의 손님이 된다. 주인의식이 부족하기에 시간이 지나면 떠나고 만다. 교회는

'섬김'(Service)을 받는 곳이 아니다. 섬기는 곳이다. 아이들도 똑같다. 아이들 역시 교회를 섬겨야 한다. 자신의 손과 발로 섬길 때 '우리 교회, 내 교회'가 된다. 대단한 섬김을 말하는 건 아니다. 자기 의자를 나르고 정리하는 것, 간식을 가져와 나눠 주는 것, 조명을 켜고 끄는 것, 예배를 안내하며 주보를 나눠 주는 것, 예배 후 쓰레기를 정리하는 것도 섬김이다. 초등학교 저학년도 교회를 섬길 수 있다. 아이들이 안 하는 게 아니다. 어른들이 섬길 기회를 주지 않아서 못 하는 것이다.

다음은 '사회 봉사'다. 가족이 함께 이웃을 섬기는 것이다. 보육원이나 양로원, 장애인 시설을 섬기는 것도 좋고 길거리 휴지 줍기도 좋다. 매주 해도 좋고 한 달에 한 번이나 분기별 한 번도 괜찮다. 가족이 할 수 있는 선에서 섬기면 된다. 교회와 협력해서 여러 가정이 함께하면 더욱 좋다. 무엇이든 가족과 함께 이웃을 섬기는 경험을 말로 가르칠 수 없는 인생의 교훈이 일어난다. 신앙은 이런 생생한 경험을 통해 형성된다. 그 신앙이 아이의 정체성이 된다.

정체성을 찾아가는 여정을 위한 – 성장기(사춘기) 시기 도전 과제(2)

1) 교회 안에서 봉사의 기회를 만듭니다.
- 주일학교에서 작은 것이라도 섬기도록 아이들에게 기회를 제공합니다.
- 어른들과 함께 예배하는 시간에도 섬김의 자리를 계속 만들어 줍니다.

2) 이웃을 섬기는 기회를 만듭니다.
- 교회에서 이웃 섬김 사역을 개발하고 가정들이 동참합니다.
- 가족이 함께 집게와 봉투를 가지고 집 주변이나 교회 주변을 청소해 봅니다.

≡ 3) 기도 동역자 만들기

　사춘기는 혼돈의 시기다. 갈 길을 모른다. 그렇기에 더욱 기도
해야 한다. 부모도 자녀도 말씀과 기도로 무장해야 한다. 혼자서
는 금세 지쳐버리고 말기에 함께 영적으로 격려하고 나아갈 수
있는 '동역자'가 필요하다. 비슷한 시기를 지나는 부모들이 먼저
연합해 기도해야 한다. 부모는 '자녀를 위해 기도하는 사람'이다.
관건은 '언제 어떻게 기도할 것인가?'다. 기도는 매우 구체적인
행위다. 말이 아니다. 슬로건에 머물면 안 된다. 실제로 기도를
해야 한다. 그래서 '기도 동역자'가 중요하다. 시간과 장소를 정
해 함께 기도하는 관계가 기도를 구체화한다.

　그런데 기도는 그냥 되지 않는다. 훈련이 필요하다. 특별히 사
춘기 자녀를 둔 부모를 위한 기도 훈련이 매우 중요하다. 인본적
인 자녀 양육에 빠지기 쉬운 시기이기 때문이다. '기도하는 엄마
들'(MIP)이나 '마마클럽' 등은 좋은 예다. 교회는 끊임없이 부모
를 모아 기도의 동역자를 연결해 줄 책임이 있다.

　동시에 교회는 자녀들도 기도하도록 훈련해야 한다. 학교에서
기도하도록 모임을 만들거나 주일학교를 중심으로 기도 훈련을
하는 것이다. 기도 훈련을 시작해 보면 알게 되는 비밀이 있다.
아이들이 기도를 좋아한다는 사실이다. 사춘기 아이들도 순수한
기도를 드린다. 기도하기 위해 모인 친구들과 깊은 유대감을 느
낀다. 아이들의 가능성은 무한하다.

1) 부모의 기도 동역자를 만듭니다.
- 교회에서 진행하는 기도 훈련에 참여합니다.
- 소그룹 멤버들과 자녀를 위한 기도를 약속하고 실천합니다.

2) 아이들의 기도 동역자를 만듭니다.
- 학교 기도 모임을 만들고 지속적으로 참여합니다.
- 주일학교의 기도 훈련에 참여합니다.

성장기(사춘기) 이후 교회와 함께 영적 경험 만들기 ideas

축복 이벤트	• 사춘기 자녀를 축복하는 이벤트 (정체성 가족 캠프 속 축복 시간)
부모 교육	• 사춘기 자녀의 양육 방법에 대한 교육 (사춘기 자녀 교육 학교, 기도하는 엄마들(MIP), 자녀와 소통 세미나, 문화 분별(Literacy) 교육 등)
자녀 교육	• 사춘기를 이해하고 스스로의 변화를 받아들이게 만드는 교육 (정체성 캠프, 효과적인 소통법 세미나, 진로 캠프 등)

[FaithMap_6단계: 성장기(사춘기)] 추천 도서

사춘기 부모는 알아야 산다. 아이의 성장은 빠르다. 동시에 양육과 소통의 방법도 빠르게 변한다. 아이들이 접하는 문화도 매우 빠르게 달라진다. 부모 역시 끊임없이 배워야 한다. 부모 세미나에 참석하거나 관련 정보를 찾아보는 것은 좋다. 하지만 가장 좋은 것은 '독서'다. 독서를 통해 부모 스스로 고민하고 찾아가는 과정은 정보를 받기만 하는 교육이나 영상 콘텐츠와 비교할 수 없다. 아래에 도움이 되는 몇 권의 책을 소개한다.

저자	제목	출판사
게리 채프먼	『사춘기 부모 학교』	생명의말씀사
테드 트립	『마음을 다루면 자녀의 미래가 달라진다』	디모데
김성중	『사자 웃으며 키우기』	두란노
오선화	『아이가 방문을 닫기 시작했습니다』	꼼지락
레너드 색스	『무너지는 부모들』	다봄
정석원	『청소년 기도 많이 걱정 조금』	사자와어린양
이진아	『십대를 위한 성경적 성교육』	두란노
다음세대연구소	『성과 새로운 나』 시리즈	규장

7

FaithMap
7단계: 입고(세례)25

청소년기는 방황해야 한다. 너무 조용해서 그냥 지나간다면 오히려 문제일 수 있다. 사춘기 방황은 '나는 누구인가'를 알아가는 과정(Maturing Process)이기 때문이다.[26] 삶과 죽음을 고민해야 한다. 신앙도 고민해야 한다. 하나님의 존재에 의문을 제기하며 영적 진통을 겪어내는 과정은 필수다.[27] 그렇지 않으면 삶의 목적이 희미해지며, 확신을 가지고 살아갈 수 없다. 부모는 그런 자녀를 그냥 놔둘 수 없다. 방황이 필요하다는 것에는 동의하지만, 방황하는 자녀를 보는 것은 고통스럽다. 악한 세상의 영향에 혹여나 잘못될까 불안하다. 사랑하기에 더욱 조바심이 난다. 자녀는 여전히 어리게만 보인다. 그래서 부모의 권위를 내세우게 된다.

하지만, 자녀는 순순히 따르지 않는다. 눈빛에 반항심이 드러나고 갈수록 대답이 짧아진다. '몰라', '싫어', '안 해' 등 부정

---

25   여기서는 대한예수교장로회 합동 측 배경으로 작성되었지만, 교파별 전통에 따라 입교나 세례는 다른 방식으로 이루어지기도 한다. 교단마다 적절한 시기와 방법을 정해도 무방하다.

26   Peace and Scott, *The Faithful Parent*, 103.

27   김성중, 『사춘기 자녀 웃으며 키우기』(서울: 두란노, 2020), 83-86.

적인 말만 한다. 부모와 함께하는 시간을 부담스러워한다. 친구를 더 좋아하는 게 노골적으로 느껴진다. 각자 바쁜 일상으로 얼굴을 마주할 시간이 줄어들어 소통마저 어려워진다. 몇 번 다툼이 일어나면 소통을 거부하는 경우도 생긴다. '언제 저렇게 변했지?' 부모는 이해할 수 없다. 어떻게 해야 할지 몰라 답답함만 밀려온다.

이유가 무엇일까? 사춘기 자녀는 이미 부모의 영향권을 벗어날 준비를 하고 있기 때문이다. 그들은 스스로 결정하는 '독립된 삶'을 원한다. 반면, 부모는 아직 자녀를 통제하고 싶어 한다. 자녀들의 판단이 미숙한 게 훤히 보인다. 여기서 첨예한 갈등이 일어난다. 그런 갈등의 정점에 하나님은 '입교'를 디자인하셨다.

여기에는 하나님의 특별한 계획이 있다. 부모와 자녀 모두 입교를 통해 '잠시 멈추라'라는 것이다. 먼저 부모는 입교를 통해 자녀가 스스로 신앙을 고백할 정도로 성장했다는 사실을 깨달아야 한다. 이제는 부모의 영향권을 벗어나 독립된 신앙인으로 살 준비가 되었다는 것이다. 동시에 자녀는 입교를 통해 자신의 영적 책임을 인식해야 한다. 더 이상 부모에게 의존하는 신앙이 아닌, 스스로 하나님을 찾고 만나는 믿음을 가지는 것이다. 그래서 입교는 부모와 자녀가 지난 14년간 신실하게 인도하신 하나님을 만나는 기회다.

▪ 입교(세례)기: '나의 하나님'을 고백하는 시간

입교의 목적은 '신앙 고백'이다. 이제는 부모의 하나님이 아닌, '나의 하나님'을 고백하는 시기다. 여기에는 '진실함'이 요구된다. 타인의 강요나 암기된 진술이 아닌, 스스로 인식하고 인정한 하나님을 고백해야 한다. 예수님도 제자들에게 "너희는 나를 누구라 하느냐"(마 16:15)라고 질문하셨다. 정해진 답을 가르치지 않으셨다. 제자들이 보고 듣고 경험한 모든 것으로 스스로 생각하는 답을 말하도록 기회를 주셨다. 그때 베드로는 자신의 신앙을 고백했다.

> 시몬 베드로가 대답하여 이르되 주는 그리스도시요 살아 계신 하나님의 아들이시니이다 마 16:16

이 고백에 입교의 목적이 있다. 자녀가 베드로처럼 '자신의 신앙을 고백하는 것'이다. 근원은 하나님이다. 이에 예수님은 "이를 네게 알게 한 이는 혈육이 아니요 하늘에 계신 내 아버지시니라"라고 말씀하셨다(마 16:17). 주입식으로 외워서 말하는 대답이 아닌, 성령께서 자녀에게 알게 하신 '진실한 고백'이 있어야 한다.

입교를 만 14세 이상에 진행하는 이유가 여기에 있다. 만 14세 정도 성장해야 스스로 형이상학적 질문을 던지며 고민할 수 있기 때문이다.[28] 물론 14세 이전의 신앙 고백도 소중하다. 하지만 부족하다. 아직 청소년기라는 광야를 통과하지 않았기 때문이다. 스스로의 믿음을 고백하기 위해서는 시험을 통과해야 한다. 광야에서 '하나님과의 만남'을 가지는 충분한 시간이 필요하다. 그래야 '하나님은 누구인지, 나는 누구인지' 고백할 수 있다.

여기에 '4세부터 14세까지 신앙 교육'의 목적이 있다. 바로 '14세 이후에도 그리스도인으로 사는 것'이다. 아무리 대단한 교육을 해도 스스로의 신앙이 없으면 무용지물이다. 부모 품을 떠나도 믿음에서 떨어지지 않아야 한다. 그러려면 입교를 통해 '나의 하나님'을 고백하며 '스스로를 그리스도인으로 인식하는 정체성'을 확립해야 한다. 이 시기에 분명한 정체성을 가져야 이후에도 그리스도인으로 살아갈 수 있다. 입교의 중요성을 간과하면 안 된다. 한 사람의 신앙 여정에서 핵심적인 순간으로 여겨야 한다. 분명한 신앙 고백이 이루어져야 한다. 그저 만 14세가 되면 해야 하는 종교의식 정도로 여겨지면 의미가 반감된다. 아니, 인생에서 가장 중요한 영적 순간(Spiritual Milestone)을 놓치게 된다.

입교의 의미를 풍성하게 살리기 위한 축복과 교육이 필요하다. 주일학교에서 문답을 진행하고 세례식에서는 선서만 하는 정도로는 한참 부족하다. 생각해 보라. 입교는 14년 전에 부모가

---

28   '형이상학'(Metaphysics)은 세계의 궁극적 근거를 연구하는 질문이다. 물론 만 14세에 형이상학의 답을 찾을 수는 없다. 일평생의 탐구로도 불가능하다. 하지만, 탐구의 시작은 가능하다. '세상은 어떻게 만들어졌는가?' '신은 존재하는가?' '나는 누구인가?'와 같은 질문을 던지며 세상과 자신에 대해 고민할 수 있는 나이다. 이런 고민을 통해 아이는 스스로의 신앙 고백을 만들어가게 된다.

하나님과 맺은 언약이 실재가 되는 순간이다. 교회와 가정이 함께 키운 아이가 '스스로의 신앙 고백'을 올려드린 순간이다. 어찌 간과할 수 있는가?

가만히 생각해 보면 한국교회의 신앙 위기는 '입교에 대한 간과'에 기인한다. 입교의 의미를 충분히 살리지 못했기에 지금 한국교회 구성원의 기초가 되어야 하는 '3040세대 모태신앙'마저도 정체성 혼란을 겪고 있다. 만약 스스로의 신앙고백이 없는 상태에서 설득을 통해 입교를 받게 했다면, 입교 교육을 주일학교 교역자와 한두 시간 문답으로 마쳤다면, 입교 예식마저 세례식 전 짧은 선서로 끝냈다면, 입교는 금세 기억에서 사라진다.[29] 그러면 아무 소용 없다. 그저 종교 의식을 치렀을 뿐이다.

믿음은 개인의 것이다. 부모의 믿음이 아무리 좋아도 자녀가 '나의 하나님'을 고백하지 않으면 아무 소용 없다. 그래서 정체성을 찾아가는 사춘기에 충분한 고민과 갈등이 필요하다. 그 시간이 축적되어 '그리스도인의 정체성'을 만들기 때문이다. 그때에야 교회 앞에서 자신의 믿음을 고백할 수 있다. 이 과정의 결과물이 '입교'다. 누구도 대신해 줄 수 없는, 하나님 앞에 단독자로 서야 하는 시간이 필요하다.

그래서 부모는 긴 안목을 가져야 한다. 입교를 빨리 하는 건

---

29   교회마다 입교 교육이 어떻게 이뤄지고 있는지 점검해야 한다. 충분한 준비가 이루어지고 있는가? 입교를 축복하며 의미를 부여하고 있는가? 주일학교 교역자에 의해 한두 시간 교육을 받고 입교를 진행하고 있지는 않은가? 냉정하게 현실을 점검하며 '정말 아이 스스로 신앙을 고백하는지' 분명한 확인이 필요하다.

중요하지 않다. 물론 입교라는 기회를 통해 자녀가 신앙을 고민하고 고백하도록 도울 수는 있다. 하지만 믿음은 오직 하나님께서 주신다. 신앙을 강요하면 안 된다. 부모의 최우선 역할은 자녀가 충분히 자신의 믿음을 돌아보고 믿음을 고백하도록 자녀의 영적 환경을 조성하며 기도하는 것이다.

입교(세례)기에 무엇을 해야 하나?

입교(세례) 시기는 '스스로의 신앙 고백'에 모든 초점을 맞춰야 한다. 이를 위해 교회와 가정이 함께 '입교 교육'에 힘을 쏟는 것이 중요하다. 교회 일변도 교육으로는 안 된다. 한두 시간 강의도 안 된다. 충분한 시간을 두고 가정이 함께 입교 교육을 진행해야 한다. 신앙 고백은 삶의 고민을 통해 만들어지기 때문이다.

입교 예식 후에는 '기독교 세계관 교육'과 '영적 각성의 경험' 같은 시간이 필요하다. 세상을 바라보는 시야를 형성하는 이론 교육과 그것을 강화하는 영적 체험이다. 방법론은 교회마다 상황을 보며 고민해야 한다. 극도로 예민해지는 만 14세 아이와 소통할 수 있는 강사 또는 교사를 발굴하는 작업도 필요하다. 물론 쉽지는 않다. 하지만 가능하다. 교회 공동체가 함께 고민하며 기도하면 하나님이 길을 여신다.

1) 교회와 가정이 함께하는 입교 교육

한 사람의 신앙 형성에 교회와 가정의 협력은 필수다. 어느 한 쪽의 역할만 강조하면 안 된다. 입교 교육에서도 마찬가지다. 교회와 가정이 각자의 역할을 이해하고 서로 보완해야 한다. 구체적으로 살펴보자.

먼저 교회의 역할은 '교육'이다. 교회는 '성경을 가르치는 곳'이다. 그래서 정규 신학 교육을 받은 목회자가 존재한다. 주일학교의 존재 이유도 동일하다. 초점을 성경 교육에 맞춰야 한다. 일주일에 한 시간 남짓 시간을 보내는 오늘날 교회에서 너무 많은 것을 시도하면 안 된다. 짧은 시간에 집중해서 성경을 가르쳐야 하며, 연령에 맞는 효과적인 교육 전략을 세워야 한다.

특별히 입교 교육은 목회자가 집중해서 인도해야 한다. 가능하다면 담임목사 또는 충분한 신학 교육을 받은 목사가 담당해야 한다. 입교 시기에는 명확한 교리 교육이 필요하기 때문이다. 한두 시간 일방적인 강의로는 안 된다. 입교를 위해 알아야 하는 성경과 신학 지식을 체계적으로 가르쳐야 한다. 방법은 무한하다. 입교 대상자들을 모아서 몇 주간 '교리반'을 운영할 수 있다. 일정 기간동안 '제자훈련'을 진행하는 것도 좋다. 아니면 입교 교육을 위한 영상을 만들 수도 있다. 중학교 2학년 눈높이에 맞춘 숏폼(Short-form) 형식의 영상을 다양하게 제작하는 것도 좋다. 어떤 방법이든지 입교 교육에 충분한 시간과 에너지(Energy)를 쏟는 것이 중요하다.

그렇다면 가정의 역할은 무엇일까? '훈련'이다. 가정은 일상이 이루어지는 장소이기 때문이다. 가정에서 일차적인 '인격과 신앙'이 형성된다. 학교도 교회도 가정보다 앞설 수 없다. 그렇기에 가정은 교회에서 배운 내용을 복습하고 실천하며 내면화(Internalization)하는 가장 중요한 현장이 되어야 한다. 여기에 부모의 영적 책임이 있다.

지난 수십 년간 세상은 급변했다. 하지만, 아무리 시대가 변해도 한 사람의 신앙 형성에 있어서 부모의 영향력은 줄어들지 않았다.[30] 가만히 생각해 보라. 각자의 삶이 바쁘더라도 가족은 하루의 시작과 끝을 함께한다. 늦게 퇴근했어도 부모는 잠든 아이를 본다. 얼굴 못 보고 출근을 했어도 자녀는 부모의 온기를 느낀다. 집은 연결이다. 함께 살아가는 '집'이라는 공간을 통해 가족은 연결된다. 정서적, 경제적 연결도 강력하다. 무엇을 입고, 무엇을 먹고사는지 가족은 안다. 그래서 부모의 책임은 여전히 중요하다. 부모는 가정에서 자녀의 삶을 돌봐야 한다. 어렵더라도 끊임없이 기도하고 소통하며 자녀를 '복음으로' 대해야 한다.

입교는 그런 '복음적 자녀 양육'의 결정체다. 부모는 자녀와 '하나님 이야기'를 나눠야 한다. 교회에서 배운 입교 교육 내용을 주제로 대화하는 시간을 가지는 것이다. 가정예배 교안으로 입교 교육 자료를 활용하거나 일대일 데이트 시간을 가지며 진솔

---

30   Bengtson, *Putney, and Harris, Families and Faith*, 56.

한 대화를 나눌 수 있다. 언제 어디서 대화하든지 핵심은 자녀의 생각을 듣고 긍정적으로 반응하며 '부모님이 만난 하나님'을 알려 주는 것이다. 이런 시간을 통해 부모의 하나님이 자녀의 하나님으로 전해질 수 있다.

'나의 하나님'을 고백하기 위한 – 입교(세례) 시기 도전 과제(1)

1) 교회에서 체계적인 입교 교육을 진행합니다.
- 공식적인 프로그램이 있다면 동참합니다. 없다면 담당 목회자에게 교육을 요청합니다.

2) 가정에서 하나님을 주어로 대화하는 시간을 갖습니다.
- 자녀와 입교 교육 교재를 주제로 소통하는 시간을 만듭니다.
- 부모와 자녀가 일대일 데이트를 하며 신앙에 대한 이야기를 나눕니다.

≡ 2) 기독교 세계관 교육

세계관은 '안경'이다. 세상을 바라보는 시야는 세계관에 따라 달라진다.[31] 그래서 입교 시기에 세계관을 다뤄야 한다. 지금까지 성장 과정에서 자연스레 형성된 세계관을 점검하고 새롭게 하는 작업이다. 입교를 계기로 '성경으로 세상을 바라보도록' 가르치는 것이다. 물론 강의식 교육은 안 된다. 보고 듣고 느끼는 입체적인 영적 경험을 통한 세계관 교육이 필요하다.

---

31   신국원, 『니고데모의 안경: 쉽게 풀어 쓴 신국원의 기독교 세계관 이야기』, (서울: IVP, 2005), 13.

입교 이후 아이들은 인생의 큰 변화를 경험한다. 중학교 3학년을 지나 고등학교에 진학하기 때문이다. 자연스럽게 학업과 입시의 압박이 강해진다. 부모가 강요하지 않더라도 아이 스스로 느끼는 부담감이 막대하다. 학교는 경쟁 구도가 된다. 환경이 주는 스트레스가 누적된다. 공부를 포기하거나 자퇴를 선택하는 아이들도 있다. 한국 교육 현실에서 입교 이후는 광야다. 그래서 입교는 중요하다. 광야 입학을 위한 마지막 준비다. 어려워도 시간을 내야 한다. 어떻게 광야를 준비할지 배워야 한다.

세계관 교육을 위해 교회는 자체적인 학교를 운영할 수 있다. 교역자와 부모, 학생이 북클럽을 만들거나 좋은 강사를 초청해 세미나를 진행하는 것이다. 그런데 반드시 명심해야 하는 부분이 있다. 여기서 중요한 것은 '인격적인 관계'라는 것이다. 일방적인 주입식 교육으로는 세계관을 형성할 수 없다. 목회자 또는 부모에게 자신의 생각을 마음껏 이야기할 수 있는 시간을 만들며 인격적인 관계를 쌓아야 한다. 청소년은 '무엇을 하는지'보다 '누구와 하는지'가 중요하다. 콘텐츠가 아니다. 성경 지식을 많이 가르치려 다그치면 안 된다. 핵심은 '신뢰의 관계'다. 청소년은 자기가 좋아하는 사람을 닮는다. 그 사람의 세계관을 자신에게 이식한다.

'CTC 기독교세계관교육센터' 같은 전문 기관을 활용할 수도 있다. 센터에서 진행하는 학교에 참여하거나 제공하는 콘텐츠를 사용해 교회와 가정에서 진행하는 방식이다.[32] 물론 세계관 교육은 초등학생 시기부터 시작하는 게 좋다. 그래서 "FaithMap_5단계: 성장기(사춘기)"에 성경적 성교육을 진행했다. 성교육 역시 '세계관 교육'이기 때문이다.[33] 입교 시기에는 세계관 교육이 더 중요하기 때문에 집중적으로 진행해야 한다. 재정과 인력을 과감하게 투자해야 한다. 세속적인 가치관이 아이들을 점령하기 전에 기독교 세계관을 세워야 한다.

'나의 하나님'을 고백하기 위한 – 입교(세례) 시기 도전 과제(2)

1) 교회 차원의 세계관 교육 프로그램을 준비합니다.
- 목회자와 부모가 먼저 관련 도서를 읽으며 북클럽을 진행합니다.
- 입교 이후 아이들이 참여할 수 있도록 미리 시간과 공간, 예산을 확보합니다.

2) 가정에서 세계관 교육을 진행합니다.
- 자녀와 북클럽을 진행하거나 CTC에서 제공하는 온라인 콘텐츠를 함께 시청하고 대화합니다.

☰ 3) 영적 각성의 기회 제공(수련회, 기도회 등)

입교는 '영적 각성'이다. 머리로 이루질 수 없다. 하나님과의 인격적인 만남, 개인적인 영적 경험을 가져야 한다. 수련회나 기

---

32   CTC 기독교세계관교육센터 홈페이지에 들어가면 다양한 교육 자료를 접할 수 있다: https://www.ctcworldview.com/
33   이진아, 『십대를 위한 성경적 성교육』(서울: 두란노, 2019).

도회가 중요한 이유다. 청소년 시기에 은혜를 받아야 한다. 그렇지 않으면 믿음은 물거품처럼 사라진다. 고등학교 졸업이 신앙 졸업으로 연결될 수도 있기에 방심하면 안 된다. 아직 부모의 영향력이 유효한 청소년 시기를 영적 각성의 기회로 삼아야 한다.

특별히 청소년기 수련회는 매우 중요하다. 수많은 믿음의 사람들이 청소년기 수련회에서 회심을 경험했다. 이는 지금도 유효하다. 아이들의 심령을 깨뜨리는 강력한 수련회가 필요하다. 그러려면 주일학교에만 맡기면 안 된다. 수련회는 영적 전쟁이다. 그것도 총력전(All-out War)이다. 모든 것을 쏟아부어야 한다. 사탄의 공격은 강력하다. 부모 세대가 연합해 싸워야 한다. 사랑하는 자녀가 하나님을 만나도록 힘을 다해야 한다.

'나의 하나님'을 고백하기 위한 – 입교(세례) 시기 도전 과제(3)

1) 청소년기 수련회를 위해 부모 세대가 연합을 이룹니다.
- 수련회 전, 학부모 합심기도를 진행합니다. 수련회에 필요한 부분을 확인하고 적극적으로 지원합니다.
- 수련회 기간, 기도팀을 만들어 함께합니다. 필요하다면 수련회 현장에 함께해 돕습니다.

2) 교회 자체적인 수련회가 어렵다면, 외부 기관을 활용합니다.
- 청소년 사역 단체에서 진행하는 수련회에 몇 가정이 연합해 참여합니다. 자녀를 참여시킨 부모님들은 수련회 기간에 함께 기도합니다.

입교(세례) 이후 교회와 함께 영적 경험 만들기 ideas

축복 이벤트	• 입교(세례)를 축복하는 시간 (교회에서 입교(세례)식 축하, 가정에서 생일과 유사한 이벤트)
부모 교육	• 사춘기 이후 자녀 양육에 관련된 교육과 기도회 (사춘기 부모 세미나, 자녀 진로 세미나, 학부모 기도 모임 등)
자녀 교육	• 입교를 위한 성경·교리 교육 및 세계관 형성 교육 (입교를 위한 교회와 가정의 연합 교육, 기독교 세계관 학교, 진로 세미나, 여름·겨울 수련회, 정기적인 기도 모임 등)

[FaithMap_7단계: 입교(세례)] 추천 도서

入교(세례)의 핵심은 '정체성'이다. 부모도 자녀도 새로운 정체성을 가져야 한다. 부모는 자녀를 성숙한 인격으로 대하고 자녀는 독립적인 신앙생활을 시작하는 새로운 관계의 정립이다. 그러려면 부모는 자녀를 이해해야 한다. 책의 도움은 절대적이다. 자녀는 스스로 성장해야 한다. 여기에도 책은 중요하다. 아래 책들이 도움이 된다:

저자	제목	출판사
신국원	『니고데모의 안경』	IVP
유경상	『크리스천 씽킹』	카리스
게리 토마스	『부모영성학교』	CUP

게리 채프먼	『십대의 5가지 사랑의 언어』	생명의말씀사
박양규	『청소년을 위한 하이델베르크 교리문답』 시리즈	새물결플러스
레베카 맥클러플린	『하나님 없이도 잘 살 수 있지 않나요?』	죠이북스
이정호	『크리스천 십대의 진로 여행』	생명의말씀사
김경아	『청소년이 성을 알면 달라지는 것들』	IVP

8

FaithMap
8단계: 성인식

한국 사회에서 만 19세를 넘으면 '성인'(Adult)이다. 성숙한 사람이 되었다는 의미다. 이제는 사회의 일원이 되어 스스로 선택하고 책임을 감당해야 한다. 부모의 그늘 아래 있던 미성년자의 삶과는 전혀 다른, 새로운 형태의 삶이 요구된다. 그러려면 새로운 정체성을 인식해야 한다. '성인식'(Coming-of-age Ceremony, 成人式)이 기점이다.

성인식은 다양한 문화권에서 오랫동안 이루어졌다. 한 사람이 성장해 성인이 된다는 것은 개인적으로나 사회적으로나 중요하기 때문이다. 특별히 유대인 남자는 만 13세가 되면 '율법의 아들'이라는 뜻을 가진 '바 미츠바'(Bar-Mitzvah)를 진행한다. 여자는 만 12세에 '율법의 딸'이라는 뜻의 '바트 미츠바'(Bat-Mitzvah)를 한다. 이때부터 부모는 자녀에 대한 책임에서 자유로워진다. 성인이 되었기에 자녀 스스로 유대인의 법, 전통, 윤리와 관련된 책임을 지는 것이다. 이런 책임감은 '나는 유대인이다'라는 자부심에 근거한다. 성인식을 통해 스스로의 책임과 의무를 인식하고 그것을 기꺼이 감당하려는 태도를 가지는 것이다.

행사의 형식이나 연령을 생각해 보면 유대교의 성인식은 기독교의 '입교'와 유사하다. 하지만 치열한 입시 경쟁이 있는 한국 사회의 특성을 고려하면 고등학교를 마친 만 19세에 성인식을 갖는 게 좋다. 학업에 모든 것이 집중된 고등학생 시기의 자녀는 부모에게 의존할 수밖에 없기 때문이다. 그래서 입교와 성인식은 분리하는 게 좋다. 입교가 영적 독립이라면, 성인식은 정서적 독립으로 의미를 설정하는 것이다. 성인식을 통해 부모와 자녀가 독립된 인격으로 서로를 대하도록 '관계의 재정립'이 필요하다.

그런데 한국 사회에서 '성인식'은 왜곡된 인식을 포함하고 있다. 어른이 되었다는 정체성이나 사회의 유산을 전수하는 목적은 찾아보기 힘들다. 대신 이기심에 근거한 자유와 해방감, 상업주의에 물든 놀이 문화만이 가득하다. 성인이 되었으니 당연히 술과 유흥을 즐겨야 한다고 말한다. 혼전순결을 조롱하는 세상 문화가 만드는 성적인 유혹(Sexual Temptations)도 크다. 그래서 많은 젊은이가 성인식을 '즐기는 날'로 인식한다. 성인의 책임보다 말초적인 즐거움을 추구한다. '성인식'과 '독립'이 별개인 한국 사회의 특성이 원인이다.

한국 사회는 자녀의 독립이 늦다. 만 19세 이후 대학을 다녀야 한다. 대학 이후에도 학업을 이어 가는 경우가 많다. 취업을 선택해도 마찬가지다. 한국의 주거 비용은 사회 초년생이 감당하기에 높은 수준이다. 부모와 자녀 모두 주거비를 부담할 필요 없이 같이 사는 것을 선호한다. 부모는 자녀가 혼자 고생하는 것이나 돈을 버느라 공부에 집중하지 못하는 것을 원하지 않는다. 그래서 부모와 다른 지역에 거주하는 경우에도 경제적, 정서적 연결이 강력하다. 게다가 결혼 연령도 높아지고 있다. 이제는 성인식 이후에도 15년 이상 부모와 동거하는 경우도 많다. 결혼 이후에도 부모의 영향에서 벗어나지 못하는 경우가 비일비재하다. 조부모의 손자녀 양육은 어느새 일반화되고 있다. 그렇게 성인식 이후에도 독립을 안 하니 어른이 될 필요가 없다. 책임감을 느낄 이유도 없다. 자연히 영적, 정서적 독립의 시기를 놓치고 있다.

이제는 '한국적인 건전한 성인식'이 필요하다. 성인으로서의 정체성을 인식하고 자립적인 삶을 살도록 가르치는 시간이다. 물론 억지로 독립해야 하는 것은 아니다. 부모와 동거하는 것은 죄가 아니다. 다만, 성인식을 통해 '어른이 되는 출발점'에 서야 한다. 삶의 외형이 아닌, 내면의 변화를 추구하는 것이다. 그러려면 교회 공동체가 함께 성인이 된 젊은이들을 함께 축복해야 한다. 그리고 '어떻게 살아야 하는지' 함께 고민하며 방향을 제시하고 지원하는 공동체 문화를 만들어야 한다.

■ 성인식 시기: 어른이 되는 출발점

성경은 성인식을 명령하지 않는다. 성인식이라는 의식(Ceremony) 자체가 중요한 것은 아니기 때문이다. 중요한 것은 '의식의 이유와 목적'이다. 왜 그것을 하는지 초점을 잃으면 안 된다. 그래서 성경은 성인식 방법이 아닌, 청년의 시기에 무엇을 해야 하는지 이야기한다. 그중 솔로몬의 권면은 핵심이다.

> 너는 청년의 때에 너의 창조주를 기억하라 곧 곤고한 날이 이르기 전에, 나는 아무 낙이 없다고 할 해들이 가깝기 전에 해와 빛과 달과 별들이 어둡기 전에, 비 뒤에 구름이 다시 일어나기 전에 그리하라 전 12:1-2

여기서 '청년의 때에'를 원어로 보면, 어린이 시기 이후부터 어른이 되기 전까지를 의미한다.[34] 오늘날 기준으로 생각해 보면 청소년기와 청년기를 모두 포함하는데, 고등학교를 졸업한 '성인식 시기'는 이 명령을 적용하기 가장 좋은 시점이다. 여기서 성인식에 무엇을 해야 하는지 명확해진다. 바로 '늦기 전에 창조주를 기억하는 것'이다.

그렇다면 "너의 창조주를 기억하라"는 명령은 무슨 뜻일까? '창조주의 존재를 마음에 둔다'라는 의미다. 하나님께서 에덴 동산에 선악과를 두신 이유와 같다. 날마다 하나님의 존재를 인식하며 살라는 것이다. 청년은 세상의 유혹에 흔들리기 가장 좋은 시점이기 때문이다. 그래서 시편 기자는 하나님의 말씀을 붙든다.

---

34   로고스(Logos) 단어 연구 참조.

청년이 무엇으로 그의 행실을 깨끗하게 하리이까 주의 말씀만 지킬 따름이니이다 내가 전심으로 주를 찾았사오니 주의 계명에서 떠나지 말게 하소서 내가 주께 범죄하지 아니하려 하여 주의 말씀을 내 마음에 두었나이다 시 119:9-11

시편 기자에게 느껴지는 감정은 '간절함'이다. 이유가 무엇일까? 청년은 왜 행실을 깨끗하게 해야 할까? 이제는 범죄의 책임을 개인이 감당해야 하기 때문이다. 물론 우리의 모든 죄는 예수 그리스도의 보혈로 용서받았다. 완전한 용서다(롬 5:8; 골 2:12-15 등). 하지만 십자가 용서가 죄에 대한 방관을 의미하지는 않는다. 거룩은 그리스도인이 추구해야 하는 일평생의 과제다(롬 8:12-14; 고전 7:1 등). 그래서 '어른이 되는 것'은 분명한 '신전의식'(神前意識, Coram Deo)에서 출발해야 한다.

교회는 '어른'에 대한 왜곡된 관점을 바꿔야 한다. 가만히 생각해 보라. '19세 이상 관람가'는 인간이 정한 기준이다. 성인이 되었으니 봐도 되는 게 아니다. '19세 이상 음주 가능'도 인간의 기준이다. 성인이 되었기에 성을 즐길 수 있다는 인식도 비성경적 문화의 산물이다. 그 안에는 성경이 추구하는 '거룩한 삶'을 방해하려는 유혹이 있다. 도덕적, 영적 기준을 낮추며 '어른이니 해도 된다'라는 면죄부를 제공하는 것이다.

성인식 시기에 교회는 세상의 속임수를 분별하도록 가르쳐야 한다. 이제 본격적인 죄의 유혹과 싸워야 한다. 긴장을 늦추지 말아야 한다. 사도 바울이 "선 줄로 생각하는 자는 넘어질까 조심하라"(고전 10:12)라고 경고한 이유를 생각해야 한다. 조금이라도 방심하면 안 된다. 사탄은 교묘하다. 날마다 첨예한 영적 싸움을 걸어온다. 이전까지는 훈련소였다. 이제는 아니다. 어른이 된다는 것은 영적 전쟁에 참전하는 것이다. 목숨이 오가는 곳이다. 말씀이 아니고서는 이길 수 없다. 청년의 때, 성인식을 통해 '창조주를 기억하는 삶'을 시작해야 한다.

▬ 성인식 시기에 무엇을 해야 하나?

고등학교를 졸업하면 신앙 교육의 민낯이 드러난다. 부모의 영향에서 벗어나기 때문이다. 그래서 성인식은 '실전'이다. 이제는 더 이상 부모의 강요로 교회에 가지 않는다. 강요하면 갈등만 일어난다. 오히려 반감만 커질 수 있다. 그래서 성인식 시기는 그들이 스스로 결정하는 것을 도와주어야 한다. 어떤 방법이 있을까?

성인식 이후, 자녀는 초보 어른이 된다. 아직 어떻게 살아야 할지 기준이 모호하다. 스스로 판단하고 결정할 식견도 부족하다. 여기에 기회가 있다. 교회가 이들의 영적, 정서적, 사회적 필요를 공급하는 것이다. 인생을 함께 고민하며 살아가는 '동역자'가 되어 주는 것이다.

≡ 1) 교회와 함께하는 감사와 축복의 성인식

성인식은 교회에서 진행해야 한다. 성인이 되기까지 인도하신 하나님께 감사하며, 믿음 안에서 잘 성장했음을 축복하는 시간이 되어야 하기 때문이다. 단순히 법적 성인이 되었기에 축하하는 시간에 머물면 안 된다. 소중한 한 명의 '성인 그리스도인'을 환영하며 공동체의 일원으로 받아들이는 의미 있는 시간을 가져야 한다.

기독교는 유대인의 성인식을 그대로 따르면 안 된다. 하지만, 몇 가지 유익한 부분은 참고할 필요가 있다. 먼저는 '공동체성'이다. 유대인 성인식에서 자녀는 회중 앞에서 토라(모세오경) 두루마리를 낭독한다. 이것은 매우 중요한 의식인데 '각 분파별 전통에 따른 리듬과 멜로디'에 따라 토라를 읽다 보면 그동안 부모의 신앙 교육이 고스란히 드러나기 때문이다.[35] 회중은 이 시간을 감격적으로 바라보며 마음을 다해 축복한다. 여기서 자녀는 '성인이 된 자부심'을 느낀다.

다음은 '역할의 부여'다. 시작은 토라 낭독 이후 진행하는 '드라샤'다. 번역하면 '설교'인데, 자녀가 회중 앞에서 말씀을 강론하는 것이다. 이제 말씀을 이해하고 가르칠 수 있는 성인이 되었다는 표식이다. 이후 성년이 된 자녀는 회당에서 토라를 읽거나

---

35   2023 가정의힘 생애주기 콘퍼런스, 강현석, '유대인 생애주기 교육 현황과 한국 교회의 적용 방향', 41.

기도를 하는 등 다양한 역할을 부여받는다. 공동체의 일원이 되어 섬길 기회를 제공하는 것이다. 여기서 성인식의 의미가 증폭된다. 이제 자녀는 온전히 독립된 인격으로 대우받는다.

네 번째는 '부모의 권리 포기'다. 자녀의 교육에서 완전히 손을 떼는 것이다. 스스로의 삶에 책임을 지도록 뒤로 물러서는 것이다. 그래서 성인식 이후 자녀는 모든 것을 스스로 결정할 수 있다. 심지어 결혼까지 가능하다. 여기서 자녀는 '내가 어른이 되었다는 사실'을 느낀다. 매우 중요한 부분이다. 부모의 부재를 느껴야 삶에 대한 긴장감이 만들어지기 때문이다. 그래야 청년의 때를 낭비하지 않는다. 시간을 아끼고 삶에 책임을 다하게 된다.

마지막은 '의미 있는 선물'이다. 유대인들은 성인식에서 세 가지 선물을 받는다. '성경책, 손목시계, 축하금'이다. 먼저 성경은 하나님 앞에 부끄럽지 않은 인간으로 살라는 의미다. 손목시계는 약속을 잘 지키며 시간을 소중히 여기라는 의미이다. 그리고 축의금은 개인별로 200-300달러 정도를 주는데, 모으면 수만 달러에서 수십만 달러에 이른다. 13세 아이에게는 큰돈이다. 하지만 유대인 아이들은 이 돈을 관리할 줄 안다. 돈을 벌기 위해 젊음을 낭비하는 대신, 성인식 때 받은 돈을 불리며 학업의 기회를 늘린다.

여기서 살펴본 네 가지는 한국교회에도 충분히 적용 가능하다. 여기서는 구체적인 방법을 제시하지 않을 것이다. 각자의 환경을 고민하며 발전시켜야 하는 영역이기 때문이다. 그러나 목적은 분명히 해야 한다. 교회 공동체가 함께 축하하며 한 명의 성인으로 인정하는 것, 역할을 부여하며 그들의 목소리를 듣는 것, 그리고 앞으로의 인생을 축복하는 것이 성인식이다.

어른이 되는 출발점을 위한 – 성인식 시기 도전 과제(1)

1) 교회가 주관하는 성인식을 진행합니다.
  - 주일 혹은 공예배 시간에 만 19세 자녀들을 축복하고 공동체가 함께 기도하는 시간을 가집니다.
  - 유대인 성인식을 참고해 의미 있는 성인식을 만들어 봅니다.
2) 가정에서 성인식을 진행합니다.
  - 자녀와 함께 '어른 됨'을 이야기하며 부모의 역할을 줄이는 노력을 합니다.

≡ **2) 이성교제/결혼 교육**

만 19세는 신체적으로 성숙하다. 이미 사춘기 시기부터 시작된 본능적인 성적 끌림과 욕구는 한층 강해진다. 그런데 이제 사회에서 '성인이 되었다'라고 말한다. 부모의 통제가 약해지고 음주와 유흥 문화가 다가온다. 더구나 오늘날 문화는 '순결'(Purity)을 조롱한다. 성(Sex)을 '즐기는 것'이라고 말한다.

교회는 이런 문화에 적극적으로 대응해야 한다. '그런 이야기 하는 거 아니야!'라며 숨기면 안 된다. 오히려 더욱 적극적으로 성을 말해야 한다. 기능적인 성교육을 말하는 게 아니다. 성경이 말하는 성과 남녀, 가정이 무엇인지, 어떻게 자신을 거룩하게 지킬 수 있는지, 그것이 얼마나 가치 있는지 알려 주는 이성교제와 결혼 교육이 필요하다. 교회가 알려 주지 않으면 세상이 거짓된 정보를 주입한다. 이미 온라인에는 자극적인 콘텐츠가 가득하다. 더 이상 잠잠하면 안 된다. 마크 얄하우스(Mark A. Yarhouse)의 이야기에 주목해야 한다.

침묵은 답이 아니다. 침묵은 사역에 빈 공간을 만드는데 소셜 네트워크, 미디어, 그리고 엔터테인먼트 산업은 이 공간을 순식간에 채운다. 침묵은 "나는 지금 네가 겪고 있는 고통과 연약함을 어떻게 대할지 모르겠다. 나는 너와 함께하는 방법을 모르겠다"라고 말하는 것과 같다.[36]

성인이 되는 시기, 성에 대한 호기심은 왕성하다. 계속 질문이 생긴다. 그런데 부모에게 말하기는 어렵다. 혼나지 않더라도 부끄러움이 크다. 그래서 교회가 있다. 교회는 바른길을 제시해 줘야 한다. 음란한 문화를 따라가지 않아도 괜찮도록 친구가 되어 줘야 한다. 그리고 부모와 자녀가 함께하는 교육을 통해 이성교

---

36   Mark A. Yarhouse, *Understanding Sexual Identity: A Resource for Youth Ministry* (Grand Rapids: Zondervan, 2013), 382, Kindle. 원문은 다음과 같다: Silence is not the answer. Silence creates a vacuum in ministry that is quickly filled by social networks, the media, and the entertainment industry. Silence says, "I have no idea how to be present in your pain and vulnerability. I don't know how to come alongside you."

제와 결혼을 이야기할 수 있는 가정 문화를 만들어야 한다.

어른이 되는 출발점을 위한 – 성인식 시기 도전 과제(2)

1) 이성교제와 결혼에 대한 배움의 시간을 가집니다.
- 교회에서 주도하는 세미나 또는 특강에 참여합니다.
- 건전한 외부 기관(두란노, 퐁당 콘텐츠 등)의 도움을 얻는 것도 좋습니다.

2) 가정에서 이성교제와 결혼을 솔직하게 이야기하는 문화를 만듭니다.
- 시작은 부모님의 연애 이야기가 좋습니다.

≡ 3) 진로·직업 탐색 세미나

성인은 '스스로의 삶을 만들어갈 수 있는 능력'이 필요하다. '무엇을 하며 살 것인가? 어떻게 살 것인가?' 등을 고민해야 한다. 어려운 질문이다. 그래서 '진로 탐색'(Career Exploration)이 필요하다. 물론 그 탐색의 근거와 결론은 성경이어야 한다. 교회 밖 진로 탐색도 유의미한 것들이지만,[37] 그리스도인의 진로는 하나님이 주시는 '사명'(Mission)에서 출발해야 한다. 개인에게 주신 사명을 발견하고 그것을 이루기 위한 과정을 계획하는 것이다.

사명은 오직 교회에서만 발견할 수 있다. 하나님과의 만남을

---

[37]   교회 밖에도 진로 탐색을 위한 다양한 도구들이 있다. 개인의 적성과 재능을 통해 가능성을 확인하는 것은 필요하다. 하지만, 그리스도인에게는 한 단계 더 근본적인 이유, 사명이 있다. 직업 탐색 검사를 원한다면 'EBSi 웹페이지'에서 제공하는 서비스를 이용할 수 있다. https://www.ebsi.co.kr/ebs/xip/career/careerHome.ebs 참고

통해서만 알 수 있기 때문이다. 개인의 재능도 중요하지만, 재능의 근원이신 하나님을 만나는 게 훨씬 중요하다. 그래서 성인식 이후에 더욱 은혜에 집중해야 한다. 사명이 없다면 간구하고, 이미 받은 사명이 있다면 다시 확인해야 한다. 그래야 도전할 수 있다. 사명이 없으면 살아갈 힘도 없다.

교회와 가정은 이 과정을 도울 책임이 있다. 자녀가 알아서 하는 게 아니다. 부모의 관심이 필요하다. 전문가의 도움도 필요하다. 그런데 무엇보다 교회 공동체가 함께 청년들의 진로를 고민하며 기도하고 찾아간다는 '마음'이 있어야 한다. 여기서 젊은 세대는 힘을 얻는다. 복음을 만나는 통로가 열린다.

감사하게도 교회 안에는 인생의 선배들이 많다. 관심 있는 직업에 종사하는 교회의 어른들을 찾아가 만날 수 있다. 그들과 교제하며 실제적인 이야기를 나눌 수 있다. 어떤 프로그램이나 과정이 필요한 게 아니다. 교회에서 어려서부터 알고 지낸 관계가 필요하다. 그 관계에서 진정성 있는 조언과 기도, 후원이 나오기 때문이다. 그래서 "함께 지어져 가느니라"(엡 2:22)라는 말씀의 의미는 영적인 영역만이 아닌, 세상 속에서 함께 살아가는 일상의 영역까지 포함한다.

어른이 되는 출발점을 위한 – 성인식 시기 도전 과제(3)

1) 사명을 발견하기 위한 특별한 시간을 가집니다.
- 교회의 교육 프로그램이나 수련회, 기도회 등에 참여합니다.
- 가족이 함께 특정 기간을 정해 자녀의 진로를 위해 기도합니다.

2) 관심있는 진로에 종사하는 교회 성도를 만나서 교제합니다.
- 부모님이 연결고리가 되면 다양한 직종의 삶을 간접 경험할 수 있습니다.

성인식 이후 교회와 함께 영적 경험 만들기 ideas

축복 이벤트	• 성년이 된 것을 축복하는 이벤트 (교회에서 진행하는 성년의 날 행사(부모와 자녀 동참))
부모 교육	• 부부의 관계를 회복하기 위한 교육 (부부행복학교, 1박 부부 캠프 등) • 성년이 된 자녀 교육에 관련된 교육 (자녀 독립 준비 세미나, 진로 세미나, 성인 자녀 성교육 세미나, 부모 연합 기도회 등)
자녀 교육	• 성인의 책임을 감당하게 만드는 훈련 (이성교제 세미나, 진로 탐색 학교, 청년부의 사역들 및 단기 선교, 교회 섬김 박람회 등)

[FaithMap_8단계: 성인식] 추천 도서

성인식 시기에는 '스스로의 결정을 돕기 위한 도서'가 필요하다. 특별히 성인으로서의 정체성(Identity)과 성(Sex), 연애, 진로에 관한 지식을 쌓아야 한다. 자녀만 해당하는 건 아니다. 부모도 알아야 한다. 그래야 대화할 수 있고, 함께 고민하고 길을 찾아갈 수 있다. 아래 책들에서 도움을 얻을 수 있다.

저자	제목	출판사
오스 기니스	『소명』	IVP
고든 맥도날드	『내면세계의 질서와 영적 성장』	IVP
에드먼드 클라우니	『부르심』	복있는사람
J.C. 라일	『하나님의 청년에게』	복있는사람
안수현	『그 청년 바보의사』	아름다운 사람들
게리 토마스	『연애학교』,『결혼수업』	CUP
팀 켈러	『팀 켈러, 결혼을 말하다』	두란노
헵시바	『심리학하는 교회언니 헵시바의 연애 상담』	두란노
김지연	『너는 내 것이라』 『나의 어여쁜 자야』 『오직 너 하나님의 사람아』	두란노
박수웅	『크리스천의 性 TALK(성 토크)』	두란노

- 입대 전 청년

저자	제목	출판사
김영호	『군복 입은 연금술사』	두란노
주종화	『크리스천 청년들의 군대 톡톡』	생명의말씀사

9

FaithMap
9단계: 독립 전 청년기

청년기는 광야와 같다. 무한한 가능성이 있지만, 어디로 가야 하는지도 모호하다. 방황의 시간이 존재한다. 20대에는 괜찮다. 그런데 30대가 넘어가면 조금씩 마음이 급해진다. 시간은 계속 흐르고, 세상은 기다려 주지 않는다. 열심히 노력해도 갈 길이 멀어 보인다. 살다 보면 때론 세상의 냉혹함에 한기를 느낀다. 취업과 시험, 연애에서 쓰라린 실패를 경험하여 마음이 무너지기도 한다. 그렇게 청년은 세상과 부딪히며 세상살이가 쉽지 않다는 현실을 직시한다.

그런 과정을 통해 청년은 '홀로서기'를 준비한다. 언제까지나 부모의 품 안에 있을 수는 없기 때문이다. 어느 날 돌아보면 이전보다 작아진 부모님 모습이 보인다. 사회에서 자리를 잡아 가는 친구들의 소식이 들린다. 친한 친구의 결혼 청첩장도 받는다. 마냥 즐겁던 친구들과의 모임이 갈수록 진지해진다. 회사 이야기, 결혼과 경제 문제, 부모님 건강 등이 대화 주제로 등장한다. 그렇게 광야를 걷다 보면 '나는 지금 어디로 가고 있는가?' 질문하게 된다. 스스로의 길을 찾아야 하는 시기가 되었다는 증거다.

부모도 자녀의 '홀로서기'를 준비해야 한다. 이제 자녀를 떠나보낼 준비를 해야 한다. 한 집에 살 때는 실감이 나지 않지만, 독립이 다가오면 인정해야 한다. 30대에 접어든 자녀는 독립된 인격체다. 이미 부모의 영향권을 벗어났다. 아니, 벗어나야만 한다. 스스로 결정하고 책임지는 삶이 당연하다. 앞으로 그를 보호하는 존재는 오직 하나님이심을 받아들여야 한다. 그리고 자녀의 독립을 준비해야 한다.

수십 년간 이어진 정서적, 경제적 관계를 정리하는 과정은 어렵다. 물론 독립 이후에도 부모와 자녀 관계는 끊어지지 않는다 (엡 6:1-4). 하지만, 새로운 관계가 된다. 부모는 이전처럼 자녀를 마냥 도와주면 안 된다. 독립 전에 자생할 능력을 길러 줘야 한다. 때론 매정하게 느껴질 수 있다. 하지만 독립 전 청년기에 훈련하지 않으면 나중에 큰 어려움을 겪는다. 자녀도 부모에게 의존하려는 마음을 버려야 한다. 스스로 일어서야 한다. 처음에는 당연히 어렵고 불편하다. 그러나 해야만 한다. 독립은 쉽게 이루어지지 않는다.

특별히 '결혼'은 완전한 독립의 상징이다. 결혼과 동시에 부모는 자녀 부부를 '완전한 성인'으로 대해야 한다. 결혼하지 않았어도 40세 이상이 되면 자녀를 독립 시켜야 한다. 이때부터는 더는 의사결정에 영향을 행사하면 안 된다. 경제적 지원도 최소화해야 한다. 매우 어려운 과제다. 그러나 독립 없는 결혼은 갈등의 씨앗이 된다. 독립 없는 인생은 온실 속 화초가 되고, 건강하지 못한 화초는 결국 생명을 유지할 수 없다. 그래서 부모도, 자녀도 독립 전 청년기에 의도적으로 관계의 분리를 훈련해야 한다.

▬ 독립 전 청년기: 부모도 자녀도 완전한 홀로서기를 연습하는 시간

인간은 절대 의존적 존재로 태어난다. 신생아는 혼자 살아남을 수 없다. 밤낮 돌보며 먹이고 입혀야 한다. 그런데 언제까지나 아기로 있으면 안 된다. 인간은 자라야 한다. 육체적 성숙을 넘어 인격적, 영적 성숙을 이뤄야 한다. 그리고 장성한 사람이 되면 부모로부터 독립해야 한다. 창세기 2장 24절을 명령하신 이유다.

> 이러므로 남자가 부모를 떠나 그의 아내와 합하여 둘이 한 몸을 이룰지로다 창 2:24

독립 전 청년기에 이 말씀은 이정표다. 목적지는 '떠남'과 '새로운 한 몸'이다. 떠남을 배워야 한다. 떠나보내는 방법을 익혀야 한다. 그리고 하나님이 짝지어 주신 배필을 찾아야 한다. 아직은 결혼을 포기하면 안 된다. 독립 전 청년기에는 결혼을 위해 기도하고 노력해야 한다. 하나님이 어떻게 일하실지는 아무도 모른다.

물론 독신은 죄가 아니다. 예수님도 독신이었다. 사도 바울은 "내가 결혼하지 아니한 자들과 및 과부들에게 이르노니 나와 같이 그냥 지내는 것이 좋으니라"(고전 7:8)라고 기록했다. 결혼한 이들은 '세상 일을 염려하여 마음이 나누여서' 주의 일에 소홀해질 수 있기 때문이다(고전 7:32-34). 그러면서 이렇게 권면한다.

> 그러므로 만일 누가 자기의 약혼녀에 대한 행동이 합당하지 못한 줄로 생각할 때에 그 약혼녀의 혼기도 지나고 그같이 할 필요가 있거든 원하는 대로 하라 그것은 죄 짓는 것이 아니니 그들로 결혼하게 하라 그러나 그가 마음을 정하고 또 부득이한 일도 없고 자기 뜻대로 할 권리가 있어서 그 약혼녀를 그대로 두기로 하여도 잘하는 것이니라 그러므로 결혼하는 자도 잘하거니와 결혼하지 아니하는 자는 더 잘하는 것이니라 고전 7:36-38

바울에게 결혼은 '해도 좋고 안 하면 더 좋은 것'이다. 주를 더 많이 섬길 수 있기 때문이다. 초점이 하나님께 있다. 그래서 바울은 자유롭다. 하나님께서 결혼하게 하시면 하는 것이고 아니면 안 하는 것이다. 다만, 바울은 '음행의 연고로' 결혼을 권한다(고전 7:2). 그의 초점은 '거룩'에 있기 때문이다. 그래서 "만일 절제할 수 없거든 혼인하라 정욕이 불같이 타는 것보다 혼인하는 것이 나으니라"(고전 7:8)라고 말한다. 독립 전 청년기에는 바울의 관점이 필요하다.

결혼이 인생의 목표는 아니다. 그러나 간과할 수 없는 매우 중요한 주제다. 독립 전 청년기에는 모든 가능성을 열어 놓아야 한다. 그리고 정말 독신의 은사를 받은 게 아니라면 결혼에 힘써야 한다. 만약 음행의 유혹(the Temptation to Sexual Immorality)과 성적 욕구를 이겨 낼 수 없다면 반드시 결혼해야 한다. 그런 경우 결혼은 선택의 문제가 아니다. 하나님은 그의 자녀가 거룩하기 원하신다. 음행의 죄에 몸과 마음, 영혼을 내어 주면 안 된다.

특별히 오늘날 한국 사회는 음란이 일상화되었다. 여기에 결혼에 부정적인 사조(Stream of Thought, 思潮)까지 팽배하다. 그 결과 출산 거부를 넘어 비혼주의가 대세로 등극했다. 결혼 제도 자체를 거부하려는 움직임도 있다. 성경의 가르침과는 반대되는 주장이다. 여기에 휩쓸리면 안 된다. 분별해야 한다. 결혼은 거부해야 하는 '불평등한 관습'이나 '타파해야 하는 잘못된 제도'가 아니다. 결혼은 '사랑의 결과'다. 결혼을 통해 인간은 진정한 자유함을 누릴 수 있다. 둘이 한 몸이 되는 것, 자녀를 낳아 가정을 이루는 것은 무엇과도 비교할 수 없는 기쁨이다.

그런데 이 시기에 결혼만 이슈는 아니다. 사회생활도 시험을 주는 요소들이 많다. 정직한 그리스도인으로 살아가기 힘든 세상이기 때문이다. 특히 사회 경력을 쌓아 가는 30대 청년은 날마다 믿음의 시련을 겪는다. 직장에서는 정직을 공격받는다. 적당히 맞춰 줘야 하는 관계도 생기고 사회생활을 위해 술 문화도 마주한다. 정신없이 바빠지면서 교회 생활이 줄어들다 보면 어느새 선데이 크리스천으로 살고 있는 자신을 발견하기도 한다.

독립 전 청년기는 이런 '일상의 영적 전쟁'을 싸워 나가는 단계다. 처음부터 모두 이겨 내면 좋지만, 실패할 때도 있다. 쓰라린 패전에 눈물로 회개할 때도 있다. 그러나 괜찮다. 예수님은 용서하신다. 다시 일어나 도전하라 격려하신다. 아직 갈 길이 멀다. 오히려 실패했기에 더 단단해진다. 연단되는 과정을 통해 독립을 준비하면 된다.

부모는 이 과정을 동행한다. 헬리콥터 맘[38]이 되라는 의미는 아니다. 부모의 역할은 사랑과 기도다. 독립을 향해 걸어가는 자녀의 이야기를 듣고 격려하며 인생의 노하우를 나눠 주는 인격적인 관계다. 중요한 것은 일방적인 잔소리나 가르침이 아닌 '공감'이다. 자녀의 마음을 함께 느끼며 '부모의 그 시절 이야기를 들려주는 것'이다. 진심은 통한다. 자녀를 동등한 존재로 대우하며 들려주는 이야기는 잔소리가 아니다.

동시에 부모는 '기도'해야 한다. 자녀를 위해 세상 그 누구보다 간절하게 기도할 수 있는 사람이기 때문이다. 그러려면 가능한 한 자주 자녀의 기도 제목을 묻는 것이 좋다. 그리고 개인 기도 시간에 기도하면 된다. 비슷한 시기에 있는 가정들과 소그룹을 이뤄서 자녀를 위해 기도하는 것도 좋다. 부부가 시간을 정해 가정예배를 드리며 기도할 수도 있다. 어떤 형태든지 독립 전 청년기 자녀를 둔 부모는 새로운 형태의 자녀 양육을 훈련해야 한다. 바로 '기도로 자녀를 키우는 것'이다. 자녀에게 줄 수 있는 최

---

38   헬리콥터를 타고 쫓아다니듯 자녀의 일거수일투족을 감시하고 지시하는 부모. 최근 한국 사회에는 학교는 물론이고 군대나 직장에까지 전화해 자녀를 두둔하고 부조리를 따지는 역기능적 부모(Dysfunctional Parents)가 등장하고 있다. 이런 부모는 자녀를 독립시키지 못한다.

고의 선물은 '기도하는 것'이다.

▪ 독립 전 청년기에 무엇을 해야 하나?

독립은 피할 수 없다. 자발적으로 선택하지 않으면 부모님이 돌아가신 후에 억지로 독립하게 된다. 그러면 준비할 수 없다. 갑자기 세상에 나가면 위험하다. 부모도 삶을 정리하는 시간이 필요하다. 그런 죽음을 준비하는 과정을 통해 부모도 자녀도 성숙을 이룬다. 이 과정에서 이전에는 경험할 수 없던 신비한 천국 소망이 일어난다.

'홀로서기'는 축복이다. 부모도 자녀도 꿈꿔야 하는 '소망'이다. 그런데 그냥 일어나는 소망은 아니다. 교회에서 주도하는 '계기'(Trigger)가 필요하다. 여러 방법이 있지만, '축복 시간'을 통해 계기를 제공할 수 있다. 결혼 30주년을 축복하는 것이 한 가지 예다. 필요에 따라 결혼 40주년으로 진행해도 된다. 자녀를 장성하도록 키운 부모의 노고를 격려하고 이제는 부모와 자녀가 '독립을 결단하도록' 이끄는 것이다.

더불어 자녀의 결혼 준비 과정도 신앙 성숙의 기회로 삼아야 한다. 교회가 부모와 자녀를 교육하며 돕는 것이다. 자녀에게 성경적 결혼을 가르치고 어떻게 이성을 만나고 교제해야 하는지 가르칠 수 있다. 또한, 믿음으로 사회생활을 하도록 교육과 훈련, 지원도 필요하다. 좋은 동역자들을 연결해 주는 것도 좋다. 이 모든 과정에 부모는 동행한다. 이전과는 달리 한 걸음 뒤에서 자녀를 사랑하는 새로운 자녀 양육을 훈련해야 한다.

≡ 1) 부모-자녀 축복식 (홀로서기 서약식)

자녀가 독립 전 청년기에 들어갔다는 말은, 부부가 30년이 넘게 결혼 생활을 해 왔음을 의미한다. 부부 관계의 친밀도가 어떠했든, 세상의 풍랑에 맞서 가정을 지키고 자녀를 키웠다는 것만으로도 충분히 격려받아야 한다. 어떤 방법이 있을까? 교회가 부모를 축복하고 자녀가 부모에게 감사를 전하는 시간을 가질 수 있다.

방법은 다양하다. 교회에서 함께 저녁 식사를 하면서 '리마인드 웨딩'을 진행할 수 있다. 이때 자녀들이 깜짝 방문해 편지와 선물을 전달하고 축복하는 시간을 가지는 것이다. 교회 외부 장소를 활용해 1박 2일 캠프를 진행하거나 결혼 30주년, 40주년을 축복하는 행사를 가질 수도 있다. 어떤 방식이든지 가정을 지켜온 부부를 격려하는 시간을 가지는 것은 충분히 의미 있다. 이때 자녀들을 향해 '독립'에 대한 메시지를 전해야 한다. 이제는 '홀로서기'에 도전하자고 권면하는 것이다. 당장 집을 분리해야 하는 건 아니다. 결혼 전까지 혹은 40세 전까지 독립을 준비하는 시간을 가지는 서약이다. 간단한 서약식을 진행하는 것도 좋다. 핵심은 '지금 이 시기에 추구해야 하는 목표'를 알려 주는 것이다.

한국 사회는 '가정의 위기'에 직면해 있다. 수많은 가정이 깨어지고 있다. 반전이 필요하다. 위기를 이기기 위해서는 좋은 가정의 모델을 보여 주어야 한다. 교회 안에는 가정을 지켜 낸 수많은 영웅이 있다. 자녀를 키워 독립시키는 것이 얼마나 기쁘고 영광스러운지 보여 줄 충분한 자원이 있다. 이런 가정들을 축복하는 시간을 통해 대사회적인 메시지를 던져야 한다.

홀로서기를 시작하기 위한 – 독립 전 청년기 도전 과제(1)

1) 오랜 시간 부부로 살아온 부모를 축복하는 이벤트를 엽니다.
- 리마인드 웨딩 사진이나 가족 사진을 촬영합니다. 자녀는 손편지와 선물을 준비하면 좋습니다.

2) 독립을 위한 서약 시간을 가집니다.
- 결혼 또는 40세 전까지 독립을 준비하는 시간이라는 것을 명확하게 인식하도록 서약식을 진행합니다.

≡ 2) 성경적 결혼, 직장 생활에 관한 교육

결혼은 '죄인과 죄인의 만남'이다. 다툼은 당연하다. 어려울 수밖에 없다. 그래서 미리 준비해야 한다. '결혼예비학교' 같은 체계적인 결혼 교육 시스템이 필요하다. 학교를 운영하기 버겁다면 결혼을 준비하는 부부들을 모아서 '결혼 북클럽'을 운영해도 된다. 중요한 것은 '결혼을 미리 준비하도록 교회가 지원하는 것'이다.

직장 생활도 준비가 필요하다. 그곳은 살벌한 영적 전쟁이 진행중이다. "보라 내가 너희를 보냄이 양을 이리 가운데로 보냄과 같도다 그러므로 너희는 뱀 같이 지혜롭고 비둘기 같이 순결하라"(마 10:16)라는 예수님의 말씀이 적용되는 곳이다. 날씨가 추우면 따뜻한 옷을 입어야 하듯, 직장은 그냥 들어가면 안 된다. 기도 그룹을 만들고 다양한 상황을 미리 대비해야 한다. 직장이 같거나 비슷한 지역에 있다면 신우회를 연결하는 것도 좋다. 직장인 PRS모임을 만들어 짧은 시간이라도 함께 성경 읽는 모임을 만들 수도 있다.[39] 무엇이든 가능하다. 하나님이 언제나 함께하시듯, 교회도 언제나 함께할 수 있다.

동시에 독립 전 청년기에는 '재정 사용'에 대해서도 배워야 한다. 이제는 부모에게서 재정적인 독립을 이뤄야 한다. 소득이 있다면 월세를 내고 부모님께 용돈을 드리는 게 좋다. 동시에 건전한 재정 원칙을 세우기 위해 공부해야 한다. 세상에서 말하는 투기에 가까운 투자를 배우면 안 된다. 하나님은 불의한 소득을 기뻐하지 않으신다. 잠언 16장 8절처럼, 적은 소득이라도 의를 겸하는 것이 좋다. 독립 전 청년기는 성경적 재정을 배우고 훈련하기에 최적의 시기다.

---

39   https://www.themission.co.kr/news/articleView.html?idxno=68259 참고

3) 부모 세대의 기도 훈련

독립 전 청년기에 부모의 역할은 소극적으로 변한다. 30대가 넘은 자녀는 더 이상 부모의 양육 대상이 아니기 때문이다. 이제는 한 걸음 뒤로 물러나야 한다. 그리고 나와 동일한 위치의 어른으로 대해야 한다.

물론 부모 눈에 자녀는 아직 어리다. 미숙한 결정을 할 때도 있다. 답답하기는 하지만, 그것도 성장의 과정이다. 넘어져 봐야 잘 넘어지는 법을 배운다. 오히려 아직 독립하지 않았기에 넘어져도 어느정도 수습할 수 있다. 독립한 후에 실패를 경험하면 더 위험하다.

이제 적극적인 자녀 양육 시기는 지났다. 완전히 새로운 형태의 자녀 양육을 배워야 한다. 기도로 자녀를 양육하는 것이다. 어쩌면 훨씬 어려운 자녀 양육이다. 마음의 조급함과 답답함을 내려놔야 가능하기 때문이다. 스스로는 어렵다. 공동체의 훈련이 필요하다. 서로를 지지하며 마음을 나누는 공동체를 만들어야 한다. 그들과 함께 자녀의 독립을 준비하는 부모 세대가 되어 기도로 자녀를 키우는 법을 훈련해야 한다.

홀로서기를 시작하기 위한 – 독립 전 청년기 도전 과제(3)

1) 자녀의 독립을 앞둔 부모들의 기도 모임을 만듭니다.
- 정기적인 모임 시간을 만듭니다. 기존의 소그룹을 활용해도 좋습니다.

독립 전 청년기에 교회와 함께 영적 경험 만들기 ideas

축복 이벤트	• 30년~40년간 부부로 살아온 시간을 축복하는 이벤트 (결혼 40주년 기념 리마인드 웨딩, 부모-자녀 축복 캠프 등)
부모 교육	• 기도로 자녀를 양육하도록 지원하는 훈련 (엄마들의 기도 모임, 예비 시부모 학교 등) • 부부 관계 회복을 위한 학교 (가정행복학교, 부부 회복 수양회 등)
자녀 교육	• 홀로서기, 결혼, 직장생활을 돕는 교육 (독립 준비 세미나, 데이트 학교, 성경적 결혼 세미나, 지역별 신우회 모임, 공동체 성경읽기(PRS) 그룹 등)

[FaithMap_9단계: 독립 전 청년기] 추천 도서

　독립 전 청년기는 본격적인 사회생활이 시작됩니다. 만만치 않습니다. 일상에서 수많은 시험을 마주합니다. 그래서 더욱 은혜를 구해야 합니다. 부모도 마찬가지입니다. 이제는 품 안에 들어오지 않는 자녀를 키우는 방법은 '믿음'뿐입니다. 믿음으로 기도하며 불안한 마음을 달래야 합니다. 아래 제시한 신앙 서적이 도움이 됩니다.

저자	제목	출판사
H. 노먼 라이트	『이 사람과 결혼해도 될까?』	규장
래리 크랩	『결혼 건축가』	두란노
유진 피터슨	『다윗: 현실에 뿌리박은 영성』	ivp
팀 켈러	『일과 영성』	두란노
폴 스티븐스	『일의 신학』	CUP
조정민	『왜 일하는가?』	두란노
브라이언 채플	『일과 은혜』	생명의말씀사
하형록	『P31』	두란노
크래그 힐 & 얼 피츠	『그리스도인의 재정 원칙』	예수전도단
김동호	『깨끗한 부자』	규장

10

FaithMap
10단계: 자녀 독립기(제2의 신혼기)

오늘날 부모가 되기 시작한 밀레니엄 세대는 부모에게 의존하는 것이 익숙한 세대다. 이들을 키운 부모들도 마찬가지다. 30년이 넘는 시간 동안 남부럽지 않게 해 주려 애지중지하며 모든 것을 쏟아부었다. 당연히 정서적, 경제적 밀착이 매우 강하다.

그래서일까? 한국 사회에서 자녀의 독립은 다른 나라에 비해 늦게 이루어진다. 갈수록 초혼 연령이 높아지고 있다. 비혼주의도 급증했다. 결혼은 선택이 되었다. 부모도 자녀도 서로 떨어지지 않는 게 익숙하다. 그러다 보니 결혼을 해도 독립은 멀다. 언제든지 연락할 수 있다. 만날 수 있다. 결혼과 독립은 다른 말이 되었다.

이런 밀착된 관계는 아이를 낳으면 더욱 강해진다. 조부모가 아이를 돌봐야 하기 때문이다. 국가에서 다양한 정책을 시행하고 있지만, 조부모의 돌봄은 필수가 되었다. 맞벌이를 하는 경우는 더하다. 부모들도 조손 돌봄을 원한다. 친정엄마는 딸이 안쓰럽다. 시어머니도 마음이 안 놓인다. 손주를 계속 보고 싶다. 자녀들도 도움을 받는 게 편하다. 그래서 결혼을 하고 아이를 낳고 마흔이 넘어 자리를 잡아도 부모의 영향권을 벗어나지 않는다.

부모도 자녀도 아기에게 매몰된 시대다. 물론 가족이 서로 돕는 건 좋다. 아이는 보물이다. 최선을 다해 키워야 한다. 그런데 더 중요한 것을 놓치면 안 된다. 자녀 독립은 부모에게 주어진 '제2의 신혼기'라는 사실이다. 수십 년간 자녀를 키우느라 수고한 두 사람은 새로운 신혼기를 보내야 한다. 관계를 회복해야 한다.

여기서 새로운 사명을 발견할 힘이 나온다. 이제 100세 시대는 현실이다. 자녀 독립 이후에도 살아갈 날은 수십 년 남아 있다. 경제적 준비만으로는 그 오랜 시간을 버틸 수 없다. 목적 없는 삶은 고통이다. 그렇기에 자녀를 독립시키며 부부는 충분히 고민해야 한다. 지난 시간을 돌아보며 앞으로의 삶을 꿈꾸는 시간이다. 이 시간을 통해 같은 곳을 바라보는 회복을 이뤄야 한다.

같이 살고 있어도 실질적 이혼 상태인 중년 부부들이 많다. 세상살이가 험하기 때문이다. 서로 부딪히고 아파하다 사랑이 사라졌다. 애증(Love and Hate)의 관계는 그나마 낫다. 어쨌든 사랑이 있기 때문이다. 애증도 없는 증오의 관계도 있다. 서로 관심조차 가지지 않는다. 의무적으로 같은 집에 살 뿐이다. 사랑으로 시작했는데 미움으로 마친다면 매우 슬플 것이다.

그렇게 깨어진 관계로 노년에 접어들면 안 된다. 몸과 마음이 약해지면 밀려오는 극심한 외로움은 자녀가 채울 수 없다. 다른 사람도 불가능하다. 삶의 마지막을 채워 주는 존재는 일평생 세월 풍파를 함께 견뎌낸 한 몸, 배우자뿐이다. 배우자와 다시 한 몸이 되어야 한다. 가만히 생각해 보라. '부부 관계의 회복'이 자녀 독립 시기의 가장 중요한 목적이다.

▬ 자녀 독립기(제2의 신혼기): 새로운 인생을 만들어 가는 시간

성경은 자녀가 부모를 떠나야 한다고 말한다(창 2:24, 엡 5:31). 이유가 무엇일까? 그냥 서로 의지하고 살면 더 좋은 것 아닌가? 이 질문에는 명확한 이유가 있다. '부부가' 한 몸이 되어야 하기 때문이다. 우선순위를 배우자에게 둬야 한다는 말이다. 그러려면 오랜 기간 밀착되어 있던 부모를 '의도적으로' 떠나야 한다. 자연스럽게는 안 된다. 부모와 자녀의 깊은 관계는 그냥 끊어지지 않는다. 공식적으로 결혼식을 하는 이유다.

결혼식은 하나님과 여러 증인 앞에서 '일평생 한 남자의 아내, 한 여자의 남편으로 살겠다는 언약'이다. 그래서 결혼을 하면 전혀 다른 정체성을 갖게 된다. 사도 바울의 설명을 보자.

> 남편은 그 아내에 대한 의무를 다하고 아내도 그 남편에게 그렇게 할지라 아내는 자기 몸을 주장하지 못하고 오직 그 남편이 하며 남편도 그와 같이 자기 몸을 주장하지 못하고 오직 그 아내가 하나니 고전 7:3-4

결혼을 하면 남편도 아내도 서로에게 종속된다. 서로를 위해 살아야 한다. 자기 몸을 주장할 수 없다. 온전히 이타적인 삶이다. 바울은 이것이 그리스도와 교회의 관계라고 설명한다.

> 그러므로 사람이 부모를 떠나 그의 아내와 합하여 그 둘이 한 육체가 될지니 이 비밀이 크도다 나는 그리스도와 교회에 대하여 말하노라 엡 5:31-32

에베소서 5장을 보면, 바울에게 남편과 아내의 관계는 그리스도와 교회의 관계다. 남편은 그리스도께서 교회를 사랑하시듯 아내를 사랑해야 한다. 아내는 교회가 그리스도께 복종하듯 남편에게 복종해야 한다. 여기서 하나 됨이 이루어지기 때문이다. 그러려면 부부는 완전히 새로운 존재가 되어야 한다.

> 그런즉 누구든지 그리스도 안에 있으면 새로운 피조물이라 이전 것은 지나갔으니 보라 새 것이 되었도다 고후 5:17

이런 관점으로 보면, 결혼은 '새로운 정체성을 선언하는 의식'이다. 어떤 정체성인가? 배우자와 한 몸을 이루었다는 자기 인식(Self-Awareness)이다. 자녀는 이제 부모를 '순종과 공경의 관계'로 대해야 한다(엡 6:1-3). 성경은 부모를 떠나라고 명령하지만, 부모를 공경하라고도 명령하기 때문이다(출 20:12; 레 19:3). 어떤 의미인가? 부모를 존귀하게 여기며 섬기라는 뜻이다.

하지만, 한 몸은 아니다. 부모와 자녀 사이에는 '예의'(Etiquette)가 필요하다. 넘으면 안 되는 선이 있다. 자녀는 부모의 권위를 존중해야 한다. 부모도 자녀의 인격을 존중해야 한다. 서로를 독립된 인격체로 대하는 것이다. 부모도 자녀와 한 몸이 되려고 하면 안 된다. 부모도 자녀도 우선순위는 배우자다. 서로 자신의 배우자와 한 몸을 이뤄야 한다. 이 관계를 정립하는 시점이 '결혼'이다.

부모도 자녀도 결혼을 기점으로 독립해야 한다. 의지하려는 마음을 끊어 내야 한다. 섭섭할 수 있다. 그러나 결혼 초기에 독립된 관계를 만들어야 한다. 그런 독립된 관계가 형성된 후에 손자녀 돌봄을 부탁할 수 있다. 그러면 의존적인 돌봄이 아닌, 돕는 관계가 될 수 있다. 먼저는 독립이다. 결혼을 기점으로 부모와 자녀는 서로 독립해야 한다.

그런데 만약 '결혼을 안 했다면' 어떻게 해야 하는가? 그래도 독립은 필요하다. 결국은 누구나 홀로서야 하기 때문이다. 아직 부모가 건강할 때 독립해야 한다. 최근 한국 문화에서는 40세 정도가 적당하다. 충분히 독립이 가능한 나이이기 때문이다. 이를 위해 부모가 미리 자녀에게 결혼을 안 하면 40세에는 독립해야 한다고 선언하는 것이 좋다. 결혼 유무와 상관없이 자녀가 독립해야 이 시기에 부부가 달성해야 하는 '과제'를 수행할 수 있기 때문이다.

어떤 과제일까? 자녀를 독립시킨 후에 '제2의 신혼기'를 보내는 것이다. 매우 중요한 부분이다. 부부는 자녀 독립을 기점으로 그동안 표현하지 못했던 고마움을 나눠야 한다. 더 깊은 사랑의 관계로 들어가야 하기 때문이다. 이제 인생의 무거운 짐을 내려 놓고 서로에게 집중할 때가 되었다. 수십 년간 서로의 마음에 생긴 상처를 보듬는 충분한 시간을 가져야 한다.

이유가 있다. 자녀 독립 이후에는 연약해지기 때문이다. 노화는 생각보다 빠르다. 갑자기 어떤 질병이 찾아올지 모른다. 평생 수고한 육신에 또 다른 풍파가 예고 없이 밀려온다. 어떻게 견딜 수 있을까? 배우자와의 사랑이다. 다른 것으로는 안 된다. 가장 중요한 노후 준비는 돈이 아니다. 일평생 함께한 배우자와의 사랑이다.

배우자와의 사랑이 회복되어야 인생 후반전이 풍성해진다. 사랑 없는 인생은 메마르다. 육체도 정서도 건강할 수 없다. 그러면 목적 없는 인생이 된다. 이리저리 방황하며 아파할 뿐이다. 불행한 인생이지 않은가? 사랑을 회복해야 한다. 하나님께서 짝지어 주신 배우자와의 사랑이 가장 먼저다. 그 사랑이 있어야 새로운 사명을 발견할 수 있다. 자녀 독립 이후에도 남아 있는 인생은 길다. 그 시간을 어떻게 보낼 것인가? 그저 평안한 노후는 그리스도인의 꿈이 아니다. 사도 바울의 고백을 보라.

전제와 같이 내가 벌써 부어지고 나의 떠날 시각이 가까웠도다 나는 선한 싸움을 싸우고 나의 달려갈 길을 마치고 믿음을 지켰으니 이제 후로는 나를 위하여 의의 면류관이 예비되었으므로 주 곧 의로우신 재판장이 그 날에 내게 주실 것이며 내게만 아니라 주의 나타나심을 사모하는 모든 자에게도니라 딤후 4:6-8

사도 바울은 '달려갈 길'을 마쳤다. 느긋하게 걸어가는 길이 아니었다. 그는 믿음을 지키기 위해 모든 것을 드렸다. 전제와 같이 부어졌다. 가장 아름다운 삶의 마지막이다. 인생의 후반전을 준비하는 자녀 독립 시기, 그리스도인은 바울과 같은 마음을 가져야 한다. 새로운 사명을 발견하고 달려가야 한다.

▬ 자녀 독립기에 무엇을 해야 하나?

자녀 독립은 한 사람의 인생에 큰 전환점이다. 수십 년의 자녀 양육을 완전히 내려놓는 시점이기 때문이다. 그래서 독립은 기쁨이다. 부모는 잘 커서 독립하는 자녀를 축복해야 한다. 자녀는 그동안 베풀어 주신 은혜에 감사해야 한다. 부모와 자녀 모두 서로를 향한 마음을 표현하는 시간을 가져야 한다.

결혼은 대표적인 '독립 선언'이다. 부모와 자녀 모두 새로운 삶이 시작된다. 이때 자녀는 '생애주기 신앙 지도 1단계_결혼'을 시작한다. 부모는 이제 '10단계_자녀 독립, 제2의 신혼기'에 들어간다. 자녀가 해야 하는 것은 다시 1단계로 돌아가기에 여기서는 부모에게 필요한 것들을 정리했다. '부부 관계 회복을 위한 사역'과 '새로운 사명을 발견하는 훈련'이다.

독립은 '선언'이다. 신분의 변화다. 그래서 '특정한 예식'이 필요하다. 결혼이 대표적이다. 새로운 삶을 시작하는 신랑과 신부를 축복하는 시간이다. 그리고 자녀를 독립시키는 양가 부모님을 축복하는 시간이다. 하나님이 결혼을 제정하신 목적은 '부모로부터의 독립'이다.

그런데 요즘은 결혼이 늦어지거나 하지 않는 경우가 많다. 그래도 독립은 해야 한다. '자녀 독립식'이라는 이름으로 진행할 수 있다. 부모와 자녀가 시한을 정하면 된다. 그리고 하나님 앞에 부모의 의무를 마감하고 자녀를 완전히 독립시켜야 한다. 언제까지나 부모의 의무에 얽매여 살면 안 된다. 자녀가 장성했다면 부모는 부모의 인생을 살아야 한다. '의도적으로'(Intentionally) 독립을 추진해야 한다. 오랜 세월을 살아온 부모도 자녀 독립은 처음이기에 쉽지 않다. 배워야 한다. 그리고 실천해야 한다.

가장 큰 적은 '허탈한 마음'이다. 자녀를 결혼시켰는데 마음 한쪽이 헛헛하다. 독립해서 분가해도 마찬가지다. 분명히 잘 키워서 보냈다. 노후를 보낼 돈도 어느 정도 있다. 그런데 후련하지 않다. 마음이 이상하다. 때론 가족이 내 맘을 몰라주는 것 같다. 결혼하더니 바빠진 아이에게 서운해진다. 인생에 새로운 자극도 줄어든다. 무언가 도전하기에는 세상이 너무 빨리 변한다. 몸도 마음대로 안 움직인다. 인생의 큰 숙제를 마치니 삶이 무료해진다.

교회가 그런 이들을 이끌어 줘야 한다. 똑같이 자녀를 독립시킨 부모들을 연결하는 게 시작이다. 서로 안부를 묻고 기도 제목을 주고받으며 빈자리를 채워 주는 관계를 만드는 것이다. 함께 기도하는 모임을 만들고 시부모, 친정부모 세미나를 여는 것도 좋다. 자녀의 가정을 위해 기도하고 태의 열매를 위해 기도하는 것도 좋다. 다양한 방법을 통해 자녀 독립 이후의 삶을 은혜로 채워야 한다.

새로운 인생을 시작하기 위한 – 자녀 독립기 도전 과제(1)

1) 결혼식의 의미를 살려서 '하나님 앞에 결혼 예배'를 드립니다.
 - 결혼은 예배로 드려야 합니다. 믿음으로 결단하고 하나님께서 제정하신 결혼을 거룩하게 드리는 것은 중요합니다.
2) 자녀를 독립시킨 사람들의 모임을 만듭니다.
 - 교회의 기존 공동체가 해당한다면 그곳에서 모이면 되지만, 그런 모임이 없다면 새롭게 관계를 만듭니다.

☰ 2) 제2의 신혼기 부부 관계 회복을 위한 사역

풍파 많은 세상을 살다 보면, 부부는 서로의 민낯을 본다. 세상 누구도 모르는 치부를 알게 된다. 어느새 누구보다 많은 상처를 주고받는다. 그래서 많은 부부가 아프다. 깨진 관계를 회복하지 못하고 수십 년을 살기도 한다.

교회는 회복을 위해 존재한다. 부부 관계도 해당된다. 자녀 독립 이후에 다시 신혼으로 돌아가도록 교회가 도와야 한다. 부부

학교나 세미나를 여는 것은 좋은 방법이다. 전문 강사를 초빙하고 오랜 시간 수고한 서로를 격려하는 시간을 가질 수 있다. 다른 가정의 이야기를 듣고 용서하는 시간을 가질 수도 있다. 부부가 단기 선교를 다녀오거나 봉사활동을 하는 것도 좋다. 관건은 '하나님께 초점을 두는 것'이다. 하나님께서 치유하시길 간구하며 부부가 함께 시간을 보내다 보면 신비한 치유의 은혜가 임한다.

이때 자녀는 '비밀병기'다. 부부를 위한 시간에 자녀를 적극적으로 활용하면 시너지가 일어난다. 지금 어떤 상황이든지 자녀는 사랑의 열매다. 부부가 평생을 헌신해 키워낸 결실이다. 그래서 자녀를 통해 부부는 다시 하나가 될 수 있다. 서로의 얼어붙은 마음을 녹일 수 있다. 그리고 자녀도 교회를 사랑하게 된다. 복음의 능력을 목격할 수 있다.

새로운 인생을 시작하기 위한 – 자녀 독립기 도전 과제(2)

1) 부부를 위한 회복의 시간을 가집니다.
- 부부가 함께 예배드리는 시간을 정하고 최선을 다해 지킵니다(공예배, 가정예배 모두 해당됩니다).
- 교회에서 진행하는 부부 회복 프로그램이 있다면 동참합니다.

2) 부부가 함께 새로운 환경을 접해봅니다.
- 해외 단기 선교나 성지순례에 부부가 함께 참여할 수 있습니다.
- 부부만의 여행을 다녀오는 것도 좋습니다.

3) 부부의 기념일을 특별하게 챙겨봅니다.
- 결혼기념일, 생일 등에 특별한 이벤트를 합니다.
- 자녀들이 준비하도록 미리 이야기하는 것도 좋습니다.

하나님은 구원받은 모든 성도에게 사명을 주셨다. '하나님이 가치 있게 여기는 시대적 소명'이다.[40] 인생의 의미는 자신에게 주어진 사명을 발견할 때 시작된다. 그 사명에 헌신할 때 인간다운 삶이 된다. 그래서 하나님은 말씀을 통해 우리에게 사명을 주신다.

그런데 사명은 젊을 때만 발견하는 게 아니다. 시간이 지나면 새로운 사명이 등장한다. 자녀를 독립시킨 후는 결정적인 순간이다. 이전에 추구하던 인생과 전혀 다른 인생을 살 기회가 주어진다. 데이비드 브룩스는 그것을 '인생의 두 번째 산을 오르는 것'이라고 표현했다.[41] 자신만을 위해 오르던 첫 번째 산을 마치고 발견하는 '진정한 의미를 가진 두 번째 산'이다. 자녀 독립 시기는 인생의 새로운 의미를 발견할 때다.

교회는 그 과정을 함께할 수 있다. 자녀를 독립시킨 부부들을 모아서 '새로운 사명을 발견하도록 돕는 사역'을 진행하는 것이다. 인생의 후반전을 준비하기 위한 세미나 또는 훈련 학교, 미래 사회의 변화를 예측하는 강의 등을 진행하는 것이 방법이다. 물론 가장 기초에는 '하나님의 말씀'이 있다. 사명은 반드시 말씀을 통해 주어지기 때문이다. 그래서 자녀 독립 시기 부부에게 교회

---

40   최윤식·최현식, 『다시, 사명이다』 (서울: 생명의말씀사, 2016), 88.
41   데이비드 브룩스, 『두 번째 산』, 이경식 역 (서울: 부키, 2020).

는 '깨어 기도하며 미래를 준비하고 도전하는 신앙 공동체'가 되어야 한다.

새로운 인생을 시작하기 위한 – 자녀 독립기 도전 과제(3)

1) 인생 후반전을 헌신할 사명을 발견하기 위해 하나님께 더욱 가까이 나아갑니다.
- 교회를 통해 사명에 관련된 설교, 세미나, 강의 등을 듣습니다.
- 인생의 의미에 관한 도서를 읽는 북클럽을 만드는 것도 좋습니다.

2) 부부가 함께 새로운 사명을 찾아갑니다.
- 부부가 각자 '인생의 후반전 버킷 리스트'를 작성하고 대화합니다.
- 앞으로 삶에 대한 각자의 생각을 듣고 기도하며 사명을 찾는 시간을 갖습니다.

자녀 독립 이후 교회와 함께 영적 경험 만들기 ideas

축복 이벤트	• 자녀의 독립을 축복하는 시간 (결혼식, 자녀 독립식 등)
부모 교육	• 독립 이후 삶을 지원하는 교육과 모임 (시부모, 친정부모 학교, 제2의 신혼기 부부교육, 부부 단기 선교 등)
자녀 교육	• FaithMap_1단계에 참여합니다.

[FaithMap_10단계: 자녀 독립기] 추천 도서

자녀 독립 이후에는 부부의 관계 회복이 핵심이다. 함께한 시간을 돌아보며 배우자의 수고에 감사하는 시간을 갖는 것도 좋다. 그런데 부부 관계에 집중하기에는 이미 결혼의 후반전이다. 오히려 '하나님과의 관계'에 집중해야 한다. 이 시기 부부가 서로를 용서하는 힘은 '복음'에 있기 때문이다.

특별히 자녀 독립 단계는 독서에 힘쓸 때다. 조금 더 지나면 독서가 어려워지기 때문이다. 지금 이 단계에 노화의 영성을 배워야 한다. 그리고 나이듦의 축복을 발견해야 한다. 아래 책들을 참고할 수 있다.

저자	제목	출판사
폴 스티븐스	『나이듦의 신학』	CUP
임영수	『나의 앞날이 주께 있나이다』	두란노
스탠리 하우어워스	『그리스도 안에서 나이 듦에 관하여』	두란노
박신웅	『노년사용설명서』	생명의양식
조장호	『나이듦의 영성』	성서유니온
리차드 존슨	『나이를 잊고 사는 삶』	도서출판 ISG
리처드 로어	『위쪽으로 떨어지다』	국민북스
데이비드 브룩스	『두 번째 산』	부키
김지수·이어령	『이어령의 마지막 수업』	열림원

FaithMap
11단계: 순금기(Pure Gold Ages)

인간은 상실을 통해 성숙해진다. 광야에서만 깨닫는 진리가 있다. 지식적 배움과는 차원이 다른 깨달음이다. 그래서 하나님은 그의 사랑하는 자녀에게 광야를 허락하신다. 죽음을 통해 인간을 가장 인간답게 만드신다. 인생의 후반부, 육신이 연약해지는 과정을 살아가게 하시는 이유는 '성숙'에 있다.

성숙은 고통을 동반한다. 인고의 시간을 통과해야 한다. 믿음이 있어도 연단의 고통은 약해지지 않는다. 피할 수도 없다. 아니, 고통을 고스란히 느껴야 한다. 십자가에서 예수님이 그렇게 하셨다(마 27:34, 막 15:23). 그래서 하나님은 믿음이 좋은 사람에게도 질병을 허락하신다. 열심히 사느라 닳고 닳은 팔다리가 아파진다. 성경을 읽는 눈, 말씀을 듣는 귀가 어두워진다. 사랑하는 사람이 하나둘 떠나기 시작한다. 그러다 병이 길어지면 결국 홀로 병상에 남겨진다. 날마다 외로움을 견뎌야 한다. 인간의 마지막은 아프다. 때론 삶의 소망마저 잃을 정도로 고통스럽다. 하지만 믿음의 사람은 이겨 낼 수 있다. 하나님의 섭리를 믿기 때문이다. 그의 자녀를 향한 선한 계획이다. 그래서 고통을 연단으로 받아들인다.

욥처럼 고백할 수 있는 이유는 하나님을 믿기 때문이다.

> 그런데 내가 앞으로 가도 그가 아니 계시고 뒤로 가도 보이지 아
> 니하며 그가 왼쪽에서 일하시나 내가 만날 수 없고 그가 오른쪽으
> 로 돌이키시나 뵈올 수 없구나 그러나 내가 가는 길을 그가 아시
> 나니 그가 나를 단련하신 후에는 내가 순금 같이 되어 나오리라
> 욥 23:8-10

　그래서 70세 이후는 '순금 같이 단련되는 시간'이다. 육신이 약
해져서 받는 고통이 아니다. 노화는 하나님의 분명한 목적을 가진
'훈련의 과정'이다. 시야를 바꿔야 한다. 생의 마지막 시간을 통해
인간은 죽음을 마주한다. 가장 인간다워진다. 그 시간을 통과하면
인간은 이전과 비교할 수 없는 깊은 영성으로 무장된다.

▬ 순금기: 영적 성숙의 정점을 만드는 시기

　하나님은 '인간 노화 프로젝트'를 가지고 계신다. 노화를 통해
'영적 성숙'을 이루시는 것이다.[42] 노화를 좌절과 우울, 부양의 대
상으로 점철하는 세상과는 전혀 다른 이해다. 그리스도인은 노
화를 통해 하나님 나라를 본다. 그곳에서 받은 면류관을 꿈꾼다
(딤후 4:6-8). 이 소망은 전혀 다른 차원의 삶을 만든다. 육신은 약

---

[42]　2023 가정의힘 생애주기 콘퍼런스, 김기철, '노년, 생애주기의 최정점: 교회의
영적 활력을 불어넣는 노년사역', 138-139.

해지지만, 영적으로는 성숙해지는 삶이다.

> 그러므로 우리가 낙심하지 아니하노니 우리의 겉사람은 낡아지
> 나 우리의 속사람은 날로 새로워지도다 우리가 잠시 받는 환난의
> 경한 것이 지극히 크고 영원한 영광의 중한 것을 우리에게 이루
> 게 함이니 우리가 주목하는 것은 보이는 것이 아니요 보이지 않는
> 것이니 보이는 것은 잠깐이요 보이지 않는 것은 영원함이라 고후
> 4:16-18

바울은 믿는 자의 낡아짐이 어때야 하는지 보여 준다. '속사람
은 나날이 새로워지는 것'이다. 그렇다. 믿는 자의 삶은 다르다. 죽
음을 두려워하지 않기에 노화에도 약해지지 않는다. 그저 '잠시 받
는 환난'으로 여기며 영원을 바라본다. 사도 바울의 고백을 보자.

> 만일 땅에 있는 우리의 장막 집이 무너지면 하나님께서 지으신 집
> 곧 손으로 지은 것이 아니요 하늘에 있는 영원한 집이 우리에게
> 있는 줄 아느니라 참으로 우리가 여기 있어 탄식하며 하늘로부터
> 오는 우리 처소로 덧입기를 간절히 사모하노라 고후 5:1-2

바울은 죽음을 간절히 사모했다. 죽음은 저주가 아닌 '축복'이
기 때문이다. 저주는 '삶'에 내려졌다(창 3:14-19). 초기 인류의 수
명을 생각해 보자. 수백 년을 산다는 것이 축복이었을까? 아니

다. 그들은 죽을 때까지 죄의 대가를 치러야 했다. 수백 년의 고통과 수고를 감당해야 했다. 오직 하나님께서 부여하시는 죽음을 통해서만 안식을 누릴 수 있었다.

지금 인류에게 삶과 죽음은 반대로 인식되어 있다. 죽음을 고통으로, 삶을 축복으로 여긴다. 그래서 사람들은 죽음을 거부한다. 아니, 죽음을 외면한다. 그리고 죽지 않을 것처럼 살아간다. 움켜쥐고 쌓는 데 혈안이 되어 있다. 예수님은 그런 삶을 어리석다고 말씀하신다.

> … 한 부자가 그 밭에 소출이 풍성하매 심중에 생각하여 이르되 내가 곡식 쌓아 둘 곳이 없으니 어찌할까 하고 또 이르되 내가 이렇게 하리라 내 곳간을 헐고 더 크게 짓고 내 모든 곡식과 물건을 거기 쌓아 두리라 또 내가 내 영혼에게 이르되 영혼아 여러 해 쓸 물건을 많이 쌓아 두었으니 평안히 쉬고 먹고 마시고 즐거워하자 하리라 하되 하나님은 이르시되 어리석은 자여 오늘 밤에 네 영혼을 도로 찾으리니 그러면 네 준비한 것이 누구의 것이 되겠느냐 하셨으니 눅 12:16-20

여기 등장하는 '어리석은 부자'는 전형적인 인간의 모습이다. 많은 이들이 그와 비슷하게 살아간다. 세상의 '근심과 염려'에 얽매여 살아간다(눅 12:21-30). 그들에게 예수님은 차원이 다른 삶을 말씀하신다.

다만 너희는 그의 나라를 구하라 그리하면 이런 것들을 너희에게 더하시리라 적은 무리여 무서워 말라 너희 아버지께서 그 나라를 너희에게 주시기를 기뻐하시느니라 눅 12:31~32

같은 본문이 마태복음 6장 33절에도 기록되어 있다:

그런즉 너희는 먼저 그의 나라와 그의 의를 구하라 그리하면 이 모든 것을 너희에게 더하시리라 마 6:33

명료하지만, 어려운 명령이다. 삶은 인간에게 근심과 염려를 강요한다. 먹고 사는 문제는 현실이다. 날마다 믿음의 싸움이 벌어진다. 이유가 무엇일까? 죄의 저주 때문이다. 창세기 3장 17-19절 이후, 인간은 수고하고 땀 흘려야 소산을 얻는다. 이를 벗어나는 길은 '죽음'뿐이다. 하나님께서 죽음을 허락하시기 전까지 인간은 현실과 믿음 사이에서 싸워야 한다. 그러나 결국은 승리한다. 하나님이 승리하게 만드시기 때문이다. 방법은 '노화'다. 육신이 연약해질수록 인간은 자유해진다. 시간이 흐를수록 인간은 세상의 염려와 근심을 내려놓을 수 있기 때문이다. 평생 짊어져 온 가족에 대한 책임도, 교회를 섬기던 수고도 모두 정리하게 된다. 그리고 삶의 마지막에는 오직 하나님만 바라보게 된다. 그 과정을 통해 인간은 '그의 나라와 그의 의'를 구하는 사람으로 연단받는다.

교회는 이 연단의 과정에 동행한다. 죽음을 통해 영원을 바라 보도록 인도하는 것이다. 방법은 노화를 영적 성숙의 기회로 인식하는 것에서 시작한다. 관점의 전환이 중요하다. 70세 이상 성도를 일방적인 돌봄의 대상으로 보면 안 된다. 그들은 신앙의 모델이다. 십자가를 지고 골고다를 오르신 예수님처럼, 믿음으로 죽음을 정복할 수 있는 믿음의 선진이다. 히브리서 12장 1절이 말하는 '구름 같이 둘러싼 허다한 증인들'에 속한다. 교회는 이들에게 '신앙 유산을 남기는' 영적 도전을 줘야 한다. 주를 위해 살고 주를 위해 죽는 믿음의 삶을 요청해야 한다(롬 14:7-8).

순금기에 무엇을 해야 하나?

인간은 누구나 태어나 성장하고 죽는다. 죽음은 정해진 것이다(히 9:27). 70세 이상이 속하는 순금기는 이 사실을 인정하고 순응하는 시간이다. 그러려면 죽음에 대한 두려움을 극복해야 한다. 방법은 천국 소망뿐이다. 교회는 순금기에 해당하는 성도가 이 땅에서 천국을 바라보도록 도와야 한다.

1) 공동체와 함께 축복하기(금혼식 등)

70세 이상 성도는 교회의 어른 세대다. 각자 삶의 모습은 다르지만, 모두 험난한 세월을 지나왔다. 얼마나 교회에 헌신했는지, 무슨 업적을 쌓았는지 계산할 필요가 없다. 그저 존재만으로도 축복받기에 충분하다. 교회 공동체가 함께 이들의 지나온 인생을 축복해야 한다. 목적은 인간을 높이는 게 아니다. 축복에 동참하는 모두가 '하늘에서 받을 영광의 면류관'(딤후 4:7-8)을 소망하도록 돕는 것이다. '나도 저렇게 살아야 하는구나' 하고 느끼게 만드는 것이다. 여기서 영적 도전이 일어난다. 세대 간 연합도 자연스레 일어난다. 하나님은 축복을 통해 교회를 가족으로 만드신다.

축복의 시기와 방법은 자유롭다. 매년 어버이날을 활용하거나 송구영신 예배의 한 순서로 진행할 수 있다. 10월 2일 '노인의 날'도 좋은 시점이다. 만약 결혼 50주년 금혼식을 진행한다면 5월 21일 부부의 날을 활용할 수도 있다. 물론 40주년을 기념해도 좋다. 언제 어떤 방식으로든 교회 공동체가 함께 먼저 인생길을 걸어간 이들을 축복하면 된다.

영적 성숙의 정점에 이르도록 돕기 위한 – 순금기 도전 과제(1)

1) 70세 이상 성도를 축복하는 시간을 만듭니다.
- 언제 어떻게 축복할 수 있을지 교회 공동체가 함께 논의합니다.
- 공적인 시간을 활용해 축복하는 시간을 가집니다.

2) 가정에서도 자녀들이 부모를 축복하며 추억을 만들도록 지원합니다.
- 자녀 세대에 동기부여를 하면서 작은 선물을 지원합니다.
- 각 가정의 축복 이야기를 교회 공동체에 공유합니다.

2) 하나님의 노화 프로젝트 배우기

믿음이 있어도 인간은 죽음이 두렵다. 아직 경험해 보지 않았기 때문이다. 하지만, 우리에게는 성경이 있다. 성경을 통해 천국을 바라볼 수 있다. 천국을 바라보면 죽음은 '축복'이다. 천국은 '하나님이 친히 그들과 함께 계시는 곳'(계 21:3)이기 때문이다. 하나님이 모든 눈물을 닦아 주신다. 다시는 사망도 애통함도 아픔도 없다(계 21:4). 이보다 더 좋은 곳은 없다. 그래서 천국에 들어가는 방법인 노화는 '축복을 향한 여정'이다. 교회는 이 사실을 끊임없이 가르쳐야 한다.

영적 성숙의 정점에 이르도록 돕기 위한 – 순금기 도전 과제(2)

1) 노화에 관한 성경적 관점을 배우는 시간을 갖습니다.
- 교회에서 천국과 노화에 대한 세미나를 엽니다.
- 외부 단체의 도움을 받는 것도 좋습니다
  (예: 하이패밀리 '해피엔딩학교', 영성노년학연구소 등)

---

3) 깨어진 관계 회복하기

그리스도인은 '화평하게 하는 자'다(마 5:9). 복음을 가졌기 때문이다(엡 2:13-18; 골 1:20). 복음 안에서 용서하지 못할 사람은 없다. 복음이 회복할 수 없는 관계도 없다. 복음은 모든 죄와 허물을 덮는다(엡 2:1). 그리스도인은 용서의 복음에 빚진 자다(롬 1:14-15).

그래서 인생을 정리해 가는 순금기에는 '복음의 능력'이 필요하다. 이제는 그동안 깨어졌던 관계를 회복해야 하기 때문이다. 다양한 이유로 미뤘던 용서를 결단하고 실천해야 한다. 물론 쉽지는 않다. 용서는 그냥 이루어지지 않는다. 대가를 요구한다. 상대방이 믿지 않는 사람이라면 더욱 어렵다. 그럼에도 그리스도인은 이 땅을 떠나기 전에 깨어진 관계를 회복해야 한다. 용서받고 용서해야 한다. 예수님께서 죄인을 용서하셨기 때문이다(롬 5:8).

때론 가족이나 교회가 도와야 한다. 함께 기도하며 권면하는 소극적인 도움부터 대상자를 찾고 동행하는 적극적인 도움까지 가능하다. 때론 대신 대가를 치러 줘야 한다. 하나님은 깨어진 관계를 회복하기 원하시는 분이기 때문이다(레 19:17-18). 하나님을 사랑한다면, 이웃을 사랑하는 게 마땅하다(마 22:37-39).

영적 성숙의 정점에 이르도록 돕기 위한 – 순금기 도전 과제(3)

1) 깨어진 관계를 회복하기 위해 시간과 물질을 사용합니다.
 - 먼저 화평을 이뤄야 하는 사람을 위해 충분히 기도합니다.
 - 대상자를 만나 화해를 위해 최선을 다해봅니다.

2) 교회 공동체 안에 화해를 이뤄야 하는 사람이 있다면 돕습니다.
 - 아직도 누군가를 용서하지 못한 채 살아가는 분을 위해 기도하고 권면합니다.
 - 필요하다면 화해할 수 있도록 격려하고 실천을 지원합니다.

순금기에 교회와 함께 영적 경험 만들기 ideas

축복 이벤트	• 지나온 인생을 축복하는 시간 (결혼 50주년 금혼식, 어버이날 행사, 노인의 날 기념 등)
부모 교육	• 노화에 관련된 교육 (해피엔딩스쿨, 노년영성학교, 갈등 해결 사역 등)
자녀 교육	• 연로한 부모님을 섬기기 위한 교육 (소통 세미나, 부모 돌봄 학교 등)

[FaithMap_11단계: 순금기] 추천 도서

순금기에는 갈수록 독서에 제한이 발생한다. 눈이 어두워지고 이해력, 기억력도 줄어든다. 독서가 부담스러워진다. 성경 읽기에만 집중하는 것도 좋다. 그래서 약간의 도서 목록만 제시했다. 이 외에도 좋은 도서는 많다. 오디오북이 있다면 적극적으로 활용해도 좋다.

저자	제목	출판사
김형석	『백년을 살아보니』	덴스토리
송길원	『죽음이 품격을 입다』	하온
조앤 치티스터	『세월의 선물』	문학수첩

FaithMap
12단계: 피니시 웰(Finish Well)

출항을 앞둔 항구. 그곳에는 두 종류의 사람이 있다. 떠나는 이와 남겨지는 이다. 그들은 각자의 사연을 품고 눈물 흘린다. 이별을 아쉬워하며 다시 만날 것을 약속한다. 사랑으로 시간을 채운다. 그리고 정해진 시간이 되면 배는 출항한다. 막을 수도 늦출 수도 없다. 조금씩 멀어지는 배는 저 멀리 수평선 너머로 사라진다.

죽음의 풍경도 같다. 떠나고 남겨진다. 이별의 눈물을 흘린다. 사랑으로 죽음을 이기며 다시 만날 시간을 약속한다. 그리고 정해진 때가 되면 이별을 받아들인다. 창조주의 섭리에 순종한다. 인간의 힘으로 막을 수 없기 때문이다. 아무리 의학이 발달해도 거부할 수 없는 실존이다. 남겨진 자들은 장례를 치르며 고인을 떠나보낸다.

그런데 출항은 끝이 아니다. 배는 사라지지 않는다. 단지 멀리 떠나 안 보일 뿐이다. 대신, 출항이 있으면 입항도 있다. 이쪽에서는 이별이지만, 저쪽에서는 만남이다. 시끌벅적한 반대편 항구에는 환영 인파들이 모여든다. 만남의 기쁨이 항구를 채운다.

죽음도 끝이 아니다. 믿는 자에게 죽음 반대편은 천국이다. 하나님이 계신 곳, 하나님이 친히 그의 백성과 함께 계시는 곳이다 (계 21:3). 그곳에는 재회의 기쁨이 가득하다. 그리운 가족들을 만난다. 믿음의 동역자들과 함께 주를 영접할 것이다(살전 4:13-18). 그래서 그리스도인에게 죽음은 시작이다.

복된 천국이 있다. 죽음은 끝이 아니다. 아픔과 절규로 무너질 이유가 없다. 그리스도인의 마지막은 복이다(계 14:13). 비록 이 땅에서의 이별이 아쉬워 눈물 흘리지만, 믿음의 사람은 천국을 바라보며 잠잠히 죽음을 이긴다. 그리고 다시 만날 그날을 위해 새롭게 살아간다. 떠난 이도, 떠나보낸 이도 마지막을 아름답게 '피니시 웰'(Finish Well) 한다.

▪ 피니시 웰 시기: 인생의 유산을 남기는 시간

떠남은 준비가 필요하다. 인생의 여정을 정리해야 한다. '유산'을 물려주는 작업이다. 물질적 유산만 말하는 게 아니다. 그보다 훨씬 중요한 것은 '영적 유산'이다. 존귀한 한 영혼의 발자취를 그냥 사라지게 만들면 안 된다. 남겨진 세대를 위해 정리해야 한다. 그리고 자손에게 들려 줘야 한다.

내 백성이여, 내 율법을 들으며 내 입의 말에 귀를 기울일지어다 내가 입을 열어 비유로 말하며 예로부터 감추어졌던 것을 드러내려 하니 이는 우리가 들어서 아는 바요 우리의 조상들이 우리에게 전한 바라 우리가 이를 그들의 자손에게 숨기지 아니하고 여호와의 영예와 그의 능력과 그가 행하신 기이한 사적을 후대에 전하리로다 여호와께서 증거를 야곱에게 세우시며 법도를 이스라엘에게 정하시고 우리 조상들에게 명령하사 그들의 자손에게 알리라 하셨으니 이는 그들로 후대 곧 태어날 자손에게 이를 알게 하고 그들은 일어나 그들의 자손에게 일러서 그들로 그들의 소망을 하나님께 두며 하나님께서 행하신 일을 잊지 아니하고 오직 그의 계명을 지켜서 그들의 조상들 곧 완고하고 패역하여 그들의 마음이 정직하지 못하며 그 심령이 하나님께 충성하지 아니하는 세대와 같이 되지 아니하게 하려 하심이로다 시 78:1-8

3절에서 말하듯, 부모는 자녀에게 조상의 이야기를 들려줘야 한다. 듣지 않으면 알 수 없다. 성경 지식이나 신학적 교리만큼 '조상들의 이야기'도 중요하다. 아브라함, 이삭, 야곱의 하나님보다 '내 가족의 하나님'이 더 가깝게 느껴지기 때문이다. 성경의 하나님이 나의 하나님으로 다가오도록 만드는 방법은 '우리 가족의 신앙 유산'에 있다.

교회도 마찬가지다. 자녀 세대에게 '우리 교회의 역사'를 들려줘야 한다. 역사에서 정체성이 나온다. 정체성이 있어야 믿음이 뿌리내린다. '지역의 기독교 역사'와 '한국의 선교 역사'를 가르쳐야 한다. 역사는 신학교에서만 가르치는 게 아니다. 주일학교에서, 가정에서 가르쳐야 한다. 교회의 역사를 보고 듣고 만질 수 있도록 공간을 만들고 자료를 전시할 필요도 있다. 책이나 미디어를 사용하는 것도 좋다. 어떤 방법이든 '우리를 위해 일하신 하나님'을 가르쳐야 한다. 역사를 잊으면 미래도 없다.

그러려면 80세 이상, 삶을 마감하는 '피니시 웰 시기 어른들'의 이야기를 듣고 정리해야 한다. '개인의 이야기를 하나님의 이야기로' 만드는 작업이다. 백발의 어르신이 어디서 태어나 어떻게 성장했는지, 언제 예수님을 만났고 교회를 어떻게 섬겼는지, 일평생 살아오며 무엇을 배웠고 지금 자녀들에게 어떤 말을 남기고 싶은지 기록하는 것이 방법이다. 영상 장비를 활용하면 더 좋다. 자녀 세대는 그들의 모습을 보고 음성을 들어야 한다. 그리고 그들의 마지막 떠남을 축복하며 함께 슬퍼해야 한다. 그때 말로 전할 수 없는 진짜 신앙 교육이 이루어진다.

동시에 교회는 '마지막까지 복음을 전하는 사역'을 해야 한다. 전도폭발이나 복음 메시지를 가지고 구원의 확신을 점검하며 천국 소망으로 무장시키는 것이다. 영정사진을 촬영하거나 유언을 정리하고 자녀들에게 믿음을 권면하는 시간을 갖는 것도 좋다. 때로 몸이 불편한 분들은 호스피스 사역과 병행할 필요도 있다.

장례 이후 '애도 문화'도 필요하다. 유가족의 마음을 돌보는 것이다. 물론 죽은 자의 영혼은 이미 천국에 있다. 집중해야 하는 것은 '남겨진 자들'이다. 그들이 '천국 시민권을 가진 자'(빌 3:20)로 살아가도록 새로운 삶의 방향을 제시하는 시간이 필요하다.

▬ 피니시 웰 시기에 무엇을 해야 하나?

80세 이상은 '축복과 돌봄'이 필요하다. 성경공부나 모임에 적극적으로 참여하기도 쉽지 않다. 그래서 이전보다 교회 공동체의 개별적인 관심이 필요하다. 먼저 다가가 축복하고 그들의 실제적인 필요를 돌보며 삶을 정리하는 시간을 가져야 한다. 그리고 장례 후에는 남겨진 자들을 돌보며 새로운 인생 여정을 걸어가도록 도와야 한다.

≡ 1) 자녀 세대를 축복하기

신명기 33장 1절을 보면, 모세는 죽기 전에 이스라엘 자손을 축복했다. 이스라엘 열두 지파에 대한 축복이다. 한 구절 한 구절 모세의 진심이 담겨있다. 이 땅을 떠나기 전, 가장 간절한 축복을 한다. 모세만이 아니다. 믿음의 사람들은 이 땅을 떠나기 전에 자녀를 축복했다.

가능하다면 조부모가 손주의 머리에 손을 얹고 기도하는 게 좋다. 하나님께서 주신 믿음의 유업을 이어가도록 축복하며 기도하는 것이다. 건강상 어려움으로 불가능하다면 전화나 녹음도 가능하다. 어떤 형태든지 자녀와 손주들에게 조부모의 목소리를 들려주는 게 중요하다.

교회에서 공동체적으로 피니시 웰 시기 어른들이 다음세대를 축복하는 것도 좋은 방법이다. 교회는 영적 가족이기 때문이다. 어른들을 주일학교 아이들과 한 명씩 연결한 후, 안수하며 기도하는 것이 방법이다. 일평생 믿음으로 살아가도록, 사랑하는 교회를 섬길 인재로 성장하도록, 세상에 복음을 증명하는 그리스도인으로 사용되도록, 당연히 간절한 기도를 드리게 된다. 여기서 만들어지는 영적 시너지는 다음세대의 심령에 전해진다.

영적 유산을 남기기 위한 - 피니시 웰 시기 도전 과제(1)

1) 가정별로 조부모의 축복기도를 받습니다.
- 날짜와 시간을 정해서 모입니다. 가능하면 안수 기도를 합니다.
- 몸이 불편한 분들도 자녀들에게 기도를 남길 수 있도록 전화나 녹음 등 다양한 방법을 활용합니다.

2) 교회에서 축복기도 시간을 갖습니다.
- 주일학교와 피니시 웰 시기 어른들을 연결해서 축복기도 시간을 갖습니다.

≡ **2) 삶을 마무리하는 시간 가지기**

삶의 마무리는 '신앙 유산을 물려주는 것'이다. 통장 잔고나 화려한 업적은 중요하지 않다. 한 사람의 삶은 믿음으로 평가된다. 하나님께서 일평생 빚어 온 인생이기 때문이다.

교회는 떠나갈 이의 인생에서 보화를 캐내야 한다. 그들의 이야기를 듣고, 그 이야기를 신앙 유산으로 다듬는 과정이 필요하다. 작가를 섭외해서 짧은 전기(傳記, Biography)를 만들거나 영상을 촬영해 기록으로 남기는 것이 방법이다. 영웅담을 만들어낼 필요는 전혀 없다. 그저 있는 대로의 기록이면 된다. 한 가지 중요한 점은, 주인공이 하나님이라는 것이다. 하나님을 드러내기 위한 사역이다. 하나님만이 높임 받으실 수 있다.

이런 신앙 유산을 남기는 사역에는 '유언'(遺言)도 포함된다. 유언은 자녀들에게만 남기는 게 아니다. 자녀 세대를 향해서도 유언을 남길 수 있다. 일평생 살아오며 체득한 삶의 정수를 남기는 것이다. 백발이 성성한, 이제 죽음을 앞둔 어른이 들려주는 당부의 목소리다. 아이들은 그 목소리를 들어야 한다.

영적 유산을 남기기 위한 - 피니시 웰 시기 도전 과제(2)

1) 80세 이상 어른들의 '믿음 이야기'를 남깁니다.
- 작가를 섭외하고 대상자를 선정하는 작업이 가장 중요합니다. 길어야 할 필요는 없습니다. 초등학교 저학년 아이들이 읽을 수 있는 수준으로 작성하면 됩니다.

2) 교회를 향한 유언을 정리합니다.
- 유언은 보석입니다. 어른들의 마지막 말을 정리해서 교회의 신앙 유산으로 남기는 것은 자녀 세대를 향해 보석을 남겨 주는 작업입니다.

3) 장례를 마치고 애도(哀悼, Condolences)의 시간 갖기

'피니시 웰'은 장례 이후까지 이어진다. 한 영혼이 떠난 자리를 아름답게 마무리하는 것도 중요하기 때문이다. 여기에 필요한 것은 '애도 문화'다. 장례식은 애도의 시작이다. 이후 고인이 남겨 놓은 사랑을 재조명하며 유가족의 새로운 삶을 지원하는 과정이 필요하다.

사람에게는 감정이 있다. 감정을 무시하면 안 된다. 노환으로 부모님이 돌아가셔도 마음이 아프다. 그런데 예기치 않은 죽음이라면 어떻겠는가? 심리적, 정신적 고통만 아니라 다양한 육체적 고통이 일어난다. 현실을 부정하거나 왜곡하는 경우도 발생한다. 고인이 집에 들어오는 모습이 보이는 경우도 있다. 교회는 이런 성도를 그냥 두면 안 된다. 그렇다고 심리 상담에만 맡길 수도 없다. 성경으로 죽음을 다루며 죽음을 수용하도록, 천국 소망으로 이겨 내도록 이끌어야 한다. 그러려면 애도의 감정을 정상으로 여기며 받아들이는 충분한 시간을 가져야 한다. 그 시간을 교회가 동행해야 한다. 여기서 한걸음 나아가 고인의 삶과 신앙을 이어받아 살아갈 수 있도록 도와야 한다.

영적 유산을 남기기 위한 - 피니시 웰 시기 도전 과제(3)

1) 장례 후 고인에 대한 감사를 적고 나누는 기회를 가집니다.
- 아픔은 공동체와 나눠야 합니다. 고인을 추억하며 감사를 나눌 누군가를 만나면 슬픔을 적절히 다룰 수 있습니다. 고인과 오랫동안 함께한 목회자 또는 소그룹과 대화하는 시간은 유익합니다.

피니시 웰 시기 교회와 함께 영적 경험 만들기 ideas

축복 이벤트	• 자녀 세대를 축복하는 기도 시간 (가정별 자녀·손주 축복기도, 주일학교에서 아이들을 위한 축복기도 시간 등)
부모 교육	• 교회가 삶의 마지막을 동행하는 경험 (죽음 학교, 개별적인 심방, 호스피스 사역, 전도폭발 복음 메시지 등)
자녀 교육	• 부모를 떠나보내는 준비 교육 (죽음 학교, 장례 교육, 유가족 애도 심방 등)

[FaithMap_12단계: 피니시 웰] 추천 도서

피니시 웰 시기는 독서가 어려운 경우가 많습니다. 글을 읽을 수 있다면 성경을 읽는 것이 가장 좋습니다. 다음 도서는 본인보다는 자녀 혹은 돕는 이들을 위한 것입니다.

저자	제목	출판사
팀 켈러	『죽음에 관하여』	두란노
토마스 G. 롱	『좋은 장례』	CLC
폴 투르니에	『노년의 의미』	포이에마

지금까지 살펴본 생애주기 12단계 외에도 가정에서 기념할 수 있는 특별한 순간들이 있다. 부모는 그 순간들을 '신앙 전수의 기회'로 여기고 좋은 기점으로 만들어야 한다. 가족의 전통을 만드는 것이다. 대표적으로는 생일, 결혼기념일, 추도예배 등이 있다.

생일: 인생의 주인이신 하나님께 감사하는 시간

생일의 주인공은 '하나님'이다. 한 해 동안 인도하신 하나님을 찬양하는 것이다. 아이를 축복하는 시간도 좋지만, 그 목적은 언제나 하나님이 되어야 한다. 매년 생일을 '감사 예배'로 드리는 것이다. 그렇다고 대단한 행사를 해야 하는 건 아니다. 동일한 생일 축하 시간에 가족이 함께 말씀을 읽고 부모님이 축복하며 기도해 주면 충분하다. 가능하다면 예배 후에 아이의 어릴 적 사진을 함께 보며 하나님의 창조와 보호를 알려 줄 수 있다. 그렇게 부모님과 자녀, 조부모의 생일까지 예배로 드리면 일 년에 몇 차례 생일을 통해 하나님을 높여 드릴 수 있다.

결혼기념일: 가정의 주인을 하나님으로 고백하는 시간

결혼기념일도 '신앙 전수의 기회'가 될 수 있다. 부모님의 연애와 결혼 이야기를 들려주고 예배를 드리는 것이다. 결혼 사진이나 영상을 함께 보는 것도 좋다. 아이가 이미 이야기를 들었고 잘 알고 있다면 예배만 드려도 괜찮다. 이때 부모님은 감사 헌금을 드릴 수 있다. 서로를 만나게 하셔서 가정을 이루게 하신 하나님께 드리는 헌금이다. 이 시간을 통해 자녀는 가정의 주인이 하나님이시라는 것을 느낄 수 있다.

추도예배: 고인의 삶과 신앙을 들려주는 시간

추도예배는 조상들의 믿음을 자녀에게 알려 주는 시간이다. 제사처럼 특정한 날에 시간을 맞춰야 하는 건 아니다. 일 년에 한두 번 '믿음의 선진을 기념하는 시간'을 가지면 된다. 명절은 좋은 기회다. 대가족이 함께 가정예배를 드리며 자녀들이 할아버지, 할머니의 이름을 알고, 그들의 삶을 알도록 가르칠 수 있다. 신앙은 이런 '영적 경험'의 축적으로 전해진다.

지금까지 생애주기의 각 단계별 특징과 핵심 목표, 과제를 살펴봤다. '생애주기 단계 설정'에는 각 단계에 대한 이해가 필요하기 때문이다. 이제는 '신앙 지도를 그리기 위한' 9단계를 살펴본다. 시작은 가정예배로 토양을 만드는 것이다.

4
WHERE

어디서부터 시작해야 하는가?

신앙 지도를 그리기 위한 9단계

가정예배로
토양을 만든다

신앙 지도의 목표는 '신앙 형성'이다. 한 사람이 믿음을 가지도록 돕기 위한 지도다. 그래서 반복적인 '영적 경험'을 제공해야 한다. 몇 번의 이벤트로 신앙이 뿌리내리기란 불가능하다. 좋은 교육도 아니다. 뛰어난 성경 지식이 신앙을 담보하지 않는다. 신앙은 일상에서 형성된다. 집에서 드리는 예배, '가정예배'가 신앙 형성의 핵심이다.1

민음은 옥토에서 자란다(눅 8:5-15). 마음 밭을 기경하는 방법은 가정에서 이루어지는 신앙 '훈련'이다. 율법적 훈련을 해야 하는 것은 아니다. 복음적인 신앙 훈련은 '예배'를 통해 이루어진다. 가정예배를 통해 하나님을 높여 드리면 하나님께서 친히 일하신다. 어려서부터 예배하는 습관을 만들어야 한다.

그래서 생애주기 신앙 지도의 첫 단계, '신혼기'부터 가정예배를 강조한다. 가정의 형성기부터 집에서 예배하는 습관을 만들어야 한다. 부부만 있기에 어색할 수 있다. 하지만, 오히려 둘만

---

1   가정예배의 방법론은 다음 책을 참고하라: 도널드 휘트니, 『오늘부터 가정예배』, (서울: 복있는사람, 2017), 김기억, 『교회와 함께 가정예배』, (서울: 도서출판 꿈미, 2023).

있기에 더 좋은 기회로 여겨야 한다. 이때가 가정예배를 드리기 가장 좋은 시기다. 예배하는 습관을 만들어야 한다.

이후에도 가정예배는 지속해야 한다. 사실 모든 단계의 첫 과제는 '가정예배'다. 가정예배가 이루어지지 않은 상태에서 신앙지도는 무용지물이다. 언제나 기본이 중요하다. 기초에 충실해야 아름다운 집을 지을 수 있다.

2

성도의 상황을 살피며
단계를 구분한다

생애주기 신앙 지도는 각 교회마다 다를 수 있으며 달라야 한다. 정해진 단계는 없다. 교회 성도의 연령 비율(Age Structure)과 실제적인 필요(Real Needs)가 기준이다. 처음에는 한두 단계로 시작해도 된다. 진행하다 보면, 교회의 상황과 성도의 형편에 맞게 하나님께서 이루어 가실 것이다.

사역은 언제나 '현장'에서 시작해야 한다. 전체 지도를 그리기 전에 다양한 연령대의 성도를 만나는 것이 좋다. 그리고 질문해야 한다. '지금 자녀를 키우는 데 가장 필요한 게 무엇인가요?' '어떤 부분을 가장 고민하시나요?' 생애주기 신앙 지도는 여기서부터 그려진다.

"목사님, 아이 성교육을 시켜야 하는데 방법을 모르겠어요.", "아이가 미디어에 관심을 보이는데 어떻게 지도해야 하나요?" 성도는 교회에 질문한다. 목회자는 대답해야 한다. 중요한 것은 '시스템'이 아닌 '영혼'이다. 영혼을 돌보기 위해 고민하다 보면 신앙 지도가 만들어진다.

3

단계별 사역을 이끌
적임자를 선정한다

생애주기 단계를 설정한 후에는 단계별로 교역자와 평신도 담당자를 함께 세우면 가장 좋다. 사역의 핵심은 사람이다. 누구를 세우는지에 따라 사역의 모습이 달라진다. 하나님께서 사람을 세우시고, 그 사람이 전심으로 헌신할 때 사역에 풍성한 열매가 맺힌다.

이를 위해서는 미리 '생애주기 신앙 지도'에 대한 교육을 해야 한다. 대상은 '교회 내 모든 부모'다. 신앙 지도가 무엇인지 설명하고 부모의 책임을 느끼게 만드는 것이 목적이다. 특별히 최근 한국교회에는 '신앙 교육의 양극화'가 일어나고 있다. 열심 있는 부모들에게 집중된 '부모 교육 사역의 부작용'이다. 만약 매일 1~2시간씩 가정예배를 드리고 홈스쿨링으로 어려서부터 말씀을 가르칠 수 있다면 신앙 전수에 효과적이다. 하지만 그런 가정은 지극히 일부이다. 바쁜 현대 사회에서는 한자리에 모이는 것이 어려운 가정이 훨씬 많다. 어떻게 해야 할까? 열정 있는 부모들을 '생애주기 각 단계를 섬길 헌신자'로 세워야 한다. '내 자녀'에게만 향하던 열정을 '우리 자녀 세대'에게 향하도록 방향을 바꿔 주는 것이다.

4

단계별로 하나씩
축복 사역을 설정한다

　담당자를 세운 후에는 단계별 사역을 디자인해야 한다. 시작은 '축복 사역'이다. 욕심낼 필요는 없다. 단계별로 하나씩만 있으면 된다. 오히려 한 단계에 여러 가지 축복 사역이 있으면 혼란만 생긴다. 단계별 한 번만 진행하는 시간에 에너지를 집중해야 한다.

　여기서 '축복 사역'만 언급하는 이유는 자칫 신앙 지도가 '교육'에 집중될 수 있기 때문이다. 그러면 문화가 만들어질 수 없다. 교육에 참여하지 못하는 부모들에게는 반감이 생길 수도 있다. 처음 집중해야 하는 것은 '축복'이다. 예배 중에 짧게라도 축복하는 것이 먼저다. 거기서 만들어지는 온기를 동력으로 삼아, 조금씩 사역을 확장해 나가는 과정을 가져야 한다.

5

축복 이후
교육의 방법을 발견한다

축복 사역을 통해 교회의 '분위기'를 바꾼 후에는 '부모 훈련'이 가능하다. 단계별 필요를 반영한 교육이다. 이때 명심할 것은, 신앙 지도가 새로운 사역을 만드는 것이 아니라는 사실이다. 물론 새로운 사역이 필요하다면 새롭게 시도할 수 있다. 하지만, 기존의 사역이 있다면 적극적으로 활용하는 게 좋다.

자녀를 위한 교육도 마찬가지다. 교회 주일학교에서 진행하는 사역들을 신앙 지도에 배치하는 것이 우선이다. 그러면 이전에는 보이지 않던 연결점들이 생긴다. 교회를 섬기는 부모들은 생각보다 긴밀히 연결되어 있기 때문이다. 그래서 신앙 지도에 주일학교의 사역을 배치하는 것만으로도 부모가 미리 섬기는 이들과 소통할 수 있다.

그래서 '발견'이라는 단어를 사용했다. 효과적인 교육 프로그램은 '만드는' 것보다 '발견하는' 것이 먼저다. 이미 가정을 위한 사역들을 다양하게 진행하고 있는 교회들도 있기 때문이다. 하나님께서 예비하신 신앙 전수의 통로를 신앙 지도에 배치만 하면 된다. 흩어진 사역들을 전략적으로 배치하는 것만으로도 충분한 시너지가 발생한다.

단계별
명단을 만든다

생애주기 신앙 지도의 각 단계는 '축복과 훈련'으로 구성된다. 그때 중요한 것은 '각 단계에 위치한 가정들의 명단'이다. 예를 들어 유아세례 단계에서는, 올해 몇 가정이 유아세례 대상인지, 어떻게 아이를 양육하고 있는지, 부모들을 어떻게 교육할지 확인할 수 있다. 이것을 목록화(Listing)라고 부른다. 그러면 교회 내 세대 구성이 확인된다. 그리고 전환기 이탈을 줄일 수 있다. 다음 단계로 전환될 때 그들의 명단을 전달할 수 있기 때문이다. '1단계_결혼'의 시기에 있던 가정이 임신하면 '임신 축복기도'를 진행한 후, '2단계_임신'으로 연결해 주는 방식이다. 여기서 '세대 간 연결'이 일어난다. 각 단계마다 중첩되는 가정들이 유기적으로 연결되며 공동체로 지어져 가는 것이다.

특별히 3040세대 목양에 필요한 접근 방법이다. 이들을 한 그룹으로 보면 안 되기 때문이다. 결혼 전과 결혼 후, 출산 후는 완전히 다른 삶이다. 그런데 젊다는 이유로 한 그룹으로 대하면 기초부터 결함이 생긴다. 삶의 특징을 기준으로 세분화해야 한다. 생애주기별 목록화를 만드는 것이 대안이다.

사역을 진행하며
소그룹을 만든다

단계별 명단을 만든 이후에는 그들을 소그룹으로 연결해야 한다. 가장 좋은 방식은 자연스러운 연결이다. 각 단계별로 진행하는 부모 교육이나 세미나 등을 통해 서로를 알게 되는 것이다. 어찌 보면 생애주기 단계별 교육의 핵심 목표라고도 할 수 있다. 부모 교육을 통해 '정보를 전달하는 것'도 중요하지만, 그보다 그 프로그램에 참석한 가정들을 연결하는 것이 더 중요하기 때문이다.

신앙은 공동체를 통해 전수하는 것이다. 손에서 손으로, 삶에서 삶으로 자연스레 전해져야 한다. 말이나 글로 설명할 수 없는 부분은 매우 크다. 그래서 같은 시기를 지나는 가정들이 함께 교육받고 기도하며 자녀를 키우는 '공동체적 문화'를 만드는 것은 중요하다. 신앙은 공동체 속에서 인격과 인격의 만남을 통해 자라간다.

소그룹 모임을 정례화하고
다음 단계로 연결한다

자연스럽게 형성된 소그룹은 '교회의 일부'가 되어야 한다. 교회의 목양 안에 들어와야 한다는 의미다. 그러려면 '정례화'가 필요하다. 목회자의 지도 아래에서 정기적인 모임 시간을 가져야 한다. 현재 대부분 교회에서 운영하고 있는 소그룹 모임의 형태가 만들어지는 것이다.

그런데 일반 소그룹 모임과 차이점이 있다. '다음 단계와 연결'이다. 생애주기의 다음 단계로 넘어갈 때, 소그룹도 같이 바뀌는 것이다. 삶의 형태가 변했기 때문이다. 예를 들어 신혼부부 사랑방에 있다가 임신을 하면, 생애주기 2단계의 사랑방으로 연결한다. 그리고 초등학교에 입학하면 그 단계에 맞는 소그룹을 만나도록 연결한다. 각 시기에 따라 관심사가 다르기 때문이다.

사역을 구체적으로 평가하고
다음 사역을 기획한다

앞에서 이야기했듯, 신앙 지도의 각 단계는 '성도의 필요'에서 출발한다. 마찬가지로 신앙 지도의 발전도 성도의 필요에 근거해야 한다. 사역을 진행하며 단계별 필요에 관해 계속 들어야 한다. 그리고 발전시켜야 한다. 시대는 변한다. 육아의 필요도 변한다. 교회는 시대의 변화에 계속 반응하며 신앙 지도를 업데이트해야 한다.

마지막은 '지속'이다. 교육은 백년지대계(百年之大計)이기 때문이다. 신앙 전수도 한 세대가 필요하다. 결혼한 가정이 아기를 낳아 유아세례를 받고, 학교에 들어가 성장하고, 결혼하는 과정은 30년 이상 걸린다. 멀리 봐야 한다. 그래야 지속할 수 있다. 옳은 길이라는 확신이 있다면, 계속 걸어가야 한다. 주님은 옳은 길 끝에 계신다.

━━━

희망과 소망은 다르다. 희망이 사람에
게서 나오는 바람이라면, 소망은 하나
님에게서 나오는 확신이다. 그래서 '희
망 고문'은 있지만, '소망 고문'은 없다.
하나님의 계획은 반드시 이루어진다.
그의 말씀은 지금 우리에게도 적용된
다. 여기에 우리의 소망이 있다. 하나님
은 그의 자녀를 사랑하신다. 우리 자녀
세대를 포기하지 않으신다.

5
WHEN

지금, 소망은 있다!

살아날 수
있을까?

회당장 야이로는 성공한 유대인이었다. 회당장이라는 직책이 보여 주듯, 그는 당시 유대 사회의 중심 위치에 오른 인물이었다. 율법을 가르치고 회당 의식을 주관했다. 당연히 많은 사람에게 경건한 유대인, 율법에 정통한 사람으로 알려졌을 것이다. 의도하지 않더라도 주위에 영향력을 행사했을 것이다. 야이로를 동경하는 사람들도 많았을 것이다. 그는 세상이 말하는 성공가도를 걸었다. 겉으로 보기에 그는 유능했다.

그러나 야이로의 실상은 달랐다. 그는 눈앞에서 죽어 가는 딸을 살려 낼 수 없는 아버지였다. 생각해 보라. 그는 분명 딸을 살리기 위해 모든 노력을 다했을 것이다. 얼마나 간절했겠는가? 유명한 의사를 찾아다니고 좋다는 방법은 무엇이든 시도해 보지 않았겠는가? 그럼에도 딸의 병세는 계속 나빠졌다. 죽어 가는 딸 앞에서 속수무책이었다. 인생의 진짜 비극 앞에서는 회당장이라는 직분도, 재물도, 명예도 헛될 뿐이었다. 여기에 인간의 한계가 있다. 아무리 대단해 보이는 사람도 실상은 무능한 피조물이다.

지금 한국교회가 마주한 현실도 비슷하다. 죽어 가는 다음세대를 보며 아파하고 있다. 병세는 심각하다. 10년 이내에 주일학교의 90%가 사라질 것이라는 주장도 나왔다.[1] 물론 교회마다, 교단마다 다양한 노력을 기울이고 있다. 곳곳에서 긍정적인 소식이 들려오기도 한다. 하지만 살아났다고 보기는 어렵다. 다음세대의 현실은 여전히 아프다.

우리는 인정해야 한다. 인간은 무능하다. 어쩌면 어른이 된다는 것은 무능함을 깨닫는 과정인지도 모른다. 특별히 자녀를 키우다 보면 자신의 무능함을 절감한다. 분명 내 자녀인데도 내 마음대로 크지 않는다. 품 안에 있던 아이가 어느새 커서 부모의 영향권을 벗어난다. 갈수록 자기주장이 커진다. 생활 태도, 말투, 헤어스타일, 학업과 진로 등 삶의 모든 것을 스스로 결정하고 싶어 한다. 부모는 마음에 안 들어도 어쩔 수 없다. 어느새 머리가 크면 서로 의견이 맞선다. 목소리가 높아지고 전쟁이 벌어진다. 갈등이 반복되고 깊어지면 대화마저 끊어진다. 나중에는 한마디 건네기도 무서워진다.

신앙 교육에서는 이런 현상이 더 심하다. 아무리 믿음 좋은 부모도 자녀의 신앙을 보장할 수 없다. 아무리 천사 같은 아이라도 죄인이기 때문이다. 불신 친구들의 영향력, 대중매체의 흡인력, 그리고 죄악된 세상을 향한 아이의 동경은 강력하다. 부모가 아무리 제한해도 자녀가 세상에 노출되는 시간은 갈수록 증가한

---

1   손동준, "2030년 주일학교 90% 사라질수도' 비관적 전망," 아이굿뉴스, 2021. 5. 11, accessed 2023. 7. 25, https://www.igoodnews.net/news/articleView.html?idxno=66398

다. 갈수록 부모와 자녀의 가치관은 멀어진다. 그러다 보면 충돌이 일어난다. 사랑으로 하는 말을 강요로 받아들이면 대화가 단절된다. 잔소리마저 할 수 없는 상황이 벌어지면 부모 마음은 까맣게 타들어 간다. 열심히 기도해 보지만, 여전히 방황하는 자녀를 보면 자책감이 밀려오기도 한다.

지금 수많은 크리스천 가정이 마주한 현실이다. 사탄은 지금도 자녀에게 선악과를 내민다. 자녀에게 하나님의 통치를 거부하라고, 부모의 울타리를 무시하라고 유혹한다. 매우 강력하고 교묘한 전략을 사용한다. 문제는 부모가 사탄의 유혹을 완전히 차단할 수는 없다는 것이다. 이유가 무엇일까? 아담과 하와에게 선악과 유혹을 허락하신 하나님은 우리 자녀들도 시험을 마주하도록 허용하시기 때문이다. 그래서 자녀는 스스로 선악과를 거부하도록 성장해야 한다. 자녀의 구원과 영적 성숙은 부모가 대신해 줄 수 없다. 믿음은 각자가 가져야 한다.

그래서 자녀를 지켜보는 부모는 불안하다. 장성한 자녀도 부모 눈에는 어리다. 아직 미숙한 것 같아 걱정이 앞선다. 거센 세상의 유혹에 휩쓸려 혹여나 잘못되지 않을까 애태운다. 그냥 편안하고 안전한 길만 걸어가면 좋겠는데 바람대로 가지 않는다. 그러다 생채기라도 나면 애달프다. 그게 부모 마음이다. 사랑하기에 더 어려운 게 자녀 양육이다. 자녀 신앙 교육도 이런 부모의 마음이 들어 있기에 더 간절하다. 누구나 자녀가 하나님을 잘 믿기 원한다.

문제는 부모가 자녀에게 신앙을 주입할 수 없다는 것이다. 구원의 문제에서 부모는 무능력하다. 부모의 신앙과 자녀의 신앙은 별개다. 물론, 부모가 신앙의 모범을 보이는 것은 중요하다. 모범적인 부모 밑에서 훌륭한 자녀가 나올 가능성이 높다. 그런데 모두 그렇지는 않다. 믿음이 좋은 부모 밑에서도 탕자가 나온다. 불신자 가정에서도 믿음의 사람이 나온다. 부모와 자녀의 믿음을 원인과 결과로 생각하면 안 된다. 자녀의 신앙을 부모의 책임이라고 말하면 신학적 오류에 빠지게 된다. 믿음을 주시는 분은 오직 성령 하나님이다.

　　그래서 신앙 교육에 '책임론'을 가져오는 것은 위험하다. 더이상 부모의 책임론에만 기대면 안 된다. 책임감 강조는 해법이 아니다. 가정에서의 신앙 교육이 중요하다는 이야기는 이미 한국교회에 충분히 강조되었다. 오히려 부모의 책임을 강조하는 접근은 부작용을 만들고 있다. 부모의 인간적인 열심을 자극하거나 불가능한 현실에 좌절감을 주는 율법이 되고 있다. 신앙의 엘리트화, 양극화가 심각하다.

　　이제는 달라져야 한다. 실천 가능한 전략을 세워야 한다. 목회자의 책임, 교사의 책임, 부모의 책임을 강조하며 '더 노력해서 다음세대를 살리자'라고 말하면 인간의 행위가 강조된다. 해답은 인간의 노력이 아니다. 더 좋은 교육 방법론도 아니다. 사람을 바꾸는 건 사랑이다. 하나님께서 일하시도록 부모는 사랑의 통로가 되어야 한다.

자성의 목소리는 필요하다. 자녀 세대에게 모범을 보이지 못한 부모 세대의 연약함은 분명히 존재한다. 하지만, 다음세대의 위기를 부모의 잘못으로 치부하는 것은 옳지 않다. 왜 그럴까? 부모도 죄인이기 때문이다. 연약한 인간일 뿐이다. 애초에 부모도 자녀에게 모범을 보일 능력이 없다. 부모도 복음을 힘입어 살아갈 뿐이다. 책임을 요구하기에는 능력이 없다. 우리는 모두 의롭게 살 능력이 없는 무능력한 피조물이다. 오직 하나님의 능력만이 우리를 살린다. 구원의 주체는 오직 하나님 한 분뿐이다.

요한복음 9장 2절에 보면, 제자들은 인간의 죄와 병을 연결했다. 이 사람이 맹인으로 태어난 것이 누군가의 죄 때문이라는 생각이다. 예수님은 그들의 오해를 바로잡으셨다. "이 사람이나 그 부모의 죄로 인한 것이 아니라 그에게서 하나님이 하시는 일을 나타내고자 하심이라(요 9:3)." 죄가 아닌 하나님의 뜻이 우리 인생을 이끈다.

야이로의 경우도 동일했다. 그의 딸이 죽어 가는 것은 야이로의 잘못도, 딸의 잘못도 아니었다. 그가 무언가를 해야 딸이 살아나는 것도 아니었다. 우리는 이해할 수 없는 하나님의 섭리 때문이었다. 인간의 눈으로 보면 비극이다. 하나님의 섭리 안에서 비극이란 없다. 하나님은 야이로 이야기의 결론을 미리 계획하셨다. 선하신 계획이다. 그 계획을 이루기 위해 예수님을 이 땅에 보내셨다.

다음세대 신앙 전수도 동일하다. 누군가의 책임을 추궁하면 해답을 찾을 수 없다. 해답은 예수님께 있다. 야이로를 보라. 그는 예수님의 소문을 들었다. 그리고 그분께 나아갔다. 책임을 추궁하며 자책하지 않았다. 중요한 것은 책임을 따지는 게 아니었다. 복음에 반응하는 것이었다. 예수님께 나아가는 것이다.

2

주여,
살려 주시옵소서

예수님의 지상 사역은 가르치고, 전파하고, 치유하는 사역이었다. 특별히 예수님의 치유는 많은 사람이 모이게 만들었다. 그들은 예수님의 소문에 반응했다. 예수님께 나아갔다. 예수님이 계신 곳은 어디나 회복의 장소로 변했다. 예수님이 생명이시기 때문이었다(요 14:6). 그분을 통해 광야에 생수의 강이 흘렀다. 그 약동하는 생명력은 무엇도 막을 수 없었다. 그 생명의 소식은 입에서 입으로 전해졌다.

그러던 어느 날, 야이로의 귀에 예수님의 소문이 전해졌다. 예수님이 병든 자들을 치유한다는 소망의 소식이었다. 야이로의 마음은 어땠을까? 크게 두근거리지 않았을까? '사랑하는 딸이 살아날 수 있다'라는 믿음이 생기지 않았을까? 예수님의 소식은 야이로의 어둠에 한 줄기 빛이 되었다.

그럼에도 야이로는 고민할 수밖에 없었을 것이다. 어린 딸이 너무 위급했기 때문이다. 실제적인 고민이었다. '내가 집을 떠난 사이에 딸이 죽는다면? 그때 딸의 곁을 지켜 줄 수 없다면? 죽음이 두려워 아비를 찾는데 내가 없다면?' 야이로에게 집을 떠나는 것은 매우 어려운 결정이었다. 아비의 고민은 깊고 괴로웠을 것이다.

그러나 야이로는 결단했다. '예수님께 가자. 엎드려 간청해 보자. 딸을 살려 달라고 매달려 보자!' 그는 자신의 무능함을 인정했다. 그리고 예수님께 모든 것을 걸기로 했다. 다시는 딸의 온기를 느낄 수 없을지라도 집을 떠나 예수님께 가기로 결정했다.

집을 나서기 전, 야이로는 무엇을 했을까? 어쩌면 당장 숨이 끊어질 것 같은 딸의 모습을 두 눈에 담지 않았을까? 금방 돌아오겠다고, 조금만 기다리라고, 눈물 흘리며 귓속말을 전했을지도 모른다. 따뜻한 손을 한 번 더 어루만지며 차마 놓지 못했을지도 모른다. 그럼에도 야이로는 딸의 손을 놓았다. 그리고 집을 떠났다. 죽어 가는 딸을 뒤로하고 생명이신 예수님을 향해 달려갔다.

결단의 순간, 야이로의 마음은 어땠을까? 그의 아픈 마음은 다급함으로 가득했을 것이다. 딸의 생명이 언제 꺼질지 모르는 상황이다. 어찌 걸어갈 수 있겠는가? 그는 있는 힘을 다해 달렸을 것이다. 회당장이라는 체면을 벗어 버렸다. 사람들의 시선도 무시했다. 사랑하는 딸을 살릴 수 있다면 먼 거리도, 내리쬐는 태양도 문젯거리가 되지 않았을 것이다. 숨이 턱까지 차올라도 그는 멈출 수 없었을 것이다.

당시 유대 사회는 여성을 천대하는 문화가 당연했다. 의료시설이 열악했기에 아이들이 죽는 경우도 많았다. 그래서 어떤 이들은 "딸을 위해 왜 그렇게까지 하냐"라고 말했을지도 모른다. "아이는 다시 낳으면 된다"라고 위로하는 사람도 있었을 것이다. 그러나 야이로에게는 들리지 않았다. 딸을 살리는 데는 이유가 없었다. 그는 아버지였다. 사랑하는 딸을 살리려 모든 편견과 상황을 뛰어넘는 게 당연했다. 눈과 귀를 닫았다. 그리고 달리고 또 달려 예수님께 다가갔다. 죽어 가는 딸을 위해 죽을힘을 다해 달렸다.

얼마쯤 달렸을까? 저 멀리 큰 무리가 보인다(막 5:21). 그곳에는 예수님을 따르는 군중이 벽을 이루고 있다. 웅성대는 사람들 사이로 들어갈 틈이 보이지 않았을 것이다. 그러나 사람이 많다고 멀찍이 서 있을 수 없었다. 간절한 아비에게 인간 장벽은 장애물이 아니었다. 통과해 지나가야 한다는 생각뿐이지 않았을까? 결국 야이로는 사람들 사이 작은 틈에 자신을 짓이겨 넣는다. 예수님께 시선을 고정하고 한 사람, 한 사람 비집고 지나간다. 그렇게 필사적인 몸부림으로 조금씩 조금씩 앞으로 나아갔을 것이다.

그리고 드디어 야이로는 예수님 앞에 도착했다. 이내 예수님 발 앞에 쓰러지듯 엎드렸다(막 5:22). 어떤 모습이었을까? 옷은 멀쩡했을까? 얼굴은 땀과 눈물이 먼지와 만나 범벅이 되지 않았을까? 흙바닥에 엎드려 거친 숨을 내쉬어 콧김으로 흙먼지가 일어났을 것이다. 목이 따갑고 숨이 갑갑했을 것이다. 불편했을까? 아닐 것이다. 흙먼지가 일어도 그는 괜찮았을 것이 분명하다. 딸을 살릴 수 있는 존재가 바로 앞에 있기 때문이다.

절박한 아비는 엎드려 간청했다. "내 어린 딸이 죽게 되었사오니 오셔서 그 위에 손을 얹으사 그로 구원을 받아 살게 하소서"(막 5:23). 그의 음성은 어땠을까? 점잖은 부탁은 아니었을 것이다. 거친 숨을 내쉬며 부르짖는 애원이었을 가능성이 크다. 야이로는 이 한마디를 하려고 온 힘을 쏟았다. 그는 예수님께 모든 것을 걸었다.

"주여, 살려 주시옵소서." 예수님은 그의 간청에 반응하셨다. 딸의 병세는 상관없었다. 그래서 아무것도 묻지 않으셨다. 주저할 필요도 없었다. 성경은 그저 "이에 그와 함께 가실새"(막 5:24)라고만 기록한다. 이유가 무엇일까? 아무리 위중해도, 심지어 이미 죽었더라도, 예수님께는 문제가 되지 않았기 때문이다.

지금 우리에게도 동일하다. 예수님은 여전히 길이요 진리요 생명이시다(요 14:6). 어떤 절망적인 상황도 예수님 앞에서는 무력하다. 죽어 가는 자녀 세대를 살릴 유일한 방법은 예수님의 발앞에 엎드려 비는 것이다. 어떤 방법론도 소망이 될 수 없다. 좋은 커리큘럼이나 최신 교육 기법, 특별한 재능을 가진 사역자나 부모의 노력도 최선이 될 수 없다. 오직 예수님의 은혜만이 해결책이다.

우리는 이 시대의 야이로가 되어야 한다. 오직 예수 그리스도만이 소망이다. 죽어 가는 자녀는 예수 그리스도를 통해서만 살아날 수 있다. 이 기초를 빼놓으면 어떤 것도 소망이 아니다. 우리는 예수님께 모든 것을 걸어야 한다. 체면도 지위도 중요하지 않다. 예수께 달려간 야이로처럼, 주님 발 앞에 엎드려야 한다. 자녀가 죽어 가는데 무엇이 중요한가? 자녀에게 신앙이 전수되지 않는데 무엇을 자랑할 수 있는가? 죽어 가는 딸의 손을 놓고 집을 나선 야이로처럼, 우리는 인간적인 노력을 멈추고 예수님께 달려가야 한다.

인간은 무능력하다. 이 사실을 인정해야 예수님께 달려갈 수 있다. 멈추지 않을 수 있다. 집으로 되돌아가서 다시 무언가 헛된 것을 시도해 볼 생각을 버려야 한다. 그렇게 예수님만 바라보고 달려가서 고백해야 한다. "주여, 죽어 가는 내 자녀를 살려 주시옵소서."

생각해 보면 교회의 부흥은 아무것도 없던 시기에 더 크게 일어났다. 훌륭한 시설과 다양한 교육 방법론이 없었을 때, 하나님은 세상이 감당하지 못하는 믿음의 사람들을 일으키셨다. 어려운 중에도 자녀를 품고 기도하던 부모의 간절함이 세상의 세련된 교육 방법보다 강력하다. 맡겨진 영혼을 사랑하는 목회자의 마음이 정교한 커리큘럼보다 효과적이다. 순수하게 아이들을 사랑하던 교사들의 마음이 비싼 선물보다 값지다. 우리는 방법론을 말하기 전에 중심을 살펴야 한다.

당연한 이야기라고 생각할지도 모른다. 그런데 우리는 비본질에 수시로 시선을 빼앗긴다. 본질을 지킨다고 말하면서도 프로그램을 앞세우고, 사람을 의지하고, 재정과 기술을 숭배하기 쉽다. 실제로 주일학교에 축적된 문화에 복음이 없는 경우도 많다. 혹시 '해야 한다'와 '하면 안 된다'로 점철되는 율법적 기준을 제시하며 신앙을 경쟁 구도로 만들고 있지 않은가? 종교 행위에 대한 보상으로 믿음을 평가하고 있지는 않은가? 재정을 투자해 사람을 많이 모으면 성공적인 사역이라고 자축하지는 않는가?

야이로에게는 예수님만 보였다. 그는 다른 것을 원하지 않았다. 오직 예수께서 오셔서 안수해 딸을 고쳐주시기를 원했다(막 5:23). 다른 방법이 없다는 것을 오랜 고통으로 깨달았기 때문이다. 그래서 달려가 엎드릴 수 있었다. 흙먼지를 마시며 철저히 낮아질 수 있었다. 죽어가던 딸처럼, 그는 죽은 자 같이 되어 예수님께 간청했다. "주여, 살려 주시옵소서."

감사한 것은 예수님은 아픔을 외면하지 않으신다는 것이다. 그분은 선하시다. 그의 발 앞에 무릎꿇은 무능한 인간을 일으켜 세우신다. 책임을 묻지 않으신다. 원인을 따지지도 않으신다. 그저 죽어 가는 딸을 일으키러 걸음을 옮기신다(막 5:24). 능력의 예수님은 무능한 야이로와 동행하신다. 치유의 발걸음, 기적의 역사를 이루신다.

3

그리스도와
함께 걷기

예수님과 동행하는 야이로의 마음은 어땠을까? 달려왔던 길을 돌아가며 그는 분명 기뻤을 것이다. 그러나 한편으로는 조급했을 것이다. 예수님도 야이로처럼 달려가지는 않으셨을 것이기 때문이다. 생각해 보라. 딸이 언제 죽을지 모르는데 예수님은 무리와 함께 밀려 걷는다. 당연히 더딜 수밖에 없었다. 그 상황을 누가복음 5장 24절은 이렇게 묘사한다. "이에 그와 함께 가실새 큰 무리가 따라가며 에워싸 밀더라."

상황은 시급한데 현실은 답답하다. 야이로는 발을 동동 구르며 조급해하지 않았을까? 어쩌면 서두르지 않는 예수님께 답답했을지도 모른다. 그런데 갑자기 예수님이 걸음을 멈추신다. 안 그래도 더딘 걸음이 중단되었다. 그리고 뒤를 돌아보며 누군가를 찾으신다.

얼마의 시간이 흘렀을까? 두려움에 나서지 못하던 여인이 자진해서 나온다. 이 정도면 시간이 많이 흘렀을 것이다(막 5:32-33). 그런데 예수님은 급하지 않다. 이 여인의 이야기를 다 들으시고 치유를 선포하셨다. "딸아 네 믿음이 너를 구원하였으니 평안히 가라 네 병에서 놓여 건강할지어다(막 5:34)."

예수님은 걸음을 멈추게 만든 여인을 책망하지 않으셨다. 오히려 딸이라 불러 주셨다. 야이로의 딸이 아닌, 누군가의 딸을 먼저 고치신 것이다. 그 목소리에는 사랑이 묻어 있다. 그 모습을 지켜보는 야이로의 마음은 어땠을까? '딸'이라는 단어가 그의 마음을 찌르지 않았을까? 더군다나 "아직 예수께서 말씀하실 때에" 들은 절망적인 소식에 그의 마음은 무너졌을지도 모른다(막 5:35).

"당신의 딸이 죽었나이다." 땀과 먼지로 뒤범벅된 야이로에게 절망적인 소식이 전해졌다. 일어나면 안 되는 상황, 절대 듣고 싶지 않았던 소식이었다. 그는 현실을 부정하고 싶었을 것이다. 아무 생각도 안 들고 시간이 멈춘 것 같았을지도 모른다. 너무 늦게 도착한 자신을 탓했을 수도 있고 중간에 잠깐 쉬었던 시간이 원망스러웠을 수도 있다. 어쩌면 잠시 예수님을 멈춰 세운 혈루병 여인에게 분노를 느꼈을지도 모른다. 누가 그의 마음을 알까? 딸이 죽었다는 소식에 자신이 죽은 것 같지 않았을까?

그때 예수님이 야이로에게 말씀하신다. "두려워하지 말고 믿기만 하라"(막 5:36). 예수님은 믿음을 요구하셨다. 끝나지 않았다는 것이다. 예수님께 죽음은 끝이 아니었다. 아니, 예수님께 끝은 없다. 예수께서 야이로의 딸을 살리기로 이미 결정하셨다면, 죽음도 막을 수 없었다. 이것이 진리다. 그래서 야이로에게 필요한 것은 오직 믿음이었다. 자녀를 살리는 방법은 빨리 집에 도착하는 게 아니었다. 두려워하지 말고 믿는 것이었다.

조급함을 내려놓고 예수님을 믿어야 한다. 상황이 절망적이어도 괜찮다. 자녀가 도저히 돌아오지 않을 것 같아도 상관없다. 예수님은 믿음을 요구하신다. "두려워하지 말고 믿기만 하라." 믿음이 죽은 자녀를 살린다. 타이밍이 아닌, 예수님이 살리시기 때문이다. 예수님께 절망은 없다. 그분은 죽음을 이기셨다. 불가능은 없다. 탕자를 보라. 그는 결국 돌아왔다. 우리 자녀들도 동일하다. 예수님을 믿으면 우리 자녀도 결국 돌아올 것이다.

믿음이 생사를 결정한다. 야이로에게 필요한 것은 오직 믿음이었다. 그래서 어쩌면 혈루병 여인의 치유 사건은 야이로를 위한 것이었다. 이유가 무엇인가? 야이로가 방금 눈앞에서 본 기적이 믿음의 근거가 되기에 충분했기 때문이다. 예수님은 근거 없는 믿음을 요구하시는 게 아니다. 여기에 은혜가 있다.

생각해 보라. '믿기만 하라'라는 예수님의 말씀은 지금 눈앞에서 본 치유의 기적을 힘입어 믿으라는 것이다. 아마도 12년 동안 혈루증을 앓아 온 한 여자의 행색은 죽은 자 같았을 것이다. 온갖 멸시와 천대, 육신의 고통으로 뼈만 남은 병자였을 것이기 때문이다(막 5:25). 어쩌면 야이로의 눈에 이 여인은 죽어 가는 열두 살 외동딸의 모습과 겹쳐졌을지도 모른다. 열두 해 동안 고통받은 여인과 야이로의 딸의 사이에는 묘한 연결고리가 있다.

성경은 이 여인과 야이로를 연결한다. 야이로처럼 이 여인도 할 수 있는 노력을 다했다. 그럼에도 아무 효험이 없고 도리어 더 중하여졌던 상황이었다(막 5:26). 이 절망에서 여인을 구원해 준 것이 '예수의 소문'(막 5:27)이었다. 어느 날 귓가를 울린 예수의 소문이 여인의 마음을 두드렸다. 그리고 그녀의 발걸음을 예수께 이끌었다.

당시 혈루증은 부정한 것으로 여겨졌다. 사회에서 격리되어 열두 해나 고통받았다. 이 정도면 사람들이 많은 곳에 가는 것조차 두려웠을 것이다. 그런데 이 여인은 용기를 냈다. 예수님께 나아왔다. 그리고 "무리 가운데 끼어 뒤로 와서" 예수님의 옷에 손을 댔다(막 5:27). 그녀의 마음은 야이로와 같았다. 그 간절한 마음에 예수님의 은혜가 임했다. 이 여인은 다시 딸이 되었다. 가정으로 돌아가 부모의 품에 안기도록 허락하셨다.

야이로는 이 여인을 보았다. 그래서 믿을 수 있었다. 자신의 딸도 살아날 것이라는 믿음을 포기하지 않았다. 딸이 죽었다는 절망적인 소식에도 무너질 수 없었다. "두려워하지 말고 믿기만 하라"는 말씀을 붙들고 예수님과 함께 걸었다. 집으로 가는 길, 그는 마주하기 싫은 현실을 향해 걸었다. 그러나 걸음을 멈추지 않았다. 끝까지 예수님과 동행했다. 믿음을 지키고 그 길을 완주했다. 그리고 마침내 죽었던 딸을 살리는 예수님의 음성을 들었다. "달리다굼!"(막 5:41).

기적이 일어났다. 죽었던 외동딸이 일어나 걷기 시작했다. 이제는 질병의 고통도 사라졌다. 장례식장은 잔치집이 되었다. 그 기적이 어디에서 왔는가? "두려워하지 말고 믿기만 하라." 예수님은 오직 믿음만 요구하셨다. 여기에 답이 있다. 죽어 가는 자녀를 살리는 데 필요한 것은 오직 믿음이다. 믿음으로 예수님과 동행하는 것이다. 시선을 분명히 해야 한다. 치유는 오직 예수님을 통해서만 일어난다. 지금도 예수님은 죽은 자를 살리신다.

"주 예수를 믿으라 그리하면 너와 네 집이 구원을 받으리라"(행 9:23). 구원의 길은 '믿음'이다. 그렇다면 무엇을 믿는가? 자녀의 구원을 위해 우리가 의지할 믿음의 근거는 무엇인가? 변하지 않는 하나님의 언약(Covenant)이다. 성경을 보라. 자녀는 하나님의 선물이다(시 127:3). 믿음의 가정에 자녀를 주신 하나님은 그를 향한 분명한 계획을 가지고 계신다. 조엘 비키는 『하나님의 약속을 따르는 자녀 양육』에서 이렇게 말한다.

자녀 양육의 책임을 다하지 못한 죄가 예수 그리스도의 보혈로 깨끗해질 것이다. 우리의 연약함이 그분의 강함으로 극복될 것이다. 하나님은 그리스도 안에서 언약을 세우셨을 뿐 아니라 독생자를 세상에 보내 언약의 피를 흘리게 하셨다. 그 피가 우리를 모든 죄에서 깨끗하게 한다. … 하나님은 가족을 상대로 역사하신다. 물론 그분은 개개인을 구원하신다. 그러나 또한 그분은 우리의 가정을 위해 자손 대대로 역사하신다. 따라서 우리가 잠들었을 때, 곧 우리가 실패하거나 열심히 노력하다가 지쳤을 때, 지친 영혼과 몸을 하나님께 의탁하고 그분의 도우심을 의지해야 한다(사 38:14 참고).

탕자 이야기를 보라. 하나님은 탕자를 돼지 먹는 쥐엄 열매로 다루신다. 그를 '스스로 돌이켜' 돌아오게 하신다(눅 15:17). 이때 아버지의 역할은 기다리는 것이었다. 밤낮으로 아들을 설득하거나 억지로 데려오는 게 아니었다. 아버지는 아들이 돌아올 것을 믿고 기다려야 했다. 물론 잃은 양을 찾은 목자나 드라크마를 찾은 여인처럼 아버지도 열심히 아들을 찾았을 수 있다. 우리에게는 그런 열심도 필요하다. 그러나 아들이 돌아오는 데 아버지가 기여한 것은 없었다. 아버지는 아무것도 할 수 없었다. 그저 기다릴 뿐이었다.

기다리기만 하는 아버지는 무력해 보이고 답답해 보인다. 그러나 우리 삶에는 그저 기다려야 할 때가 훨씬 많다. 힘을 빼고 가만히 지켜봐야 할 때, 고생하며 괴로워하는 자녀를 내버려 둬야 할 때도 있다. 하지만 분명한 사실이 있다. 탕자는 결국 돌아왔다. 하나님이 탕자를 버려두지 않으셨다. 그는 아버지의 자녀이기도 했지만, 먼저 하나님의 자녀였다. 그때 아버지의 역할은 믿음으로 기다리는 것이었다. 그리고 돌아온 탕자를 사랑으로 감싸 주는 것이었다.

그래서 부모는 어렵다. 조바심과 두려움을 이겨야 한다. 인내하며 사랑으로 품어 줘야 한다. 그러려면 방법은 하나뿐이다. 예

---

2   조엘 비키, 『하나님의 약속을 따르는 자녀 양육』 33-34.

수님과 동행하는 것이다. 믿음 안에서 언약을 붙들어야 가능하다. 육아 방법론은 부차적인 것이다. 자녀와 좋은 관계를 만드는 것, 가족이 시간을 보내는 것, 좋은 환경을 제공해 주는 것은 필요하지만, 그것이 자녀를 살리는 방법은 아니다. 아무리 많은 시간을 보내고 좋은 환경을 만들어 줘도 믿음을 떠나면 아무것도 아니다. 그래서 부모는 자녀의 옆자리보다 예수님의 옆자리에 더 오래 머물러야 한다. 여기서 모든 것이 결정된다. 예수님과 동행하는 부모가 결국 자녀를 살린다.

여기서 '예수님과의 동행'은 긴 시간을 의미한다. 잠깐 함께하는 게 아니다. 주님은 인생의 전 과정을 우리와 동행하기 원하신다. 그래서 예수님의 이름은 '임마누엘'(하나님이 우리와 함께 계시다)이다. 그분은 우리를 고아와 같이 버려두지 않으신다(요 14:16-18). 세상 끝 날까지 우리와 동행하신다(마 28:20). 우리가 마주하는 문제는 예수님과 잠깐 동행한다고 해결되는 것이 아니기 때문이다. 일상에서 동행해야 위기의 순간을 이길 수 있다. 하나님은 우리와 날마다 동행하기 원하신다.

진짜 교육은 일상에서 이루어진다. 일상에 예수님을 초청하는 것이다. 예수님은 특별 손님이 아니다. 하나님은 우리의 아버지이시다. 예수님은 우리를 '형제', '자매'라 부르셨다(막 3:35). 주님과 한 가족이 되면 신앙은 자연히 전해진다.

신앙을 전수하기 위해서는 '주님과 함께 살아가는 가족'이 되어야 한다. 어떻게 가능할까? 부모 세대가 연합하여 교회가 함께

자녀를 키우는 것이다. 여기에는 함께 걸어갈 목적지와 경로를
표시한 지도가 필요하다. 교회와 가정은 이제 신앙 지도를 들고
함께 걸어야 한다. 지금이 신앙의 여정을 '시작할 때'다.

교회와 함께 살아가는 가정

초판 1쇄 발행일 2024년 3월 11일

지은이 김기억

발행인 김은호
편집인 주경훈
책임 편집 김나예
편집 박선규·권수민·이민경·문은향
디자인 황예나

발행처 도서출판 꿈미
등록 제2014-000035호(2014년 7월 18일)
주소 서울시 강동구 양재대로81길 39, 202호
전화 070-4352-4143, 02-6413-4896
팩스 02-470-1397
홈페이지 http://www.coommi.org
쇼핑몰 http://www.coommimall.com
메일 book@coommimall.com
인스타그램 @coommi_books

ISBN 979-11- 93465-14-1 03230

도서출판 꿈미는 가정과 교회가 연합하여 다음세대를 일으키는 대안적 크리스천 교육기관인
사단법인 꿈이 있는 미래의 사역을 돕기 위해 월간지와 교재, 각종 도서를 출간합니다.